Postier

Nachbarrecht in Brandenburg

Blankenfelder Buchh
15827 Blankenfelde   VK 22116
Nachbarrecht i.Brandenb.Komm
K&V **6 95 13 12**   ISBN 3-415-02477-6   WG **17730**
Baranowski
29,80 DM
LS 48645 vom 29.04.99   **BZ BARANOWSKI**

9 783415 024779 02980

Nachbarrecht in Brandenburg

Kommentar

von

Rüdiger Postier

Richter am Bundesverwaltungsgericht

2. Auflage, 1998

RICHARD BOORBERG VERLAG

Stuttgart · München · Hannover · Berlin · Weimar · Dresden

Die Deutsche Bibliothek – CIP-Einheitsaufnahme

Postier, Rüdiger
Nachbarrecht in Brandenburg : Kommentar / von Rüdiger Postier. – 2. Aufl. – Stuttgart ; München ; Hannover ; Berlin ; Weimar ; Dresden : Boorberg, 1998
  ISBN 3-415-02477-6

Satz und Druck: C. Maurer, Geislingen/Steige
Verarbeitung: Dollinger GmbH, Metzingen
© Richard Boorberg Verlag GmbH & Co, 1997

Vorwort zur 2. Auflage

Das Nachbarrechtsgesetz in Brandenburg ist inzwischen zwei Jahre alt und hat – allem Anschein nach – zu einer recht weitgehenden Klärung der Rechte und Pflichten in den Nachbarschaftsverhältnissen geführt. In ersten Reaktionen auf das Gesetz sind jedoch vereinzelt Zweifel darüber aufgetaucht, ob der Landesgesetzgeber die eine oder andere Vorschrift überhaupt erlassen durfte. Diese Vorbehalte sind indes alle unbegründet. Kritik hat ferner die Generalklausel erfahren, mit der das Gesetz eingeleitet wird. Weil sie bislang im bundesdeutschen Recht ohne Vorbild gewesen ist, hat ihr Inhalt Argwohn erweckt. Auch der ist nicht gerechtfertigt. Die Neuauflage setzt sich mit diesen Einwendungen im einzelnen auseinander. Zugleich wertet sie die inzwischen ergangene Rechtsprechung in Nachbarsachen und die neuere Literatur aus.

Wichtige Veränderungen haben sich aus der Neufassung der Brandenburgischen Bauordnung ergeben. Sie haben erneut deutlich gemacht, daß die öffentlich-rechtlichen Vorschriften für das private Nachbarrecht von großer Bedeutung sind. Das Anliegen ist daher auch für die Neuauflage geblieben, Licht in diese nicht einfache Systematik zu bringen.

Das Interesse an nachbarrechtlichen Fragen steigt ständig. Abriß und Erneuerung eng stehender Gebäude geben dem Nachbarrecht fortlaufend Aktualität. Auch die zu beobachtende starke Verdichtung der Bebauung in den vielen Neubaugebieten rund um Berlin und anderswo ist potentiell konfliktträchtig. Diese Entwicklung erfolgt vor dem Hintergrund, daß die geänderte Brandenburgische Bauordnung zu einer erheblichen Reduzierung der bauaufsichtlichen Verfahren führt: Der Katalog der genehmigungsfreien Vorhaben ist erweitert worden, und zahlreiche genehmigungspflichtige Bauten prüft die Bauaufsichtsbehörde nur noch vereinfacht. Für den von heranrückender Bebauung betroffenen Nachbarn bedeutet dies, daß er sich verstärkt selbst um den Schutz seiner Interessen kümmern muß. Das Nachbarrechtsgesetz in Brandenburg kann ihm dabei zwar die Grenzen aufzeigen, die für den Bauherrn gelten. Aber für ihn wird sich ohne nähere Erläuterung des Gesetzestextes kaum eine ausreichende Rechtsklarheit einstellen können. Auch die

Neuauflage dieses Kommentars will hier wieder helfen und dabei eine verläßliche Handreichung bieten.

Hiermit verbindet sich die Bitte, daß die (brandenburgischen) Gerichte und Anwälte dem Verfasser die einschlägigen Entscheidungen übermitteln. Nicht jedes Urteil wird in den Fachzeitschriften veröffentlicht, obwohl es gerade für die Praxis von Wert sein könnte. Es soll dann wenigstens an dieser Stelle Berücksichtigung finden können. Überhaupt werden Kritik und Hinweise mit Dank entgegengenommen.

Potsdam, im April 1998 Rüdiger Postier

Inhalt

Abkürzungsverzeichnis 11
Literaturverzeichnis 15

Einleitung 17

1. Das Recht des Nachbarn 17
2. Das Nachbarrecht in Brandenburg 18
2.1 Überblick 18
2.2 Das Brandenburgische Nachbarrechtsgesetz 19

Gesetzestext Brandenburgisches Nachbarrechtsgesetz (BbgNRG) . 23

Kommentierung Brandenburgisches Nachbarrechtsgesetz (BbgNRG) 47

Abschnitt 1
Allgemeine Vorschriften

§ 1 Grundsatz 48
§ 2 Nachbar, Erbbauberechtigter 51
§ 3 Anwendungsbereich 53
§ 4 Verjährung 58

Abschnitt 2
Nachbarwand

§ 5 Begriff der Nachbarwand 61
§ 6 Errichten und Beschaffenheit der Nachbarwand 62
§ 7 Anbau an die Nachbarwand 67
§ 8 Anzeige des Anbaus 70
§ 9 Vergütung im Fall des Anbaus 72
§ 10 Unterhaltung der Nachbarwand 76
§ 11 Abriß eines der Bauwerke 77
§ 12 Nichtbenutzen der Nachbarwand 78
§ 13 Beseitigen der Nachbarwand 80
§ 14 Erhöhen und Verstärken der Nachbarwand 83
§ 15 Schadensersatz bei Erhöhung und Verstärkung 85

Abschnitt 3
Grenzwand

§ 16	Begriff	87
§ 17	Errichten einer Grenzwand	88
§ 18	Errichten einer zweiten Grenzwand	92
§ 19	Einseitige Grenzwand	95

Abschnitt 4
Fenster- und Lichtrecht

§ 20	Inhalt und Umfang	98
§ 21	Ausnahmen	104
§ 22	Ausschluß des Beseitigungsanspruchs	106

Abschnitt 5
Hammerschlags- und Leiterrecht

§ 23	Inhalt und Umfang	109
§ 24	Nutzungsentschädigung	116

Abschnitt 6
Höherführen von Schornsteinen und Lüftungsleitungen

§ 25		118

Abschnitt 7
Bodenerhöhungen, Aufschichtungen und sonstige Anlagen

§ 26	Bodenerhöhungen	124
§ 27	Aufschichtungen und sonstige Anlagen	127

Abschnitt 8
Einfriedung

§ 28	Einfriedungspflicht	131
§ 29	Anzeigepflicht	137
§ 30	Ausnahmen von der Einfriedungspflicht	138
§ 31	Einfriedungspflicht des Störers	140
§ 32	Beschaffenheit	145
§ 33	Standort	149

§ 34	Kosten der Errichtung	151
§ 35	Benutzung und Kosten der Unterhaltung	152

Abschnitt 9
Grenzabstände für Pflanzen

§ 36	Grenzabstände für Wald	156
§ 37	Grenzabstände für Bäume, Sträucher und Hecken	158
§ 38	Ausnahmen von den Abstandsvorschriften	165
§ 39	Beseitigungsanspruch	169
§ 40	Ausschluß des Beseitigungsanspruchs	173
§ 41	Ersatzanpflanzungen	174
§ 42	Nachträgliche Grenzänderungen	176
§ 43	Wild wachsende Pflanzen	177

Abschnitt 10
Duldung von Leitungen

§ 44	Leitungen in Privatgrundstücken	179
§ 45	Unterhaltung	187
§ 46	Schadensersatz und Anzeigepflicht	188
§ 47	Nachträgliche erhebliche Beeinträchtigung	190
§ 48	Anschlußrecht des Duldungspflichtigen	193
§ 49	Leitungen in öffentlichen Straßen	195
§ 50	Entschädigung	196
§ 51	Anschluß an Fernheizungen	198

Abschnitt 11
Dachtraufe und Abwässer

§ 52	Niederschlagswasser	200
§ 53	Anbringen von Sammel- und Abflußeinrichtungen	203
§ 54	Abwässer	205

Abschnitt 12
Wild abfließendes Wasser

§ 55	Abfluß und Zufluß	207
§ 56	Wiederherstellung des früheren Zustands	210
§ 57	Schadensersatz	212

Inhalt

§ 58	Anzeigepflicht	212
§ 59	Wegfall der Verpflichtung zur Sicherheitsleistung und zur Anzeige	213
§ 60	Veränderung des Grundwasserspiegels	213

Abschnitt 13

Übergangs- und Schlußvorschriften

§ 61	Übergangsvorschriften	215
§ 62	Inkrafttreten, Außerkrafttreten	219

Anhang

Anhang 1 – Bürgerliches Gesetzbuch (Auszug) 223
Anhang 2 – Waldgesetz des Landes Brandenburg (Auszug) 231
Anhang 3 – Baumschutzverordnung 232
Anhang 4 – Brandenburgisches Wassergesetz (Auszug) 237

Sachregister 239

Abkürzungsverzeichnis

a.A.	anderer Ansicht
a.a.O.	am angegebenen Ort
Abl. Bbg.	Amtsblatt für Brandenburg
Abl. EG	Amtsblatt der Europäischen Gemeinschaft
Abs.	Absatz
ALR	Allgemeines Landrecht für die Preußischen Staaten
Anm.	Anmerkung
Art.	Artikel
Aufl.	Auflage
AVB	Allgemeine Versorgungsbedingungen (Elektrizität, Fernwärme, Gas, Wasser)
BauGB	Baugesetzbuch
BauNV	Baunutzungsverordnung
BauR	Baurecht, Zeitschrift für das gesamte öffentliche und zivile Baurecht
BayVGH	Bayerischer Verwaltungsgerichtshof
BBauBl.	Bundesbaublatt
Bbg.	Brandenburg
BbgBO	Brandenburgische Bauordnung
BbgNatSchG	Brandenburgisches Naturschutzgesetz
BbgNRG	Brandenburgisches Nachbarrechtsgesetz
BbgStrG	Brandenburgisches Straßengesetz
BbgWG	Brandenburgisches Wassergesetz
BG	Bezirksgericht
BGB	Bürgerliches Gesetzbuch
BGBl.	Bundesgesetzblatt
BGH(Z)	Bundesgerichtshof (Entscheidungen in Zivilsachen)
BImSchG	Bundes-Immissionsschutzgesetz
Bln	Berlin
BNatSchG	Bundesnaturschutzgesetz
BR	Bundesrat
BVerfG(E)	Bundesverfassungsgericht (Entscheidungen)
BVerwG(E)	Bundesverwaltungsgericht (Entscheidungen)
bzw.	beziehungsweise

Abkürzungsverzeichnis

DBO	Deutsche Bauordnung (der DDR)
DDR	Deutsche Demokratische Republik
d.h.	das heißt
DÖV	Die öffentliche Verwaltung
Drs.	Drucksache
DtZ	Deutsch-Deutsche Rechts-Zeitschrift (Beilage zur NJW)
DVBl.	Deutsches Verwaltungsblatt
DWW	Deutsche Wohnungswirtschaft
EGBGB	Einführungsgesetz zum BGB
EGZGB	Einführungsgesetz zum ZGB
EV	Einigungsvertrag
f.(ff.)	(fort)folgende
FlurBG	Flurbereinigungsgesetz
FStrG	Bundesfernstraßengesetz
GBBerG	Grundbuchbereinigungsgesetz
gem.	gemäß
GG	Grundgesetz der Bundesrepublik Deutschland
ggfls.	gegebenenfalls
GVBl.	Gesetz- und Verordnungsblatt
Hess.NRG	Hessisches Nachbarrechtsgesetz
Hrsg.	Herausgeber
i.e.	im einzelnen
i.S.(v.)	im Sinne (von)
i.V.m.	in Verbindung mit
insb.	insbesondere
JMBl.NW	Justizministerialblatt von Nordrhein-Westfalen
Kap.	Kapitel
LKV	Landes- und Kommunalverwaltung, Verwaltungsrechts-Zeitschrift
LV	Verfassung des Landes Brandenburg
LWaldG	Waldgesetz des Landes Brandenburg

Abkürzungsverzeichnis

m.	mit
m.w.N.	mit weiteren Nachweisen
MdJ	Ministerium der Justiz
MMR	MultiMedia und Recht, Zeitschrift für Informations-, Telekommunikations- und Medienrecht
MSWV	Minister für Stadtentwicklung, Wohnen und Verkehr des Landes Brandenburg
NachbGBln	Berliner Nachbarrechtsgesetz
Nds.NRG	Niedersächsisches Nachbarrechtsgesetz
NJ	Neue Justiz
NJW(-RR)	Neue Juristische Wochenschrift(-Rechtsprechungsreport)
Nr(n).	Nummer(n)
NRW	Nordrhein-Westfalen
NVwZ	Neue Zeitschrift für Verwaltungsrecht
OG	Oberstes Gericht (der DDR)
OLG	Oberlandesgericht
OLG-NL	OLG-Rechtsprechung Neue Länder
OVG	Oberverwaltungsgericht
preuß.	preußisch
Rdnr(n).	Randnummer(n)
RGBl.	Reichsgesetzblatt
S.	Seite
s.	siehe
SächsNRG	Sächsisches Nachbarrechtsgesetz
s.i.ü.	siehe im übrigen
s.o.	siehe oben
soge.	sogenannten
TelwegG	Telegraphenwege-Gesetz
Th.NRG	Thüringer Nachbarrechtsgesetz

Abkürzungsverzeichnis

v.	vom (von)
VG	Verwaltungsgericht
vgl.	vergleiche
VIZ	Zeitschrift für Vermögens- und Investitionsrecht
VO	Verordnung
Vorbem.	Vorbemerkung
VwGO	Verwaltungsgerichtsordnung
VwVfG	Verwaltungsverfahrensgesetz
WHG	Wasserhaushaltsgesetz
ZGB	Zivilgesetzbuch (der DDR)
ZPO	Zivilprozeßordnung
zust.	zustimmend
zutr.	zutreffen

Literaturverzeichnis

Alheit	Nachbarrecht von A - Z, 5. Auflage 1995
Autorenkollektiv	Kommentar zum Zivilgesetzbuch der Deutschen Demokratischen Republik, Hrsg. MdJ der DDR, 2. Auflage 1985
Bauer/Hülbusch/ Schlick/Rottmüller	Thüringer Nachbarrecht, 3. Auflage 1997
Birk	Nachbarrecht für Baden-Württemberg, 3. Auflage 1996
Breuer	Öffentliches und privates Wasserrecht, 2. Auflage 1987
Driehaus und Birk (Hrsg.)	Baurecht - Aktuell, Festschrift für Felix Weyreuther
Hoof/Keil	Das Nachbarrecht in Hessen, 17. Auflage 1997
Hoof/Keil	Das Nachbarrecht in Niedersachsen, 9. Auflage 1997
Hoppenberg (Hrsg.)	Handbuch des öffentlichen Baurechts, Stand: Juli 1997
Jarass/Pieroth	Grundgesetz für die Bundesrepublik Deutschland, 4. Auflage, 1997
Kaiser/Zierholz	Rechtsfragen im Garten, 2. Auflage 1985
Kayser	Brandenburgisches Nachbarrecht, 1997
Palandt	BGB, Kommentar, 57. Auflage 1998
Simon/Franke/Sachs	Handbuch der Verfassung des Landes Brandenburg, 1994
Stadler	Das Nachbarrecht in Bayern, 5. Auflage 1991
Wolff-Raiser	Sachenrecht, 10. Bearbeitung 1957

Einleitung

1. Das Recht des Nachbarn

Die Befugnis des Eigentümers, mit seinem Grundstück beliebig verfahren zu dürfen (§ 903 Satz 1 BGB), kann in Widerstreit mit dem Recht des benachbarten Eigentümers geraten, jede Einwirkung von seinem Grundstück auszuschließen (§ 903 Satz 1 BGB, Text im Anhang 1). Bei einem Interessengegensatz verlangt das friedliche Zusammenleben der Betroffenen nach einem angemessenen Ausgleich. Die Rechtsordnung muß die aktive Herrschaftsbefugnis des einen und die abwehrende Haltung des anderen so begrenzen, daß beide Erscheinungsformen nebeneinander bestehen können. Dazu bedarf es der Verpflichtung zur Rücksichtnahme und zur Duldung. Der Rechtsgrund für beide Beschränkungen bildet das nachbarschaftliche Gemeinschaftsverhältnis (zum Begriff: BGHZ 28, 110, 114). Da dieses aber mit keinem gesetzlichen Schuldverhältnis gleichzubehandeln ist (BGHZ 42, 374, 377 = NJW 1965, 389, 391, in NJW 1997, 2234, 2236 allerdings in Frage gestellt), muß es mit konkreten Nachbarrechtsvorschriften versehen werden, um selbständige Ansprüche begründen zu können. Solche Rechtsvorschriften können – wie das objektive Recht, dem sie angehören – von unterschiedlicher Struktur sein: Sie können dem privaten oder dem öffentlichen Recht angehören. Diese Aufteilung ist keine wesensmäßige, eher eine konventionelle. Sie hat zur Folge, daß Nachbarrechtsvorschriften entweder so gestaltet sind, daß sie die Rechtsbeziehungen der Nachbarn unmittelbar regeln. Oder sie sind von der Art, daß sie zwar einerseits Privatpersonen betreffen, denen aber auf der anderen Seite ein Träger öffentlicher Gewalt in seiner Eigenschaft als solcher gegenübersteht, der an sie gebunden ist. Der Nachbar ist in diesem Rechtsverhältnis lediglich Dritter. Rechtsvorschriften – vor allem aus dem öffentlichen Bau- und Umweltrecht – , die sowohl im allgemeinen als auch im Individualinteresse erlassen worden sind, kommen ihm nur mittelbar zugute.

Nachbarrechtsvorschriften sind folglich in einer Gemengelage vorzufinden. Um sie im Gleichklang zu halten, ist auf Wahrung praktischer

Einleitung

Konkordanz zu achten. Vielfach wird dem öffentlichen Recht der Vorrang eingeräumt, was jedoch ausdrücklich geschehen muß, weil im Grundsatz Gleichheit mit dem Zivilrecht besteht. Damit es bei der Zweigleisigkeit des Nachbarschutzes nicht zu grundsätzlich anderen Wertungen kommt, müssen die generellen Maßstäbe identisch sein und die technischen Standards sich gleichen. Der brandenburgische Gesetzgeber hat versucht, beide Rechtskreise in eine elastische Beziehung zu bringen.

2. Das Nachbarrecht in Brandenburg

2.1 Überblick

Nach der Wiedervereinigung Deutschlands hatte Brandenburg eine Gesetzeslage vorgefunden, die im Bereich des bürgerlichen Nachbarrechts von einer geringen Regelungsdichte gekennzeichnet war. Da einheitliche Regelungen in der Bundesrepublik Deutschland fehlen, hatten die alten Länder eigene (private) Nachbargesetze oder nachbarrechtliche Vorschriften erlassen. Für Brandenburg – wie auch für die anderen neuen Länder – ist zwar durch den Einigungsvertrag (Art. 8) das Bürgerliche Gesetzbuch – weil Bundesrecht – unmittelbar in Kraft getreten. Es enthält aber nur wenig an nachbarrechtlichen Regelungen. Auch die Bestimmungen im Zivilgesetzbuch der DDR (§§ 316 ff.), deren Fortgeltung als Landesrecht teilweise erfolgt war, reichte nach den Erfahrungen der Praxis nicht aus, und preußisches Recht konnte nicht aushelfen, die Rechtsschutzlücken zu schließen. Außerdem gebietet Verfassungsrecht (Art. 14 Abs. 1 Satz 2 GG), daß der Gesetzgeber Inhalt und Grenzen des Eigentums hinreichend und vorhersehbar bestimmt.

Brandenburg hat zunächst eine Reihe von öffentlich-rechtlichen Normen erlassen, die Einschränkungen der Eigentumsrechte beinhalten. Zu nennen sind insbesondere das Waldgesetz des Landes Brandenburg vom 17. 6. 1991 (GVBl. I S. 213), das Brandenburgische Naturschutzgesetz vom 25. 6. 1992 (GVBl. I S. 208), das Brandenburgische Wassergesetz vom 13. 7. 1994 (GVBl. I S. 302), geändert durch Gesetz vom 22. 12. 1997 (GVBl. I S. 168), und vor allem die Brandenburgische

Bauordnung vom 1. 6. 1994 (GVBl. I S. 126), geändert durch das Gesetz zur Änderung der Brandenburgischen Bauordnung und anderer Gesetze vom 18. 12. 1997 (GVBl. I S. 124); hilfreich bei der Anwendung des BbgBO ist die Verwaltungsvorschrift vom 19. 12. 1997 (Abl. Bbg. 1998, 56). Aber diese Vorschriften reichen zur Wahrung des Nachbarfriedens nicht aus. Entsprechend ihrer Struktur als öffentliches Recht gewähren sie dem betroffenen Nachbarn gegenüber dem Grundstückseigentümer, der die Vorschriften nicht beachtet, keinen unmittelbaren Abwehranspruch. Rechte kann der Nachbar nur bei der zuständigen Verwaltungsbehörde geltend machen, in deren Ermessen es dann liegt, ob sie zugunsten des Nachbarn gegen den Störer vorgeht. Gelegentlichen Versuchen in der Lehre, zu einem grundrechtlich begründeten, aus der staatlichen Schutzpflicht abgeleiteten strikten Anspruch auf behördliches Einschreiten zu gelangen, ist die Rechtsprechung nicht gefolgt. Nachbarstreitigkeiten vor allem im öffentlichen Baurecht spielen zwar in der Alltagspraxis eine unverändert große Rolle. Aber in einer Phase der Gesetzgebung in Bund und Ländern, die durch das Bemühen um Vereinfachung und Beschleunigung von Planungs- und Genehmigungsverfahren gekennzeichnet ist, kommt der Stärkung bürgerlicher Eigenverantwortlichkeit vermehrte Bedeutung zu (vgl. Postier NJ 1996, 516).

2.2 Das Brandenburgische Nachbarrechtsgesetz

Die Landesregierung hat deshalb in Ausfüllung der den Ländern durch Art. 72 Abs. 1 i.V.m. Art. 74 Abs. 1 Nr. 1 GG und Art. 124 EGBGB eingeräumten Rechtssetzungsbefugnis am 13. 3. 1996 den Entwurf des Brandenburgischen Nachbarrechtsgesetzes als privates Landesrecht in den Landtag eingebracht (Drs. 2/2366). Das Gesetzgebungsverfahren verlief zügig. Die Regierungsvorlage wurde ohne Debatte an den Rechtsausschuß zur Federführung und an den Ausschuß für Stadtentwicklung, Wohnen und Verkehr zur Mitberatung überwiesen. Dabei ergaben sich keine Änderungsanträge, so daß das Gesetz in zweiter Lesung am 13. 6. 1996 einstimmig angenommen und verabschiedet wurde und am 4. 7. 1996 in Kraft treten konnte (GVBl. I S. 226).

Einleitung

Das Gesetz lehnt sich an das Berliner Nachbarrechtsgesetz vom 28. 9. 1973 (GVBl. S. 1654) an. Dies ist zur Schaffung weitgehend gleicher Regelungsbereiche insbesondere im engeren Verflechtungsraum mit Berlin geschehen. Es liegt auf seiner streitvermeidenden Linie, daß das Gesetz aber noch einige weitere Problemfelder regelt. Damit verbunden ist das Anliegen, den Schiedsleuten eine umfassende Handreichung bei der Bewältigung ihrer Aufgaben in die Hand zu geben. Sollte das im Gesetzgebungsverfahren befindliche Gesetz zur Vereinfachung des zivilgerichtlichen Verfahrens und des Verfahrens der freiwilligen Gerichtsbarkeit (BR Drs. 605/96) die Einführung obligatorischer Vorverfahren vor den Schiedsleuten ermöglichen, kämen die zivilen Nachbarstreitigkeiten als vorrangige Materie dafür in Betracht. Ein – wie hier – ausformuliertes Nachbarrechtsgesetz könnte auf diese Weise Ressourcen bei den Amtsgerichten freisetzen.

Das Gesetz macht an vielen Punkten die Schnittstellen zum öffentlichen Recht kenntlich, indem es das Ineinandergreifen von öffentlichem und privatem Nachbarrecht näher regelt. Zwingende öffentlich-rechtliche Vorschriften und auch bestandskräftig gewordene Verwaltungsakte verdrängen in dem Maße, wie ihr Regelungs-und Prüfungsumfang reicht, die Anwendbarkeit des Gesetzes und entfalten insofern eine privatrechtsgestaltende Duldungswirkung gegenüber denkbaren Unterlassungs- und Beseitigungsansprüchen aus diesem Gesetz (§ 3 Abs. 1). Der brandenburgische Gesetzgeber hat damit die eingangs genannte „Gemengelage" zwischen öffentlichem und privatem Recht im Bereich des baulichen Nachbarschutzes zugunsten des öffentlichen Baurechts aufgelöst. Für immissionsschutzrechtliche Genehmigungen und Planfeststellungsbeschlüsse ist bereits in § 14 Abs. 1 BImSchG bzw. § 75 Abs. 2 VwVfGBbg ausdrücklich bestimmt, daß deren Wirkungen die Rechtsverhältnisse der in ihren Rechten betroffenen Dritten direkt gestalten. Gleiches wird hier nun der (Bau-)Genehmigung und ihrer rechtlichen Durchsetzungskraft auf das zivile Nachbarrecht des Landes zugebilligt.

Das Gesetz kann andererseits Bauaufsichtsbehörden und Verwaltungsgerichte von einem Teil der bei ihnen geführten Nachbarrechtsstreitigkeiten entlasten, weil eine Bauaufsichtsbehörde den Nachbarn auf die Verfolgung seiner zivilrechtlichen Ansprüche verweisen darf, der einen Anspruch auf Einschreiten gegen ein (so) nicht genehmigtes, rechtswidriges Bauwerk oder eine (so) nicht genehmigte, rechtswidrige Nutzung eines Bauwerks geltend macht (BVerwG BauR 1998, 319). Voraussetzung ist, daß das öffentliche Interesse nicht maßgeblich berührt wird und der Streit nicht unmittelbar eine Baugenehmigung oder einen sonstigen Baubescheid zum Gegenstand hat (vgl. i.e. Anm. 2. zu § 3).

Gesetzestext

Brandenburgisches Nachbarrechtsgesetz (BbgNRG)

vom 28. Juni 1996 (GVBl. I S. 226)

Der Landtag hat das folgende Gesetz beschlossen:

Inhaltsübersicht

Abschnitt 1
Allgemeine Vorschriften

- § 1 Grundsatz 23
- § 2 Nachbar, Erbbauberechtigter . 23
- § 3 Anwendungsbereich 23
- § 4 Verjährung 23

Abschnitt 2
Nachbarwand

- § 5 Begriff der Nachbarwand 24
- § 6 Errichten und Beschaffenheit der Nachbarwand 24
- § 7 Anbau an die Nachbarwand .. 24
- § 8 Anzeige des Anbaus 25
- § 9 Vergütung im Fall des Anbaus 25
- § 10 Unterhaltung der Nachbarwand 26
- § 11 Abriß eines der Bauwerke ... 26
- § 12 Nichtbenutzen der Nachbarwand 26
- § 13 Beseitigen der Nachbarwand . 26
- § 14 Erhöhen und Verstärken der Nachbarwand 27
- § 15 Schadensersatz bei Erhöhung und Verstärkung 28

Abschnitt 3
Grenzwand

- § 16 Begriff 28
- § 17 Errichten einer Grenzwand .. 28
- § 18 Errichten einer zweiten Grenzwand 29
- § 19 Einseitige Grenzwand 29

Abschnitt 4
Fenster- und Lichtrecht

- § 20 Inhalt und Umfang 30
- § 21 Ausnahmen 30
- § 22 Ausschluß des Beseitigungsanspruchs 30

Abschnitt 5
Hammerschlags- und Leiterrecht

- § 23 Inhalt und Umfang 31
- § 24 Nutzungsentschädigung 32

Abschnitt 6
Höherführen von Schornsteinen und Lüftungsleitungen

- § 25 32

Brandenburgisches Nachbarrechtsgesetz (Gesetzestext)

Abschnitt 7
Bodenerhöhungen, Aufschichtungen und sonstige Anlagen

§ 26 Bodenerhöhungen 33
§ 27 Aufschichtungen und sonstige Anlagen 33

Abschnitt 8
Einfriedung

§ 28 Einfriedungspflicht 34
§ 29 Anzeigepflicht 35
§ 30 Ausnahmen von der Einfriedungspflicht 35
§ 31 Einfriedungspflicht des Störers 35
§ 32 Beschaffenheit 35
§ 33 Standort 36
§ 34 Kosten der Errichtung 36
§ 35 Benutzung und Kosten der Unterhaltung 36

Abschnitt 9
Grenzabstände für Pflanzen

§ 36 Grenzabstände für Wald 37
§ 37 Grenzabstände für Bäume, Sträucher und Hecken 37
§ 38 Ausnahmen von den Abstandsvorschriften 37
§ 39 Beseitigungsanspruch 38
§ 40 Ausschluß des Beseitigungsanspruchs 38
§ 41 Ersatzanpflanzungen 38
§ 42 Nachträgliche Grenzänderungen 38
§ 43 Wild wachsende Pflanzen ... 38

Abschnitt 10
Duldung von Leitungen

§ 44 Leitungen in Privatgrundstücken 39

§ 45 Unterhaltung 39
§ 46 Schadensersatz und Anzeigepflicht 40
§ 47 Nachträgliche erhebliche Beeinträchtigung 40
§ 48 Anschlußrecht des Duldungspflichtigen 40
§ 49 Leitungen in öffentlichen Straßen 41
§ 50 Entschädigung 41
§ 51 Anschluß an Fernheizungen .. 41

Abschnitt 11
Dachtraufe und Abwässer

§ 52 Niederschlagswasser 41
§ 53 Anbringen von Sammel- und Abflußeinrichtungen 41
§ 54 Abwässer 42

Abschnitt 12
Wild abfließendes Wasser

§ 55 Abfluß und Zufluß 42
§ 56 Wiederherstellung des früheren Zustands 42
§ 57 Schadensersatz 43
§ 58 Anzeigepflicht 43
§ 59 Wegfall der Verpflichtung zur Sicherheitsleistung und zur Anzeige 43
§ 60 Veränderung des Grundwasserspiegels 43

Abschnitt 13
Übergangs- und Schlußvorschriften

§ 61 Übergangsvorschriften 44
§ 62 Inkrafttreten, Außerkrafttreten 44

Abschnitt 1
Allgemeine Vorschriften

§ 1 Grundsatz

Die Grundstücksnachbarn haben ihre nachbarlichen Beziehungen so zu gestalten, daß ihre individuellen und gemeinschaftlichen Interessen mit den Erfordernissen, die an ein gutes nachbarschaftliches Verhältnis zu stellen sind, übereinstimmen und gegenseitig keine Schäden oder vermeidbare Belästigungen aus der Nutzung der Grundstücke und Gebäude entstehen. Zur Beilegung von Konflikten haben sie verantwortungsbewußt zusammenzuwirken.

§ 2 Nachbar, Erbbauberechtigter

(1) Nachbar im Sinne dieses Gesetzes ist der Eigentümer des an ein Grundstück angrenzenden Grundstücks.

(2) Im Falle der Belastung des Grundstücks mit einem Erbbaurecht tritt der Erbbauberechtigte an die Stelle des Grundstückseigentümers.

§ 3 Anwendungsbereich

(1) Die §§ 5 bis 31 und 33 bis 59 gelten nur, soweit die Nachbarn keine von diesen Bestimmungen abweichenden Vereinbarungen treffen oder zwingende öffentlich-rechliche Vorschriften oder bestandkräftige Verwaltungsakte nicht entgegenstehen.

(2) Die in diesem Gesetz vorgesehene Schriftform ist nicht abdingbar.

§ 4 Verjährung

(1) Ansprüche auf Schadensersatz nach diesem Gesetz verjähren in drei Jahren von dem Zeitpunkt an, in welchem der Verletzte von dem Schaden und der Person des Ersatzpflichtigen Kenntnis erlangt oder hätte erlangen können, im übrigen ohne Rücksicht auf diese Kenntnis in 30 Jahren von der Vornahme der Handlung an.

(2) Andere auf Zahlung von Geld gerichtete Ansprüche nach diesem Gesetz verjähren in drei Jahren. Die Verjährung beginnt mit dem Schluß des Jahres, in welchem der Anspruch fällig wird.

Abschnitt 2
Nachbarwand

§ 5 Begriff der Nachbarwand

Nachbarwand ist die auf die Grenze zweier Grundstücke errichtete Wand, die den auf diesen Grundstücken errichteten Bauwerken als Abschlußwand oder zur Unterstützung oder Aussteifung dient.

§ 6 Errichten und Beschaffenheit der Nachbarwand

(1) Eine Nachbarwand darf nur errichtet werden, wenn die Errichtung baurechtlich zulässig ist und beide Nachbarn die Errichtung schriftlich vereinbart sowie grundbuchrechtlich gesichert haben.

(2) Die Nachbarwand ist in einer solchen Bauart und Bemessung auszuführen, daß sie den Bauvorhaben beider Nachbarn genügt. Der Erbauer braucht die Wand nur für einen Anbau herzurichten, der an sie keine höheren Anforderungen stellt als sein eigenes Bauvorhaben.

(3) Erfordert keines der beiden Bauvorhaben eine stärkere Wand als das andere, so darf die Nachbarwand höchstens mit der Hälfte ihrer notwendigen Stärke auf dem Nachbargrundstück errichtet werden. Erfordert ein Bauvorhaben eine stärkere Wand, so ist die Wand zu einem entsprechend größeren Teil auf diesem Grundstück zu errichten.

§ 7 Anbau an die Nachbarwand

(1) Der Nachbar ist berechtigt, an die Nachbarwand anzubauen. Anbau ist die Mitbenutzung der Wand als Abschlußwand oder zur Unterstützung oder Aussteifung des neuen Bauwerks.

(2) Setzt der Anbau eine tiefere Gründung der Nachbarwand voraus, so darf die Nachbarwand unterfangen oder der Boden im Bereich der Gründung der Nachbarwand verfestigt werden, wenn

1. es nach den allgemein anerkannten Regeln der Baukunst unumgänglich ist oder nur mit unzumutbar hohen Kosten vermieden werden könnte,

2. nur geringfügig Beeinträchtigungen des zuerst errichteten Bauwerks zu besorgen sind und

3. das Bauvorhaben öffentlich-rechtlich zulässig oder zugelassen worden ist.

§ 8 Anzeige des Anbaus

(1) Die Einzelheiten des geplanten Anbaus sind dem Eigentümer und dem in seinem Besitz berührten unmittelbaren Besitzer des zuerst bebauten Grundstücks zwei Monate vor Beginn der Bauarbeiten schriftlich anzuzeigen. Mit den Arbeiten darf erst nach Fristablauf begonnen werden, sofern sich der Nachbar nicht mit einem früheren Termin schriftlich einverstanden erklärt hat.

(2) Die Anzeige an den unmittelbaren Besitzer des Grundstücks genügt, wenn die Person oder der Aufenthalt des Grundstückseigentümers nicht oder nur unter erheblichen Schwierigkeiten feststellbar ist oder die Anzeige an ihn im Ausland erfolgen müßte.

§ 9 Vergütung im Fall des Anbaus

(1) Der anbauende Nachbar hat dem Eigentümer des zuerst bebauten Grundstücks den halben Wert der Nachbarwand zu vergüten, soweit sie durch den Anbau genutzt wird.

(2) Die Vergütung ermäßigt sich angemessen, wenn die besondere Bauart oder Bemessung der Nachbarwand nicht erforderlich oder nur für das zuerst errichtete Bauwerk erforderlich war. Sie erhöht sich angemessen, wenn die besondere Bauart oder Bemessung der Nachbarwand nur für das später errichtete Bauwerk erforderlich war.

(3) Steht die Nachbarwand mehr auf dem Nachbargrundstück, als in § 6 vorgesehen oder davon abweichend vereinbart ist, so ermäßigt sich die Vergütung um den Wert des zusätzlich überbauten Bodens, wenn nicht die in § 912 Abs. 2 oder § 915 des Bürgerlichen Gesetzbuchs bestimmten Rechte ausgeübt werden. Steht die Nachbarwand weniger auf dem Nachbargrundstück, als in § 6 vorgesehen oder davon abweichend vereinbart ist, so erhöht sich die Vergütung um den Wert des Bodens, den die Nachbarwand anderenfalls auf dem Nachbargrundstück zusätzlich benötigt hätte.

(4) Die Vergütung wird mit der Fertigstellung des Anbaus im Rohbau fällig. Bei der Berechnung des Wertes der Nachbarwand ist von den zu diesem Zeitpunkt üblichen Baukosten auszugehen. Das Alter sowie der bauliche Zustand der Nachbarwand ist zu berücksichtigen. Auf Verlangen ist Sicherheit in Höhe der voraussichtlichen Vergütung zu leisten; der Anbau darf dann erst nach Leistung der Sicherheit begonnen oder fortgesetzt werden.

§ 10 Unterhaltung der Nachbarwand

(1) Bis zum Anbau fallen die Unterhaltungskosten der Nachbarwand dem Eigentümer des zuerst bebauten Grundstücks allein zur Last.

(2) Nach dem Anbau sind die Unterhaltungskosten für den gemeinsam genutzten Teil der Nachbarwand von beiden Nachbarn entsprechend dem Verhältnis ihrer Beteiligung gemäß § 6 Abs. 3 zu tragen.

§ 11 Abriß eines der Bauwerke

Wird nach erfolgtem Anbau eines der beiden Bauwerke abgerissen und nicht neu errichtet, so hat der Eigentümer des Grundstücks, auf dem das abgerissene Bauwerk stand, durch den Abriß an der Nachbarwand entstandenen Schäden zu beseitigen und die Außenfläche des bisher gemeinsam genutzten Teils der Nachbarwand in einen für eine Außenwand geeigneten Zustand zu versetzen. Für den Teil der Nachbarwand, welcher auf dem nunmehr unbebauten Grundstück steht, ist eine Vergütung an den Eigentümer des unbebauten Grundstücks zu zahlen. § 10 Abs. 1 gilt entsprechend.

§ 12 Nichtbenutzen der Nachbarwand

(1) Wird das spätere Bauwerk nicht an die Nachbarwand angebaut, obwohl das möglich wäre, hat der anbauberechtigte Nachbar für die durch die Errichtung der Nachbarwand entstandenen Mehraufwendungen gegenüber den Kosten der Herstellung einer Grenzwand Ersatz zu leisten. Hat die Nachbarwand von dem Grundstück des zuerst Bauenden weniger Baugrund benötigt als eine Grenzwand, so ermäßigt sich der Ersatzanspruch um den Wert des eingesparten Baugrunds. Höchstens ist der Betrag zu erstatten, den der Eigentümer des Nachbargrundstücks im Falle des Anbaus zu zahlen hätte. Der Anspruch wird mit der Fertigstellung des späteren Bauwerks im Rohbau fällig.

(2) Der anbauberechtigte Nachbar ist verpflichtet, die Fuge zwischen der Nachbarwand und seinem an die Nachbarwand herangebauten Bauwerk auf seine Kosten auszufüllen und zu verschließen.

§ 13 Beseitigen der Nachbarwand

(1) Solange und soweit noch nicht angebaut worden ist, darf der Eigentümer des zuerst bebauten Grundstücks die Nachbarwand beseitigen, wenn der anbauberechtigte Nachbar der Beseitigung nicht widerspricht.

(2) Die Absicht, die Nachbarwand zu beseitigen, ist anzuzeigen; § 8 gilt entsprechend.

(3) Der Widerspruch des anbauberechtigten Nachbarn muß binnen zwei Monaten nach Zugang der Anzeige schriftlich erhoben werden. Der Widerspruch wird unbeachtlich, wenn

1. der anbauberechtigte Nachbar nicht innerhalb von sechs Monaten nach Empfang der Anzeige einen Antrag auf Genehmigung eines Anbaus bei der Baugenehmigungsbehörde einreicht oder
2. die Ablehnung einer beantragten Baugenehmigung nicht mehr angefochten werden kann oder
3. von einer Baugenehmigung nicht innerhalb eines Jahres nach Erteilung Gebrauch gemacht wird.

(4) Macht der Eigentümer des zuerst bebauten Grundstücks von seinem Recht zur Beseitigung Gebrauch, so hat er dem Nachbarn für die Dauer der Nutzung des Nachbargrundstücks durch die Nachbarwand eine angemessene Vergütung zu leisten. Beseitigt der Eigentümer des zuerst bebauten Grundstücks die Nachbarwand ganz oder teilweise, ohne hierzu nach den Absätzen 1 bis 3 berechtigt zu sein, so hat er dem Nachbarn Ersatz für den durch die völlige oder teilweise Beseitigung der Anbaumöglichkeit zugefügten Schaden zu leisten; der Anspruch wird mit der Fertigstellung des späteren Bauwerks im Rohbau fällig.

§ 14 Erhöhen und Verstärken der Nachbarwand

(1) Jeder Grundstückseigentümer darf die Nachbarwand in voller Stärke auf seine Kosten erhöhen, wenn dadurch keine oder nur geringfügige Beeinträchtigungen des anderen Grundstücks zu erwarten sind. Dabei darf der Höherbauende auf das Nachbardach einschließlich des Dachtragewerkes einwirken, soweit dies erforderlich ist; er hat auf seine Kosten das Nachbardach mit der erhöhten Wand ordnungsgemäß zu verbinden. Für den erhöhten Teil der Nachbarwand gelten § 7 Abs. 1, §§ 8, 9, 11, § 12 Abs. 2, § 13 Abs. 1 bis 3 und 4 Satz 2 entsprechend.

(2) Jeder Grundstückseigentümer darf die Nachbarwand auf seinem Grundstück auf seine Kosten verstärken.

(3) Setzt die Erhöhung oder die Verstärkung der Nachbarwand eine tiefere Gründung der Nachbarwand voraus, so gilt § 7 Abs. 2 entsprechend.

(4) Die Absicht, die Rechte nach den Absätzen 1 bis 3 auszuüben, ist anzuzeigen; § 8 gilt entsprechend.

§ 15 Schadensersatz bei Erhöhung und Verstärkung

Schaden, der in Ausübung der Rechte nach § 7 Abs. 2 oder § 14 dem Eigentümer oder dem Nutzungsberechtigten des anderen Grundstücks entsteht, ist auch ohne Verschulden zu ersetzen. Auf Verlangen ist Sicherheit in Höhe des voraussichtlichen Schadens zu leisten; das Recht darf dann erst nach Leistung der Sicherheit ausgeübt werden.

Abschnitt 3
Grenzwand

§ 16 Begriff

Grenzwand ist die unmittelbar an der Grenze zum Nachbargrundstück auf dem Grundstück des Erbauers errichtete Wand.

§ 17 Errichten einer Grenzwand

(1) Der Grundstückseigentümer, auf dessen Grundstück eine Grenzwand errichtet werden soll, hat dem Nachbarn die Bauart und Bemessung der beabsichtigten Wand zwei Monate vor Baubeginn schriftlich anzuzeigen; § 8 Abs. 2 gilt entsprechend.

(2) Der Nachbar kann innerhalb von zwei Monaten nach Zugang der Anzeige verlangen, die Grenzwand so zu gründen, daß bei der späteren Durchführung seines Bauvorhabens zusätzliche Baumaßnahmen vermieden werden. Verzichtet er auf dieses Recht, kann mit den Arbeiten bereits vor Fristablauf begonnen werden. Wird die Anzeige schuldhaft verspätet abgegeben oder unterlassen, so hat der Eigentümer des zur Bebauung vorgesehenen Grundstücks dem Nachbarn den daraus entstehenden Schaden zu ersetzen.

(3) Die durch das Verlangen nach Absatz 2 Satz 1 entstehenden Mehrkosten sind zu erstatten. In Höhe der voraussichtlich erwachsenden Mehrkosten ist

auf Verlangen des Erbauers der Grenzwand innerhalb eines Monats Vorschuß zu leisten. Der Anspruch auf die besondere Gründung erlischt, wenn der Vorschuß nicht fristgerecht geleistet wird.

(4) Soweit der Erbauer der Grenzwand die besondere Gründung auch zum Vorteil seines Bauwerks nutzt, beschränkt sich die Erstattungspflicht des Nachbarn auf den angemessenen Kostenanteil; darüber hinaus gezahlte Kosten können zurückgefordert werden.

§ 18 Errichten einer zweiten Grenzwand

(1) Wer eine Grenzwand neben einer schon vorhandenen Grenzwand errichtet, ist verpflichtet, die Fuge zwischen den Grenzwänden auf seine Kosten auszufüllen und zu verschließen, falls dies den allgemeinen Regeln der Baukunst entspricht und der Baugestaltung nicht widerspricht.

(2) Der Erbauer der zweiten Grenzwand ist berechtigt, auf eigene Kosten durch übergreifende Abdeckungen einen Anschluß herzustellen; er hat den Anschluß auf seine Kosten zu unterhalten.

(3) Ist es zur Ausführung des Bauvorhabens erforderlich, die zweite Grenzwand tiefer als die zuerst errichtete Grenzwand zu gründen, so gilt § 7 Abs. 2 entsprechend.

(4) Die Absicht, die Rechte nach den Absätzen 2 und 3 auszuüben, ist anzuzeigen; § 8 gilt entsprechend. Für die Verpflichtung zum Schadensersatz gilt § 15 entsprechend.

§ 19 Einseitige Grenzwand

Der Eigentümer eines Grundstücks hat Bauteile, die in den Luftraum seines Grundstücks übergreifen, zu dulden, wenn

1. nach den öffentlich-rechtlichen Vorschriften auf dem Nachbargrundstück nur bis an die Grenze gebaut werden darf,
2. die übergreifenden Bauteile öffentlich-rechtlich zulässig oder zugelassen worden sind,
3. sie die Benutzung seines Grundstücks nicht oder nur unwesentlich beeinträchtigen und
4. sie nicht zur Vergrößerung der Nutzfläche dienen.

Abschnitt 4
Fenster- und Lichtrecht

§ 20 Inhalt und Umfang

(1) In oder an der Außenwand eines Gebäudes, die parallel oder in einem Winkel bis zu 60° zur Grenze des Nachbargrundstücks verläuft, dürfen Fenster, Türen oder zum Betreten bestimmte Bauteile wie Balkone und Terrassen nur mit schriftlicher Zustimmung des Eigentümers des Nachbargrundstücks angebracht werden, wenn ein geringerer Abstand als 3 m von dem grenznächsten Punkt der Einrichtung bis zur Grenze eingehalten werden soll.

(2) Von einem Fenster oder einem zum Betreten bestimmten Bauteil, dem der Eigentümer des Nachbargrundstücks schriftlich zugestimmt hat oder das nach dem bisherigen Recht angebracht worden ist, müssen er und seine Rechtsnachfolger mit einem später errichteten Bauwerk mindestens 3 m Abstand einhalten. Dies gilt nicht, wenn das später errichtete Bauwerk den Lichteinfall nicht oder nur geringfügig beeinträchtigt.

§ 21 Ausnahmen

Eine Zustimmung nach § 20 ist nicht erforderlich
1. für lichtdurchlässige Wandbauteile, wenn sie undurchsichtig, schalldämmend und gegen Feuereinwirkung widerstandsfähig sind,
2. für Außenwände gegenüber Grenzen zu öffentlichen Verkehrsflächen, zu öffentlichen Grünflächen und zu oberirdischen Gewässern von jeweils mehr als 2 m Breite,
3. soweit nach öffentlich-rechtlichen Vorschriften Fenster und Türen angebracht werden müssen und
4. wenn keine oder nur geringfügige Beeinträchtigungen zu erwarten sind.

§ 22 Ausschluß des Beseitigungsanspruchs

(1) Der Anspruch auf Beseitigung einer zustimmungsbedürftigen Einrichtung, die einen geringeren als den in § 20 vorgeschriebenen Abstand hat, ist ausgeschlossen, wenn nicht bis zum Ablauf des auf die Anbringung der Einrichtung folgenden Kalenderjahres Klage auf Beseitigung erhoben worden ist.

(2) Der Anspruch auf Beseitigung einer Einrichtung, die bei Inkrafttreten dieses Gesetzes vorhanden ist, ist ausgeschlossen, wenn

1. ihr Abstand dem bisherigen Recht entspricht oder
2. ihr Abstand nicht dem bisherigen Recht entspricht und nicht bis zum Ablauf des auf das Inkrafttreten dieses Gesetzes folgenden Kalenderjahres Klage auf Beseitigung erhoben worden ist.

(3) Wird das Gebäude, an dem sich die Einrichtung befand, oder das Bauwerk beseitigt, so gelten für einen Neubau die §§ 20 und 21.

Abschnitt 5
Hammerschlags- und Leiterrecht

§ 23 Inhalt und Umfang

(1) Der Eigentümer und der Nutzungsberechtigte eines Grundstücks müssen dulden, daß ihr Grundstück einschließlich der Bauwerke von dem Nachbarn oder von ihm Beauftragten zur Vorbereitung und Durchführung von Bau-, Instandsetzungs- und Unterhaltungsarbeiten auf dem Nachbargrundstück vorübergehend betreten und benutzt wird, wenn und soweit

1. die Arbeiten anders nicht oder nur mit unverhältnismäßig hohen Kosten durchgeführt werden können,
2. die mit der Duldung verbundenen Nachteile oder Belästigungen nicht außer Verhältnis zu dem von dem Berechtigten erstrebten Vorteil stehen und
3. das Vorhaben öffentlich-rechtlich zulässig oder zugelassen worden ist.

(2) Das Recht zur Benutzung umfaßt die Befugnis, auf oder über dem Grundstück Gerüste und Geräte aufzustellen sowie die zu den Arbeiten erforderlichen Baustoffe über das Grundstück zu bringen.

(3) Das Recht ist so zügig und schonend wie möglich auszuüben. Es darf nicht zur Unzeit geltend gemacht werden.

(4) Die Absicht, die Rechte nach den Absätzen 1 und 2 auszuüben, ist anzuzeigen; § 8 gilt entsprechend. Für die Verpflichtung zum Schadensersatz gilt § 15 entsprechend.

(5) Die Absätze 1 bis 4 finden auf die Eigentümer öffentlicher Verkehrsflächen keine Anwendung.

§ 24 Nutzungsentschädigung

(1) Wer ein Grundstück gemäß § 23 benutzt, hat für die Zeit der Benutzung eine Nutzungsentschädigung in Höhe der ortsüblichen Miete für die benutzten Bauwerksteile oder für einen dem benutzten unbebauten Grundstücksteil vergleichbaren Lagerplatz zu zahlen. Eine Benutzung unbebauter Grundstücksteile bis zur Dauer von zwei Wochen bleibt außer Betracht. Die Nutzungsentschädigung ist jeweils zum Ende eines Kalendermonats fällig.

(2) Nutzungsentschädigung kann nicht verlangt werden, soweit nach § 23 Abs. 4 Ersatz für entgangene anderweitige Nutzung gefordert wird.

Abschnitt 6
Höherführen von Schornsteinen und Lüftungsleitungen

§ 25

(1) Der Eigentümer und der Nutzungsberechtigte eines Grundstücks müssen dulden, daß der Nachbar an ihrem höheren Gebäude Schornsteine und Lüftungsleitungen seines angrenzenden niedrigeren Gebäudes befestigt, wenn

1. die Höherführung der Schornsteine und Lüftungsleitungen für deren Betriebsfähigkeit erforderlich ist,
2. Schornsteine und Lüftungsleitungen anders nur mit erheblichen technischen Nachteilen oder mit unverhältnismäßig hohen Kosten höhergeführt werden können,
3. das betroffene Grundstück nicht erheblich beeinträchtigt wird und
4. die Erhöhung und Befestigung öffentlich-rechtlich zulässig oder zugelassen worden ist.

(2) Der Eigentümer und der Nutzungsberechtigte des betroffenen Grundstücks müssen ferner dulden, daß

1. die höhergeführten Schornsteine und Lüftungsleitungen von ihrem Grundstück aus unterhalten werden, wenn dies ohne Benutzung ihres Grundstücks nicht oder nur mit unverhältnismäßig hohen Kosten möglich ist und
2. die hierzu erforderlichen Anlagen auf diesem Grundstück angebracht werden; sie können den Berechtigten statt dessen darauf verweisen, an dem

höheren Gebäude auf eigene Kosten außen eine Steigleiter anzubringen, wenn dadurch die Unterhaltungsarbeiten ermöglicht werden.

(3) Die Absicht, die Rechte nach den Absätzen 1 und 2 auszuüben, ist anzuzeigen; § 8 gilt entsprechend. Keiner vorherigen Anzeige bedürfen kleinere Arbeiten zur Unterhaltung der Anlage; zur Unzeit brauchen sie nicht geduldet zu werden.

(4) Für die Verpflichtung zum Schadensersatz gilt § 15 entsprechend.

Abschnitt 7
Bodenerhöhungen, Aufschichtungen und sonstige Anlagen

§ 26 Bodenerhöhungen

(1) Der Boden eines Grundstücks darf nicht über die Geländeoberfläche des Nachbargrundstücks erhöht werden, es sei denn, es wird ein solcher Abstand zur Grundstücksgrenze eingehalten oder es werden solche Vorkehrungen getroffen und unterhalten, daß eine Schädigung des Nachbargrundstücks insbesondere durch Absturz, Abschwemmung oder Pressung des Bodens ausgeschlossen ist.

(2) Geländeoberfläche ist die natürliche Geländeoberfläche, soweit nicht gemäß § 9 Abs. 2 des Baugesetzbuches oder in der Baugenehmigung eine andere Geländeoberfläche festgesetzt ist.

§ 27 Aufschichtungen und sonstige Anlagen

(1) Mit Aufschichtungen von Holz, Steinen, Stroh und dergleichen sowie sonstigen mit dem Grundstück nicht fest verbundenen Anlagen, die nicht über 1,50 m hoch sind, braucht kein Mindestabstand von der Grenze eingehalten zu werden. Sind sie höher, so muß der Abstand um so viel über 0,50 m betragen, als ihre Höhe das Maß von 1,50 m übersteigt.

(2) Absatz 1 gilt nicht
1. für Baugerüste,
2. für Aufschichtungen und Anlagen, die eine Wand oder geschlossene Einfriedung nicht überragen, und

3. gegenüber Grenzen zu öffentlichen Verkehrsflächen, zu öffentlichen Grünflächen und zu oberirdischen Gewässern von mehr als 0,50 m Breite (Mittelwasserstand).

Abschnitt 8
Einfriedung

§ 28 Einfriedungspflicht

Jeder Grundstückseigentümer kann von dem Nachbarn die Einfriedung nach folgenden Regeln verlangen:

1. Wenn Grundstücke unmittelbar nebeneinander an derselben Straße liegen, so hat jeder Grundstückseigentümer an der Grenze zum rechten Nachbargrundstück einzufrieden.
2. a) Rechtes Nachbargrundstück ist das, das von der Straße aus betrachtet rechts liegt.
   b) Liegt ein Grundstück zwischen zwei Straßen, so ist das Grundstück rechtes Nachbargrundstück, welches von der Straße aus betrachtet rechts liegt, an der sich der Haupteingang des Grundstücks befindet. Ist ein Haupteingang nicht feststellbar, so hat der Grundstückseigentümer auf Verlangen des Nachbarn zu bestimmen, welche Straße als die Straße gelten soll, an der sich der Haupteingang befindet; § 264 Abs. 2 des Bürgerlichen Gesetzbuchs gilt entsprechend. Durch Verlegung des Haupteingangs wird die Einfriedungspflicht ohne Zustimmung des Eigentümers des angrenzenden Grundstücks nicht verändert.
   c) Für Eckgrundstücke gilt Buchstabe a ohne Rücksicht auf die Lage des Haupteingangs.
3. Als Straßen gelten auch Wege, wenn solche an Stelle von Straßen für die Lage von Grundstücken maßgeblich sind.
4. Wenn an einer Grenze beide Nachbarn einzufrieden haben, so haben sie gemeinsam einzufrieden.
5. An Grenzen, für die durch Nummer 1 keine Einfriedungspflicht begründet wird, insbesondere an beiderseits rückwärtigen Grenzen, ist gemeinsam einzufrieden.

§ 29 Anzeigepflicht

(1) Die Absicht, eine Einfriedung zu errichten, zu beseitigen, durch eine andere zu ersetzen oder wesentlich zu verändern, ist dem Nachbarn mindestens zwei Wochen vor Beginn der Arbeiten anzuzeigen; § 8 Abs. 2 gilt entsprechend.

(2) Die Anzeigepflicht besteht auch dann, wenn der Nachbar weder die Einfriedung verlangen kann noch zu den Kosten beizutragen hat.

§ 30 Ausnahmen von der Einfriedungspflicht

(1) Eine Einfriedungspflicht besteht nicht, wenn und soweit die Grenze mit Gebäuden besetzt ist oder Einfriedungen nicht ortsüblich sind.

(2) Eine Einfriedungspflicht besteht ferner nicht für Grenzen zwischen Grundstücken und den an sie angrenzenden Flächen für die Land- und Forstwirtschaft, öffentlichen Verkehrsflächen, öffentlichen Grünflächen und Gewässern.

§ 31 Einfriedungspflicht des Störers

Besteht keine Einfriedungspflicht nach § 30, so hat der Eigentümer eines bebauten oder gewerblich genutzten Grundstücks gleichwohl das Grundstück auf Verlangen des Eigentümers des Nachbargrundstücks einzufrieden, wenn

1. von seinem Grundstück unzumutbare Beeinträchtigungen des Nachbargrundstücks ausgehen, die durch eine Einfriedung verhindert oder gemildert werden können, und
2. die Einfriedung zulässig ist.

§ 32 Beschaffenheit

(1) Es kann nur die Errichtung einer ortsüblichen Einfriedung oder, wenn keine Ortsüblichkeit feststellbar ist, eines etwa 1,25 m hohen Zaunes aus Maschendraht verlangt werden. Können Nachbarn, die gemeinsam einzufrieden haben, sich nicht auf eine unter mehreren ortsüblichen Einfriedungen einigen, so ist ein Zaun der in Satz 1 bezeichneten Art zu errichten.

(2) Schreiben öffentlich-rechtliche Vorschriften eine andere Art der Einfriedung vor, so tritt diese an die Stelle der in Absatz 1 genannten Einfriedungsart.

(3) Bietet die Einfriedung gemäß Absatz 1 keinen angemessenen Schutz vor unzumutbaren Beeinträchtigungen, so hat auf Verlangen des Nachbarn derjenige, von dessen Grundstück die Beeinträchtigungen ausgehen, die Einfriedung im erforderlichen Umfang zu verstärken oder höher auszuführen.

§ 33 Standort

Wer zur Einfriedung allein verpflichtet ist, hat die Einfriedung auf seinem Grundstück zu errichten. Haben Nachbarn gemeinsam einzufrieden, so ist die Einfriedung auf der gemeinsamen Grenze zu errichten.

§ 34 Kosten der Errichtung

(1) Wer zur Einfriedung allein verpflichtet ist, hat die Kosten der Einfriedung zu tragen.

(2) Haben Nachbarn gemeinsam einzufrieden, so tragen sie die Kosten der Einfriedung je zur Hälfte. Ist bei gemeinsamer Einfriedung nur für eines der beiden Grundstücke eine Einfriedung nach § 32 Abs. 2 vorgeschrieben, so sind die Kosten einer Einfriedung nach § 32 Abs. 1 maßgebend; die Mehrkosten trägt der gemäß § 32 Abs. 2 verpflichtete Grundstückseigentümer. Die bei einer Einfriedung nach § 32 Abs. 3 gegenüber einer Einfriedung nach § 32 Abs. 1 oder 2 entstehenden Mehrkosten der Errichtung trägt der Nachbar, von dessen Grundstück die Beeinträchtigungen ausgehen.

§ 35 Benutzung und Kosten der Unterhaltung

(1) Wer zur Einfriedung allein verpflichtet ist, ist zur ausschließlichen Benutzung der Einfriedung berechtigt und hat die Kosten der Unterhaltung der Einfriedung zu tragen.

(2) Haben Nachbarn gemeinsam einzufrieden, so gilt für die gemeinsame Benutzung und Unterhaltung der Einfriedung auch dann die Regelung des § 922 des Bürgerlichen Gesetzbuchs, wenn die Einfriedung ganz auf einem der Grundstücke errichtet ist.

Abschnitt 9
Grenzabstände für Pflanzen

§ 36   Grenzabstände für Wald

Auf Waldgrundstücken sind gegenüber Nachbargrundstücken zumindest die Grenzabstände für Wald bei Verjüngung nach Maßgabe des Waldgesetzes des Landes Brandenburg einzuhalten.

§ 37   Grenzabstände für Bäume, Sträucher und Hecken

(1) Mit Bäumen außerhalb des Waldes, Sträuchern und Hecken (Anpflanzungen) von über 2 m regelmäßiger Wuchshöhe ist ein solcher Abstand zum Nachbargrundstück einzuhalten, daß

1. bei Obstbäumen ein Abstand von 2 m,
2. bei sonstigen Bäumen ein Abstand von 4 m und
3. im übrigen für jeden Teil der Anpflanzung der Abstand mindestens ein Drittel seiner Höhe über dem Erdboden

beträgt. Der Abstand wird waagerecht und rechtwinklig zur Grenze gemessen.

(2) Der doppelte Abstand ist gegenüber Grundstücken einzuhalten, die landwirtschaftlich oder erwerbsgärtnerisch genutzt oder zu diesem Zweck vorübergehend nicht genutzt werden.

§ 38   Ausnahmen von den Abstandsvorschriften

§ 37 gilt nicht für

1. Anpflanzungen, die hinter einer geschlossenen Einfriedung vorgenommen werden und diese nicht überragen; als geschlossen gilt auch eine Einfriedung, deren Bauteile breiter sind als die Zwischenräume;
2. Anpflanzungen auf öffentlichen Verkehrsflächen;
3. Anpflanzungen an den Grenzen zu öffentlichen Verkehrsflächen, zu öffentlichen Grünflächen und zu oberirdischen Gewässern von jeweils mehr als 4 m Breite;
4. Hecken, die nach § 33 auf der Grenze angepflanzt werden oder die das öffentliche Recht als Einfriedung vorschreibt.

§ 37 gilt ferner nicht, wenn das öffentliche Recht andere Grenzabstände vorschreibt.

§ 39 Beseitigungsanspruch

Wird der vorgeschriebene Mindestabstand nicht eingehalten, so kann der Nachbar die Beseitigung der Anpflanzung verlangen. Der Eigentümer und der Nutzungsberechtigte des Grundstücks sind befugt, statt dessen die Anpflanzung auf ihrem Grundstück zurückzuschneiden, sofern auch auf diese Weise ein den Vorschriften dieses Gesetzes entsprechender Zustand hergestellt werden kann. Eine Beseitigung oder Zurückschneidung kann nur verlangt werden, soweit pflanzenschützende Vorschriften nicht berührt werden.

§ 40 Ausschluß des Beseitigungsanspruchs

Der Anspruch nach diesem Gesetz auf Beseitigung von Anpflanzungen, die die vorgeschriebenen Mindestabstände nicht einhalten, ist ausgeschlossen, wenn der Nachbar nicht bis zum Ablauf des zweiten auf das Anpflanzen folgenden Kalenderjahres Klage auf Beseitigung erhoben hat. Für Anpflanzungen, die zunächst die vorgeschriebenen Abstände einhalten, beginnt die Frist, wenn sie über die nach diesem Gesetz zulässige Höhe hinausgewachsen sind.

§ 41 Ersatzanpflanzungen

Werden für Anpflanzungen, bei denen der Anspruch auf Beseitigung nach § 40 ausgeschlossen ist, Ersatzanpflanzungen oder Nachpflanzungen vorgenommen, so sind die nach diesem Gesetz vorgeschriebenen Abstände einzuhalten. Dies gilt nicht für die Ersetzung einzelner abgestorbener Heckenpflanzen einer geschlossenen Hecke.

§ 42 Nachträgliche Grenzänderungen

Die Rechtmäßigkeit des Abstandes wird durch nachträgliche Grenzänderungen nicht berührt; § 41 gilt entsprechend.

§ 43 Wild wachsende Pflanzen

Die Vorschriften dieses Abschnitts gelten für wild wachsende Pflanzen entsprechend. Als Anpflanzen im Sinne des § 40 Satz 1 gilt die Erklärung des

Grundstückseigentümers gegenüber dem Nachbarn, daß er die wild wachsende Pflanze nicht beseitigen wolle.

Abschnitt 10
Duldung von Leitungen

§ 44 Leitungen in Privatgrundstücken

(1) Der Eigentümer und die Nutzungsberechtigten eines Grundstücks müssen dulden, daß durch ihr Grundstück der Eigentümer und die Nutzungsberechtigten des Nachbargrundstücks auf eigene Kosten Versorgungs- und Abwasserleitungen hindurchführen, wenn

1. das Vorhaben bauplanungsrechtlich zulässig,
2. der Anschluß an das Versorgungs- und Entwässerungsnetz anders nicht möglich und
3. die damit verbundene Beeinträchtigung nicht erheblich

ist.

(2) Ist das betroffene Grundstück an das Versorgungs- und Entwässerungsnetz bereits angeschlossen und reichen die vorhandenen Leitungen aus, um die Versorgung oder Entwässerung der beiden Grundstücke durchzuführen, so beschränkt sich die Verpflichtung nach Absatz 1 auf das Dulden des Anschlusses. Im Falle des Anschlusses ist zu den Herstellungskosten des Teils der Leitungen, der nach dem Anschluß mitbenutzt werden soll, ein angemessener Beitrag und auf Verlangen Sicherheit in Höhe des voraussichtlichen Beitrags zu leisten. In diesem Falle darf der Anschluß erst nach Leistung der Sicherheit vorgenommen werden.

(3) Bestehen mehrere Möglichkeiten der Durchführung, so ist die für das betroffene Grundstück schonendste zu wählen.

§ 45 Unterhaltung

(1) Der Berechtigte hat die nach § 44 Abs. 1 verlegten Leitungen oder die nach § 44 Abs. 2 hergestellten Anschlußleitungen auf seine Kosten zu unterhalten. Zu den Unterhaltungskosten der Teile der Leitungen, die von ihm mitbenutzt werden, hat er einen angemessenen Beitrag zu leisten.

(2) Zur Durchführung von Maßnahmen im Sinne des Absatzes 1 Satz 1 darf der Berechtigte oder der von ihm Beauftragte das betroffene Grundstück betreten.

§ 46 Schadensersatz und Anzeigepflicht

Für die Verpflichtungen zur Anzeige und zum Schadensersatz gelten § 8 Abs. 1 Satz 1 und § 15 entsprechend.

§ 47 Nachträgliche erhebliche Beeinträchtigung

(1) Führen die nach § 44 Abs. 1 verlegten Leitungen oder die nach § 44 Abs. 2 hergestellten Anschlußleitungen nachträglich zu einer erheblichen Beeinträchtigung, so können der Eigentümer und die Nutzungsberechtigten des betroffenen Grundstücks von dem Berechtigten verlangen, daß er seine Leitungen beseitigt und die Beseitigung der Teile der Leitungen, die gemeinschaftlich genutzt werden, duldet. Dieses Recht entfällt, wenn der Berechtigte die Beeinträchtigung so herabmindert, daß sie nicht mehr erheblich ist.

(2) Der Schaden, der durch die Maßnahmen nach Absatz 1 auf dem betroffenen Grundstück entsteht, ist zu ersetzen.

§ 48 Anschlußrecht des Duldungspflichtigen

(1) Der Eigentümer und die Nutzungsberechtigten eines Grundstücks, das gemäß § 44 Abs. 1 in Anspruch genommen ist, sind berechtigt, ihrerseits an die verlegten Leitungen anzuschließen, wenn diese ausreichen, um die Versorgung oder Entwässerung der beiden Grundstücke durchzuführen. § 44 Abs. 2 Satz 2 und § 45 Abs. 1 gelten entsprechend.

(2) Soll ein auf dem betroffenen Grundstück errichtetes oder noch zu erstellendes Gebäude an die Leitungen angeschlossen werden, die der Eigentümer oder die Nutzungsberechtigten des Nachbargrundstücks nach § 44 Abs. 1 durch das Grundstück hindurchführen wollen, so können der Eigentümer und die Nutzungsberechtigten des betroffenen Grundstücks verlangen, daß die Leitungen in einer ihrem Vorhaben Rechnung tragenden und technisch vertretbaren Weise verlegt werden. Die durch dieses Verlangen entstehenden Mehrkosten sind zu erstatten. In Höhe der voraussichtlich erwachsenden Mehrkosten ist auf Verlangen binnen zwei Wochen Vorschuß zu leisten; der Anspruch nach Satz 1 erlischt, wenn der Vorschuß nicht fristgerecht geleistet wird.

§ 49 Leitungen in öffentlichen Straßen

Die §§ 44 bis 48 gelten nicht für die Verlegung von Leitungen in öffentlichen Straßen und in öffentlichen Grünflächen.

§ 50 Entschädigung

(1) Für die Duldung der Rechtsausübung nach § 44 ist der Nachbar durch eine Geldrente zu entschädigen. Die Rente ist jährlich im voraus zu entrichten.

(2) Die Höhe der Rente ist nach Billigkeit zu bemessen. Dabei sind die dem Berechtigten durch die Ausübung des Rechts zugute kommenden Einsparungen und der Umfang der Belästigung des Nachbarn angemessen zu berücksichtigen.

§ 51 Anschluß an Fernheizungen

Die Vorschriften dieses Abschnitts gelten entsprechend für den Anschluß eines Grundstücks an eine Fernheizung, sofern derjenige, der sein Grundstück anschließen will, einem Anschlußzwang unterliegt.

Abschnitt 11
Dachtraufe und Abwässer

§ 52 Niederschlagswasser

(1) Der Eigentümer und die Nutzungsberechtigten eines Grundstücks müssen ihre baulichen Anlagen so einrichten, daß

1. Niederschlagswasser nicht auf das Nachbargrundstück tropft oder auf dieses abgeleitet wird und
2. Niederschlagswasser, das auf das eigene Grundstück tropft oder abgeleitet ist, nicht auf das Nachbargrundstück übertritt.

(2) Absatz 1 findet keine Anwendung auf freistehende Mauern entlang öffentlicher Straßen und öffentlicher Grünflächen.

§ 53 Anbringen von Sammel- und Abflußeinrichtungen

(1) Der Eigentümer und die Nutzungsberechtigten eines Grundstücks, die aus besonderem Rechtsgrund verpflichtet sind, das von den baulichen Anla-

gen eines Nachbargrundstücks tropfende oder abgeleitete oder von dem Nachbargrundstück übertretende Niederschlagswasser aufzunehmen, sind berechtigt, auf eigene Kosten besondere Sammel- und Abflußeinrichtungen an der baulichen Anlage des traufberechtigten Nachbarn anzubringen, wenn die damit verbundene Beeinträchtigung nicht erheblich ist. Sie haben diese Einrichtungen zu unterhalten.

(2) Für die Verpflichtungen zur Anzeige und zum Schadensersatz gelten die §§ 8 und 15 entsprechend.

§ 54 Abwässer

Der Eigentümer und die Nutzungsberechtigten eines Grundstücks dürfen ihre baulichen Anlagen nicht so einrichten, daß Abwässer und andere Flüssigkeiten auf das Nachbargrundstück übertreten.

Abschnitt 12
Wild abfließendes Wasser

§ 55 Abfluß und Zufluß

(1) Wild abfließendes Wasser ist oberirdisch außerhalb eines Bettes abfließendes Quell- oder Niederschlagswasser.

(2) Der Eigentümer und die Nutzungsberechtigten eines Grundstücks dürfen nicht

1. den Abfluß wild abfließenden Wassers auf Nachbargrundstücke verstärken und
2. den Zufluß wild abfließenden Wassers von Nachbargrundstücken auf ihr Grundstück hindern,

wenn dadurch die Nachbargrundstücke erheblich beeinträchtigt werden.

(3) Der Eigentümer und die Nutzungsberechtigten eines Grundstücks dürfen den Abfluß von Niederschlagswasser von ihrem Grundstück auf Nachbargrundstücke mindern oder unterbinden.

§ 56 Wiederherstellung des früheren Zustands

(1) Haben Naturereignisse den Abfluß wild abfließenden Wassers von einem Grundstück auf ein Nachbargrundstück verstärkt oder den Zufluß wild

abfließenden Wassers von einem Nachbargrundstück auf ein Grundstück gemindert oder unterbunden und wird dadurch das Nachbargrundstück erheblich beeinträchtigt, so müssen der Eigentümer und die Nutzungsberechtigten des Grundstücks die Wiederherstellung des früheren Zustands durch den Eigentümer und die Nutzungsberechtigten des beeinträchtigten Nachbargrundstücks dulden.

(2) Die Wiederherstellung muß binnen drei Jahren vom Ende des Jahres ab, in dem die Veränderung eingetreten ist, durchgeführt werden. Während der Dauer eines Rechtsstreits über die Verpflichtung zur Duldung der Wiederherstellung ist der Lauf der Frist für die Prozeßbeteiligten gehemmt.

§ 57 Schadensersatz

Schaden, der bei Ausübung des Rechts nach § 56 Abs. 1 auf dem betroffenen Grundstück entsteht, ist zu ersetzen; § 15 gilt entsprechend.

§ 58 Anzeigepflicht

Die Absicht, das Recht nach § 56 Abs. 1 auszuüben, ist zwei Wochen vor Beginn der Bauarbeiten anzuzeigen; § 8 gilt entsprechend.

§ 59 Wegfall der Verpflichtung zur Sicherheitsleistung und zur Anzeige

Ist die Ausübung des Rechts nach § 56 Abs. 1 zur Abwendung einer gegenwärtigen erheblichen Gefahr erforderlich, so entfällt die Verpflichtung zur Sicherheitsleistung und zur Anzeige.

§ 60 Veränderung des Grundwasserspiegels

(1) Der Eigentümer und die Nutzungsberechtigten eines Grundstücks dürfen auf dessen Untergrund mit physikalischen oder chemischen Mitteln nicht in einer Weise einwirken, daß der Grundwasserspiegel steigt oder sinkt und dadurch auf einem Nachbargrundstück erhebliche Beeinträchtigungen hervorgerufen werden.

(2) Erlaubnisse nach öffentlich-rechtlichen Vorschriften bleiben hiervon unberührt.

Abschnitt 13
Übergangs- und Schlußvorschriften

§ 61 Übergangsvorschriften

(1) Der Umfang von Rechten, die bei Inkrafttreten dieses Gesetzes bestehen, richtet sich unbeschadet der Vorschrift des Absatzes 2 nach diesem Gesetz.

(2) Der Anspruch auf Beseitigung von Pflanzen, die bei Inkrafttreten des Gesetzes vorhanden sind und deren Grenzabstände den Vorschriften dieses Gesetzes nicht entsprechen, ist ausgeschlossen, wenn

1. der Nachbar nicht innerhalb eines Jahres nach Inkrafttreten dieses Gesetzes Klage auf Beseitigung erhoben hat oder
2. die Pflanzen dem bisherigen Recht entsprechen.

(3) Ansprüche auf Zahlung aufgrund dieses Gesetzes bestehen nur, wenn das den Anspruch begründende Ereignis nach Inkrafttreten dieses Gesetzes eingetreten ist; anderenfalls behält es bei dem bisherigen Recht sein Bewenden.

§ 62 Inkrafttreten, Außerkrafttreten

(1) Dieses Gesetz tritt am Tage nach der Verkündung in Kraft.

(2) Gleichzeitig treten, soweit sie als Landesrecht fortgelten,

1. die §§ 316 bis 322 des Zivilgesetzbuches der Deutschen Demokratischen Republik vom 19. Juni 1975 (GBl. I Nr. 27 S. 465),
2. Erster Teil, Achter Titel §§ 125 bis 131, 133, 137 bis 140, 142 bis 144, 146 bis 148, 152, 153, 155, 156, 162 bis 167, 169 bis 174, 185, 186, Zweiundzwanzigster Titel §§ 55 bis 62 des Allgemeinen Landrechts für die Preußischen Staaten vom 5. Februar 1794,

außer Kraft.

Kommentierung

Brandenburgisches Nachbarrechtsgesetz (BbgNRG)
vom 28. Juni 1996 (GVBl. I S. 226)

Abschnitt 1
Allgemeine Vorschriften

Vorbemerkung

Die Grundsätze von Treu und Glauben (§ 242 BGB) beherrschen zwar im besonderen Maße das nachbarliche Zusammenleben und vermögen, wenn Einzelvorschriften fehlen, Abwehransprüche zu begründen (OLG Stuttgart NJW 1994, 739, 741 m.w.N.). Die Pflichten zur gegenseitigen Rücksichtnahme bedürfen aber, um Inhalt und Grenzen des Grundeigentums im Sinne von Art. 14 Abs. 1 Satz 2 GG ausreichend und vorhersehbar bestimmen zu können, der Konkretisierung durch den Gesetzgeber. Dieser hat zwar im BGB einige Begrenzungen des Eigentums vorgenommen (insb. durch das Schikaneverbot in § 226, das Notwehrrecht in § 228 und das Recht zur Notstandsverteidigung in § 904 – Texte im Anhang 1), seine Regelungen reichen aber nicht dazu aus, die Vielfalt und Differenziertheit nachbarlicher Beziehungen zu gestalten. Deshalb hat das Landesrecht zugunsten der Nachbarn weitere Beschränkungen des Eigentums (oder Miteigentums, BGHZ 29, 376) eingeführt. Die Vorschriften ergänzen die Bestimmungen des BGB, ohne sie zu ändern. Nach Art. 72 Abs. 1 i. V. m. Art. 74 Abs. 1 Nr. 1 GG ist der durch den Bund geregelte Bereich für eine landesrechtliche Regelung gesperrt. Eine Folge davon ist, daß bei aneinander angrenzenden Bereichen, die einerseits der Bund, andererseits das Land geregelt hat, die Auslegung von Rechtsvorschriften des Landes im Interesse der Einheitlichkeit der Rechtsordnung auf das Bundesrecht abzustimmen ist. Bei der Harmonisierung ist allerdings im Lichte von Art. 72 Abs. 2 GG eine enge Auslegung der einschlägigen Vorschriften des BGB angezeigt.

Die wahre Bedeutung einer Vorschrift erschließt sich ohnehin nicht nur aus dem Wortlaut, sondern kann textlich auch hinter dem zurückgeblieben sein, was der Gesetzgeber zu regeln vorhatte. Oft wird erst der sachlich – logische Zusammenhang mit anderen Vorschriften Sinn und Zweck der Norm freilegen können.

§ 1 Grundsatz

[1]**Die Grundstücksnachbarn haben ihre nachbarlichen Beziehungen so zu gestalten, daß ihre individuellen und gemeinschaftlichen Interessen mit den Erfordernissen, die an ein gutes nachbarschaftliches Verhältnis zu stellen sind, übereinstimmen und gegenseitig keine Schäden oder vermeidbare Belästigungen aus der Nutzung der Grundstücke und Gebäude entstehen.** [2]**Zur Beilegung von Konflikten haben sie verantwortungsbewußt zusammenzuwirken.**

Erläuterung

1. Die Einleitung soll der Harmonisierung und der wertenden Festlegung des Nachbarrechtsverhältnisses dienen. Der Grundsatz, der hier vorangestellt ist, hat die Funktion einer Auslegungshilfe für die Anwendung der nachfolgenden Vorschriften und ergänzt auf diese Weise den Tatbestand der einzelnen Bestimmungen. Der Wortlaut lehnt sich bewußt an den Text von § 316 ZGB an, um deutlich zu machen, daß sich an der grundsätzlichen Orientierung für gutnachbarliche Beziehungen nichts geändert hat. Ähnlich hat jetzt auch das SächsNRG in seinem § 2 normiert.

Billigkeitsgründe können die Normbindung nicht ersetzen. Die Generalklausel in Satz 1 eröffnet dem Richter – anders als es Dehner, DtZ 1997, 313, befürchtet – kein Recht, den festgestellten Sachverhalt lediglich nach seinem Rechtsgefühl beurteilen zu dürfen. Der Richter darf von den konkreten (nachbarlichen) Normen nur dann abweichen, wenn mit Rücksicht auf die Besonderheit des Einzelfalls dies zwingend geboten ist (vgl. BGH NJW 1990, 2465, 2468). Der Grundsatz, daß Nachbarn keine Rücksichtnahme über die einschlägigen positiven Vorschriften hinaus verlangen können, ist nur gegenüber begründeten Abweichungen offen. In dieser (seltenen) Ausnahmesituation soll sich der

Richter an die hier aufgestellten Leitlinien halten. Diese beinhalten keinen Widerspruch zum BGB, in Sonderheit zu dem aus dem Grundsatz von Treu und Glauben (§ 242 BGB) abgeleiteten Begriff des „nachbarlichen Gemeinschaftsverhältnisses" (vgl. Einleitung Nr. 1). Sie machen lediglich deutlich, daß die eigentumsregelnden Vorschriften des BGB nicht isoliert, sondern nur als Bestandteil einer Rahmenordnung zu betrachten sind, die das GG für Würde und Freiheit des Menschen geschaffen hat, in der die Pflichten und Lasten maßvoll und gleichmäßig verteilt sind. Hierzu gehört das Rücksichtnahmegebot (vgl. zuletzt BVerwG NJW 1998, 329), an welches auch die Zivilgerichte gebunden sind, weil den objektiven staatlichen Schutzpflichten alle staatlichen Organe – also auch die Justiz – unterliegen (vgl. BVerfG NJW 1997, 2509, 2510 m. Anm. von Determann, a.a.O. S. 2501 f.).

2. Die Vorschrift im einzelnen:

2.1 Der Begriff des Grundstücksnachbarn wird in § 2 definiert, siehe dazu die dortigen Erläuterungen.

2.2 Der **Geltungsbereich** des Grundsatzes und der nachfolgenden, ihn konkretisierenden Bestimmungen beschränkt sich auf das Land Brandenburg. Verläuft auf der Grundstücksgrenze zum Nachbarn die Grenze zum anderen (Bundes-)Land, so gilt für beide Nachbarn unterschiedliches Landesrecht auch dann, wenn die Vorschriften – wie in vielen Fällen mit Berlin – gleichlautend sind. Der jeweils in seinen Rechten Beeinträchtigte kann sich nicht auf das andere Landesnachbarrechtsgesetz zur Begründung von Abwehransprüchen berufen, weil die für ihn fremden Normen nicht zu seinen Gunsten erlassen sind. Das Nachbarrecht ist als Teil des Sachenrechts zwar grundstücksbezogen. In dem Maße, in dem es das Eigentum Beschränkungen unterwirft, reichert es das Eigentum am Nachbargrundstück mit Rechtspositionen an. Zur Regelung von Rechten an gebietsfremden Grundstücken ist der Landesgesetzgeber aber nicht befugt. Die rechtskreisübergreifenden Beziehungen sind in solchen Fällen allein an den bundesrechtlichen Regelungen des BGB zu messen.

2.3 „**Schäden**" – verstanden als Einbußen von rechtlich geschützten Gütern – und „**vermeidbare Belästigungen**", die zu unterbleiben haben, dürfen den Nachbarn weder in materieller Hinsicht (z. B. durch Ableiten von Niederschlagswasser) noch auf immaterielle Weise (z. B. durch Lärm) treffen. Zum Teil sind diese Pflichten, die darin bestehen, die berechtigten Interessen des Nachbarn zu beachten und zu sichern, schon bundesrechtlich geregelt. So befassen sich mit Immissionen vom Nachbargrundstück die §§ 906 bis 909 BGB (Texte im Anhang 1). Sie regeln die Zumutbarkeit sinnlich wahrnehmbarer Einwirkungen (§ 906 BGB), die Abwehr gefahrdrohender Anlagen (§ 907 BGB), den Schutz vor dem Einsturz eines Gebäudes (§ 908 BGB) sowie die Sicherheit bei Niveauveränderung am Nachbargrundstück (§ 909 BGB). Diese Bestimmungen sind in der Verfolgung ihres auf nachbarschaftlichen Interessenausgleich ausgerichteten Konzepts erschöpfend; sie lassen keinen Raum für eine ergänzende Regelung hier nach § 1. So erfolgt die Beurteilung von Geräusch- und Geruchsimmissionen ausschließlich nach § 906 BGB (zum Verhältnis zwischen privatem und öffentlichem Immissionsschutz s. Fritz, NJW 1996, 573 ff.). Bei Beeinträchtigungen durch das Eindringen von Geflügel, Hunden und Katzen von angrenzenden Grundstücken aus kann die Unterlassung nur nach § 1004 BGB (Text im Anhang 1) verlangt werden (zu den Duldungspflichten i.e. Schäfer in: Hoppenberg, Kap. J, Rdnrn. 424 ff.). Bei anderen störenden Natureinflüssen kommen den Nachbarn schützende Abwehr- und Schadensersatzansprüche auch nach §§ 906, 823 BGB (Text im Anhang 1) in Betracht (hierzu – mit kritischer Würdigung der Rechtsprechung – Herrmann, NJW 1997, 153 ff.).

2.4 Der **Maßstab** für ein gutes nachbarliches Verhältnis und dafür, was das Gebot gegenseitiger Rücksichtnahme erfordert, bestimmt sich nach dem Empfinden eines **verständigen Durchschnittsmenschen**. Es kommt weder auf den hypersensiblen noch auf den situativ spontan reagierenden Nachbarn an, sondern auf eine „Kunstfigur", welche – als Leitbild gedacht – vernünftig und einsichtig auch das Gesamtwohl nicht aus dem Auge verliert, indem sie von sich aus mit Blick auf die Lage und die Umweltverhältnisse ihres Geländes von bestimmten Formen der Nutzung auch absehen kann (BGH DVBl. 1996, 671, 673). Sie weiß über den Anlaß hinaus die Gesamtsituation zu werten und zu gewichten. Diese Beurteilungsperson, auf die der BGH (NJW 1993, 925, 929) bei

Anwendung etwa von § 906 BGB zurückgreift, berücksichtigt zunächst nur Schäden oder Beeinträchtigungen, die erheblich sind. Hierzu stellt sie die widerstreitenden Interessen gegenüber und bezieht die konkreten Gegebenheiten ein, die ortsüblich sind. Sie versteht unter „Ortsüblichkeit" eine Mehrheit von Grundstücken, die in der näheren Umgebung nach Art und Maß ihrer Nutzung in etwa gleich ist (BGHZ 111, 63, 72). Bei der sich daran anschließenden Güterabwägung sucht sie zur Lösung des nachbarschaftlichen Konflikts einen Ausgleich, der möglichst schonend die auf beiden Seiten vorhandenen Rechte am Eigentum zu bewahren weiß. Kommt es zur gerichtlichen Auseinandersetzung, hat sich die tatrichterliche Beurteilung an diesem Vorbild zu orientieren.

3. *Satz 2* regelt nichts, sondern enthält nur den Appell an die Grundstücksnachbarn, sie mögen doch ihre Streitigkeiten – wenn solche schon entstehen müssen – wenigstens in gegenseitiger Verantwortung beheben.

§ 2 Nachbar, Erbbauberechtigter

(1) Nachbar im Sinne dieses Gesetzes ist der Eigentümer des an ein Grundstück angrenzenden Grundstücks.

(2) Im Falle der Belastung des Grundstücks mit einem Erbbaurecht tritt der Erbbauberechtigte an die Stelle des Grundstückseigentümers.

Erläuterung

1. *Absatz 1* enthält die Legaldefinition des Begriffs „**Nachbar**". Soweit in Regelungen nichts anderes bestimmt ist (wie etwa in § 8), geht das Gesetz vom Eigentümer des an ein Grundstück angrenzenden Grundstücks aus.

2.1 Mit „**Eigentümer**" ist der Allein-, Mit- und der Wohnungseigentümer gemeint, wie er sich aus der Eintragung im Grundbuch ergibt. Inhaber obligatorischer Rechtspositionen, wie etwa **Mieter** und **Pächter** – mögen sie umgangssprachlich auch als „Nachbarn" bezeichnet werden –, fallen nicht hierunter. Das zivile – wie übrigens auch das öffentliche – Nachbarrecht ist grundstücks- und nicht personenbezogen (Art. 124 Satz 1 EGBGB); denn es regelt die bauliche und sonstige Nutzung des Grundstücks. Die Träger von Rechten und Pflichten, die das Grundstück betreffen, sind deren Eigentümer. Sie sind deshalb die Partner des nachbarschaftlichen Gemeinschaftsverhältnisses.

Etwas anderes gilt auch dann nicht, wenn dem Grundstückspächter ein auf diesem Grundstück als Scheinbestandteil errichtetes Haus gehört. Gemeint ist eine Baulichkeit, die i. S. v. § 95 BGB nur zu einem vorübergehenden Zweck errichtet worden ist. Das Eigentum daran räumt dem Pächter kein weitergehendes Recht am Grundstück ein als der Pachtvertrag (s. Hoppenberg in: ders., Kap. H, Rdnr. 53).

Mieter und Pächter, denen hiernach keine Abwehrrechte zustehen, sind nicht schutzlos vor Beeinträchtigungen, die vom Nachbargrundstück ausgehen. Sie können durch Geltendmachung zivilrechtlicher Gewährleistungsansprüche gegenüber ihren Vermietern oder Verpächtern veranlassen, daß diese für den Schutz sorgen, den sie als dinglich Berechtigte zur Abwehr ergreifen können.

2.2 Für den Eigentümer, der nicht bekannt oder auffindbar ist, bestellt das zuständige Amtsgericht einen **Abwesenheitspfleger** (§§ 1911, 1913 BGB). Wenn der Eigentümer schon am Tage des Beitritts der DDR zur Bundesrepublik Deutschland (3. 10. 1990) unbekannt war, bestellt der Landkreis oder die kreisfreie Stadt, in dessen oder in deren Gebiet sich das benachbarte Grundstück befindet, den gesetzlichen Vertreter (Art. 233 § 2 Abs. 3 EGBGB).

3. Eine Erweiterung des Nachbarbegriffs auf alle **Nutzungsberechtigte** nach § 286 ZGB ist aus den gleichen Gründen nicht erfolgt, wie die, welche für Mieter und Pächter gelten (Anm. 2.1.). Der Regelungsbereich des Gesetzes ist insofern enger als der nach dem ZGB. Dort standen die Nachbarrechte und -pflichten auch den jeweiligen Nutzungsberechtigten zu (Autorenkollektiv, Anm. zu § 316). Der Rahmen, den Art. 124 EGBGB läßt, reicht für eine entsprechende Regelung nicht aus.

4. Der Anwendungsbereich des Gesetzes beschränkt sich auf die nebeneinander liegenden Grundstücke, wie sie im Grundbuch bezeichnet sind (vgl. dazu OVG Weimar, LKV 1997, 71). Nicht unmittelbar angrenzende Grundstücke werden nicht erfaßt. Insofern ist die räumlichgegenständliche **Abgrenzung** enger als im öffentlichen Nachbarrecht. Dort bestimmt der relevante Einwirkungsbereich des Vorhabens den Umfang öffentlich-rechtlicher Abwehrrechte (Näheres bei Hoppenberg in: ders., Kap. H, Rdnrn. 64 ff.). Benachbart sind danach alle Grundstücke, auf deren Benutzung sich das in Frage stehende Vorhaben voraussichtlich unmittelbar und tatsächlich auswirken wird.

Bei Beeinträchtigungen von entfernt liegenden Grundstücken muß der Eigentümer, falls ihm Bundesprivatrecht nach §§ 903 ff. BGB (Text im Anhang 1) nicht zugute kommt, den öffentlich-rechtlichen Nachbarschutz durch Bauaufsichtsbehörden oder Immissionsschutzämter zu erlangen suchen, den diese etwa nach der Brandenburgischen Bauordnung (v. 1. 6. 1994, GVBl. I S. 126) oder dem Vorschaltgesetz zum Immissionsschutz (v. 3. 3. 1992, GVBl. I S. 78) zu gewährleisten haben.

5. *Absatz 2* greift ein, wenn eine Belastung des Grundstücks mit einem Erbbaurecht vorliegt; dann ist grundsätzlich der Erbbauberechtigte angesprochen. Diese Regelung folgt § 11 der VO über das Erbbaurecht vom 15. 1. 1919 (RGBl. S. 72, 122), zuletzt geändert durch das Einführungsgesetz zur Insolvenzordnung vom 5. 10. 1994 (BGBl. I S. 2911). Durch die Gleichstellung mit dem Eigentum wird das Erbbaurecht nicht berührt. Sein Inhalt, wie ihn Grundstückseigentümer und Erbbauberechtigter vereinbart haben, bleibt im Innenverhältnis bestehen, auch wenn nach außen hin die hier im Gesetz geregelten Rechte vom Erbbauberechtigten auszuüben oder zu erfüllen sind.

§ 3 Anwendungsbereich

(1) Die §§ 5 bis 31 und 33 bis 59 gelten nur, soweit die Nachbarn keine von diesen Bestimmungen abweichenden Vereinbarungen treffen oder zwingende öffentlich-rechtliche Vorschriften oder bestandkräftige Verwaltungsakte nicht entgegenstehen.

(2) Die in diesem Gesetz vorgesehene Schriftform ist nicht abdingbar.

Erläuterung

1. *Absatz 1* stellt im *ersten Halbsatz* die Anwendung der wichtigsten Bestimmungen des Nachbarrechtsgesetzes mit Ausnahme von § 32

(Beschaffenheit der Einfriedung) unter den Vorbehalt, daß sich Nachbarn einvernehmlich auf gute Beziehungen einigen.

1.1 Vereinbarungen erhalten Vorrang, weil ein Bedürfnis nach zwingenden privatrechtlichen Vorschriften grundsätzlich nicht besteht. Es liegt vielmehr auf der **streitvermeidenden Linie** des Gesetzes, daß Grundstücksnachbarn selbst ihre nachbarschaftlichen Beziehungen regeln, indem sie sich etwa über Pflanzabstände einigen und Fragen zur Einfriedung klären. Der Gesetzestext kann ihnen bei der Absprache als Vorbild für das dienen, was sie auch anders geregelt haben wollen. (Zu den Bindungen nach öffentlichem Recht siehe anschließend.)

Abweichende Vereinbarungen wirken jedoch nur schuldrechtlich zwischen denen, die sie getroffen haben. Um zu erreichen, daß Rechte und Pflichten auch auf den Rechtsnachfolger des jeweiligen Nachbarn übergehen, bedarf es entweder einer entsprechenden Grunddienstbarkeit gemäß §§ 873, 1018 ff. BGB durch Eintragung im Grundbuch, der Weitergabe durch Rechtsgeschäft – etwa im Kaufvertrag – oder einer Gesamtrechtsnachfolge – wie im Erbfall –.

1.2 Die Berechtigung der Nachbarn zu abweichenden Regelungen bezieht sich nicht auf zwingend vorgeschriebene Formvorschriften, die das Gesetz enthält. So kann bei einer Vereinbarung über die Errichtung einer Nachbarwand die gem. § 6 Abs. 1 vorgeschriebene grundbuchrechtliche Sicherung nicht abbedungen werden. Ferner besteht eine Ausnahme von der Dispositionsbefugnis für die Regelung in § 32. Die dort vorgeschriebene Beschaffenheit der Einfriedung ist Inhalt einer Maßgabe, mit der das Einfriedungsverlangen nach § 28 konkretisiert wird und die als solche nicht frei verfügbar ist.

2. Mit seinem *zweiten Halbsatz* grenzt Absatz 1 das Verhältnis zum **öffentlichen Recht** ab. Es liegt im Interesse der Rechtsordnung, daß Normwidersprüche vermieden werden. Aus dem vorliegenden Gesetz sollen deshalb keine Rechte hergeleitet werden können, die der Entstehung oder Geltendmachung zwingender öffentlich-rechtlicher Vorschriften, insbesondere bau- und naturschutzrechtlicher Art, entgegenstehen würden. Sieht etwa ein Bebauungsplan vor, daß Grundstücke nicht eingefriedet werden dürfen, so entsteht der Einfriedungsanspruch des Nachbarn nach § 28 Abs.1 nicht. Der Vorrang des öffentlichen Rechts ist jedoch auf zwingende öffentlich-rechtliche Bestimmungen oder bestandskräftige, den Nachbarn bindende Verwaltungsakte beschränkt. Soll- und Kannvorschriften des öffentlichen Rechts lassen die zivilrechtlichen Ansprüche der Nachbarn untereinander grundsätzlich unberührt, weil sie noch der Konkretisierung im Einzelfall bedürfen. Ist diese aber durch einen unanfechtbaren Verwaltungsakt erfolgt, so gebührt auch diesem Rechtsakt der Vorrang.

2.1 Gelegentliche Versuche in Schrifttum und Rechtsprechung, beim baulichen Nachbarschutz entweder dem Zivilrecht oder dem öffentlichen Recht generellen Vorrang einzuräumen, haben sich nicht durchgesetzt (s. den Überblick im BBauBl. 1991, 10, 11 f.). Der brandenburgische Gesetzgeber hat deshalb die **„Gemengelage"** zwischen öffentlichem und privatem Nachbarrecht selbst aufgelöst, indem er die hier im Gesetz enthaltenen Regelungen gegenüber dem öffentlichen (Bau-) Recht für subsidiär erklärt hat. Ein gültiger Bebauungsplan entscheidet ohnehin nicht nur öffentlich-rechtlich, sondern gem. § 1 Abs. 6 BauGB auch den privaten nachbarlichen Raumentwicklungs- und Nutzungskonflikt (vgl. hierzu Papier in: Baurecht-Aktuell, S. 291 ff.). Er gibt den betroffenen Grundstücken einen bestimmten rechtlichen Status, ohne daß es dazu des Dazwischentretens eines weiteren Vollzugsakts bedarf (BVerfGE 70, 35, 52 f.). Die Dispositionsbefugnis des Eigentümers wird folglich unmittelbar eingeschränkt. Für die hier im Gesetz vorgehaltenen Regelungen bedeutet dies, daß sie in dem Umfange nicht benötigt werden und daher zurückzutreten haben, wie der Bebauungsplan eigene Festsetzungen enthält. Das nachbarschaftliche Gemeinschaftsverhältnis wird bereits durch solche Festsetzung näher konkretisiert. Rechtsschutz gewährt dem Nachbarn in diesen Fällen das Oberverwaltungsgericht Frankfurt (Oder) im **Normenkontrollverfahren** nach § 47 Abs. 1 Nr. 1 VwGO, in welchem über die Gültigkeit des Bebauungsplanes entschieden wird (hierzu eingehend Postier in: Hoppenberg, Kap. K, Rdnrn. 58 und 437 ff.).

2.2 Der Vorrang vor privaten Nachbarrechten greift auch bei inhaltsgleichen Regelungen in Verwaltungsakten ein, wie sie vor allem in Form von Baugenehmigungen erfolgen können. Der Erlaß einer **Bau-**

genehmigung wirkt sich dabei für den Nachbarn in doppelter Weise aus: Auf seinem angrenzenden Grundstück wird nicht nur ein Bau zur Ausführung freigegeben, sondern zugleich auch eine bestimmte Nutzung erlaubt. In Rechtsprechung und Literatur sind allerdings die unmittelbaren Auswirkungen auf die privatrechtlichen Beziehungen zwischen den Nachbarn umstritten, insbesondere ist fraglich, ob die in der Baugenehmigung enthaltenen Festlegungen bereits aus sich heraus den Nachbarn binden oder nur vorbehaltlich seiner privaten Rechte gelten (weiterführend Postier in: Hoppenberg, Kap. K, Rdnrn. 22 ff.). Für immissionsschutzrechtliche Genehmigungen und für den Planfeststellungsbeschluß ist in § 14 Abs. 1 BImSchG bzw. § 75 Abs. 2 VwVfGBbg ausdrücklich bestimmt, daß deren Wirkungen die Rechtsverhältnisse der in ihren Rechten betroffenen Dritten direkt gestalten. Gleiches wird hier für Brandenburg der Baugenehmigung und ihrer rechtlichen Durchsetzungskraft auf das private Nachbarrecht zugebilligt. Dazu ist anzumerken:

Die **privatrechtsgestaltende Duldungswirkung** gegenüber denkbaren Unterlassungs- und Beseitigungsansprüchen aus dem vorliegenden Gesetz – Rechte aus dem BGB bleiben unberührt – setzt voraus, daß der Verwaltungsakt bestandskräftig ist. Damit ist gemeint, daß er mit ordentlichen Rechtsbehelfen (Widerspruch bei der Bauaufsichtsbehörde oder Anfechtungsklage vor dem Verwaltungsgericht) nicht mehr angreifbar ist (Näheres im Überblick bei Postier in: Hoppenberg, Kap. K, Rdnrn. 20 ff.). Der brandenburgische Gesetzgeber hat aus dem Naßauskiesungsbeschluß des Bundesverfassungsgerichts (BVerfGE 58, 300, 324) ein allgemeines Prinzip des Primärrechtsschutzes abgeleitet. Dieses besagt, daß sich der Nachbar in erster Linie gegen den Verwaltungsakt wenden muß, wenn drohende oder gar schon eingetretene Beeinträchtigungen auf eine behördliche Entscheidung – etwa eine Baugenehmigung – zurückgehen. Das Anfechtungsrecht wird derart zu einer **„Anfechtungspflicht"**, will der Nachbar nicht seiner Rechte gänzlich verlustig gehen. Daß der Streit zwischen privaten Nachbarn überhaupt im Rahmen einer öffentlich-rechtlichen Nachbarklage als Streit um die Baugenehmigung vor den Verwaltungsgerichten ausgetragen werden kann, beruht auf einer historischen Entwicklung, die dazu geführt hat, daß das öffentliche Baurecht angesichts zunehmender Komplexität raumbedeutsamer Bodennutzungskonflikte auf einen Gesamtausgleich der vielfältigen, miteinander verwobenen und einander widerstreitenden öffentlichen und privaten Belange ausgerichtet ist. Die Baugenehmigung stellt über ihren ursprünglichen Auftrag hinaus – eine reine Ordnungsmaßnahme zu sein – inzwischen eine umfassende, den nachbarlichen Interessenausgleich einschließende Konfliktregelung dar. Dieser Entwicklungslinie trägt § 3 Abs. 1 Rechnung (s. zur Strukturierung der Abwehrposition nach öffentlichem und privatem Nachbarrecht Postier, LKV 1992, 33, 34 m. w. N.).

2.3 Die privatrechtsgestaltende Duldungswirkung von Verwaltungsakten läßt jedoch Ansprüche aus vertraglichen Vereinbarungen zwischen den Nachbarn (z. B. auf Geldentschädigung) unberührt. Auch weitergehende zivilrechtliche Befugnisse, wie etwa das Betreten oder Nutzen des Nachbargrundstücks durch den Bauherrn oder dritte Personen, sind mit der Baugenehmigung nicht verbunden und müssen privatrechtlich geregelt und ggfls. zivilgerichtlich eingeklagt werden.

Verlangt das private Nachbarrecht neben dem Vorliegen einer Baugenehmigung ausdrücklich noch die Einwilligung des Nachbarn, wie bei der Errichtung einer Nachbarwand (§ 6 Abs. 1), oder räumt dem Nachbarn ein Recht auf bestimmte Bauausführung ein (so bei der Errichtung einer Grenzwand, § 17 Abs. 2), bleiben diese Rechtspositionen auch bei Unanfechtbarkeit der Baugenehmigung bestehen und sind notfalls klageweise auf dem Zivilrechtsweg durchzusetzen.

3. *Absatz 2* hebt im Interesse der Rechtsklarheit die grundsätzlich bestehende Formfreiheit bei Abschluß von Verträgen und Abgabe von Willenserklärungen im Geltungsbereich dieses Gesetzes auf. Die Schriftform darf nach § 126 Abs. 1 BGB durch Gesetz vorgeschrieben werden. Dafür kommt auch ein Landesgesetz in Betracht, weil der Bund von seiner konkurrierenden Gesetzgebungsbefugnis nicht abschließend Gebrauch gemacht hat (a.A. OLG Hamm, NJW-RR 1986, 236, aber ohne Berücksichtigung der Landeskompetenz; s. auch Anm. 2.4 zu § 17).

Das Schriftformerfordernis bestimmt, daß das Schriftstück eigenhändig durch Namensunterschrift oder mittels notariell beglaubigten Handzeichens zu unterzeichnen ist.

§ 4 Verjährung

(1) Ansprüche auf Schadensersatz nach diesem Gesetz verjähren in drei Jahren von dem Zeitpunkt an, in welchem der Verletzte von dem Schaden und der Person des Ersatzpflichtigen Kenntnis erlangt oder hätte erlangen können, im übrigen ohne Rücksicht auf diese Kenntnis in 30 Jahren von der Vornahme der Handlung an.

(2) ¹**Andere auf Zahlung von Geld gerichtete Ansprüche nach diesem Gesetz verjähren in drei Jahren.** ²**Die Verjährung beginnt mit dem Schluß des Jahres, in welchem der Anspruch fällig wird.**

Erläuterung

1. Die Vorschrift regelt den durch Zeitablauf möglichen Verlust nachbarrechtlicher Ansprüche nach diesem Gesetz enger als nach den nachbarrechtlichen Bestimmungen des BGB. Dort unterliegen die Ansprüche grundsätzlich der allgemeinen Verjährungsfrist von 30 Jahren (§ 195 BGB), und für bestimmte Ansprüche ist gar eine Unverjährbarkeit vorgesehen (§ 924 BGB). Hier hingegen wird für Ansprüche auf Schadensersatz (Absatz 1) und auf Zahlung von Geld (Absatz 2) auf eine verhältnismäßig kurze Abwicklung Wert gelegt, um im Interesse der Nachbarn alsbald wieder Rechtsfrieden in das gestörte nachbarliche Gemeinschaftsverhältnis einkehren zu lassen.

2. *Absatz 1* betrifft Schadensersatzansprüche, die das Gesetz an verschiedenen Stellen aus Gefährdungshaftung vorsieht (vgl. §§ 15, 18 Abs. 4 Satz 2, § 23 Abs. 4 Satz 2, § 25 Abs. 4, §§ 46, 53 Abs. 2, § 57). In einigen dieser Schadensfälle können konkurrierend Ansprüche aus unerlaubter Handlung nach § 823 BGB in Betracht kommen. Es wäre unbefriedigend, wenn die sich aus demselben Sachverhalt ergebenden Schadensersatzansprüche anders als nach § 852 Abs. 1 BGB nicht auch in drei Jahren verjähren würden. Hierzu gilt im einzelnen:

Die **Kenntnis** vom Schaden besteht schon bei allgemeiner Kenntnis, ein Überblick über den Schadensumfang im einzelnen ist für den Fristbeginn nicht erforderlich. Auf die Schuldfrage kommt es ebenfalls nicht an (s. auch § 15). Bei verborgenen Schäden fängt die Verjährung aber erst an, wenn Kenntnis über den ursächlichen Zusammenhang mit der

Gesetzesverletzung besteht oder hätte bestehen können (vgl. zu den Einzelheiten Thomas in: Palandt, Rdnr. 8 f. zu § 852).

Der positiven Kenntnis steht die sorglose Unkenntnis gleich, die sich daraus ergibt, daß sich der Verletzte der Kenntnisnahme verschlossen hat, obwohl es ihm zumutbar war, sich diese zu verschaffen. Beispielsweise handelt der Eigentümer, der sich um sein verpachtetes Grundstück nicht kümmert, sorglos. Das gilt erst recht, wenn er Hinweisen seines Pächters nicht nachgeht. In solchen Fällen beginnt die Verjährung mit dem Augenblick, zu dem jeder andere in der Lage des Eigentümers unter denselben konkreten Umständen die (positive) Kenntnis gehabt hätte. (Die Rechtsprechung zu § 852 Abs. 1 BGB entscheidet trotz engeren Wortlauts annähernd gleich, vgl. BGH NJW 1990, 2808, 2810).

Kenntnis von der Person des Ersatzpflichtigen kann der Nachbar dadurch erlangen, daß er durch Einsichtnahme in das Grundbuch den Eigentümer des angrenzenden Grundstücks erfährt.

Ohne Rücksicht auf solche Kenntnis verjähren die Schadensersatzansprüche in dreißig Jahren nach dem schadensstiftenden Ereignis.

3. *Absatz 2* betrifft die anderen Zahlungsansprüche – wie etwa die Vergütung beim Anbau an eine Nachbarwand (§ 9). Sie verjähren ebenfalls in drei Jahren. Die Verjährung beginnt mit Schluß des Jahres, in welchem der Anspruch fällig wird, d. h. der Berechtigte davon Kenntnis erhält bzw. hätte erhalten können. Abzustellen ist darauf, ob ein objektiver Betrachter den anspruchsbegründenden Sachverhalt erkennen konnte; es kommt nicht darauf an, daß der betreffende Nachbar um die ihm zustehende Forderung auch weiß.

4. Wird während des Laufs der Verjährungsfrist eines der beiden benachbarten Grundstücke veräußert, hat dies auf die Dauer der Frist keinen Einfluß. Die abgelaufene Zeit wird für und gegen den neuen Eigentümer mitgezählt.

5. Die Bestimmungen des BGB über die Verjährung gelten unmittelbar, soweit das vorliegende Gesetz schweigt. Die wichtigsten Regelungen besagen folgendes:

Die Verjährung ist gehemmt, solange die Leistung gestundet ist oder der Nachbar aus anderem Grunde vorübergehend nicht zu leisten braucht, § 202 Abs. 1 BGB. Die Zeit, während der die Leistungspflicht ruht, wird in die Verjährungsfrist nicht eingerechnet, § 205 BGB. Die Verjährung wird unterbrochen, wenn der Nachbar den Anspruch in irgendeiner Weise – etwa durch Teilzahlung – anerkennt oder Klage gegen ihn erhoben ist, §§ 208, 209 BGB. Wird die Unterbrechung aufgehoben, beginnt die Verjährungsfrist ohne Anrechnung der verstrichenen Zeit von neuem, § 217 BGB. Nach Vollendung der Verjährung ist der Nachbar berechtigt, die Erfüllung des gegen ihn gerichteten Anspruchs zu verweigern, § 222 Abs. 1 BGB. Der Verlust des Anspruchs tritt also nicht von selbst ein, sondern bedarf der sog. **Einrede der Verjährung**, mit der der Nachbar den Anspruch zu Fall bringen kann.

Abschnitt 2
Nachbarwand

Vorbemerkung

Zum Recht der Nachbarwand gibt es bundesrechtlich nur Regelungen über die Eigentumsverhältnisse (§ 921 BGB), die Unterhaltungskosten und die Nutzung (§ 922 BGB, s. Texte im Anhang 1). Diese Rechtslage wird hier ergänzt.

Die Brandenburgische Bauordnung (BbgBO) enthält zwar Bestimmungen über die Nachbarwand, nach denen diese grundsätzlich unzulässig ist. § 32 BbgBO schreibt vor, daß zum Abschluß von Gebäuden, bei denen die Abschlußwand bis zu 2,50 m von der Nachbargrenze errichtet wird, in der Regel Brandwände hergestellt werden müssen, es sei denn, daß ein Abstand von mindestens 5 m zu bestehenden oder nach den baurechtlichen Vorschriften zulässigen Gebäuden gesichert ist. Dies hat zur Folge, daß die Neuerrichtung einer Brandwand auf der Grundstücksgrenze in der Regel nicht statthaft ist. Das zivile Nachbarrecht ist daran gebunden, § 3 Abs. 1. Ferner schreibt § 4 Abs. 2 BbgBO vor, daß bauliche Anlagen grundsätzlich nicht auf mehreren Grundstücken errichtet werden dürfen. Überflüssig sind zivilrechtliche Vorschriften über die

Nachbarwände aber dennoch nicht. Einerseits muß der Altbestand geregelt werden und hierfür reichen die Bestimmungen des BGB nicht aus. Andererseits kann die Bauaufsichtsbehörde unter den wenig engen Voraussetzungen des § 4 Abs. 2 Satz 2 BbgBO Ausnahmen zulassen, wenn rechtlich gesichert ist, daß keine Verhältnisse eintreten können, die den Vorschriften der BbgBO oder den aufgrund der BbgBO erlassenen Vorschriften widersprechen. Damit läßt sich im Einzelfall auf bauliche Situationen angemessen reagieren.

§ 5 Begriff der Nachbarwand

Nachbarwand ist die auf der Grenze zweier Grundstücke errichtete Wand, die den auf diesen Grundstücken errichteten Bauwerken als Abschlußwand oder zur Unterstützung oder Aussteifung dient.

Erläuterung

1. Das Gesetz stellt dem Abschnitt die Definition der Nachbarwand voran. Voraussetzung ist danach, daß die Wand auf ihrer gesamten Länge von einer Grundstücksgrenze durchschnitten wird (gemeinschaftliche Mauer, Scheidemauer oder früher auch Kommunmauer genannt). Steht sie mit einem Teil ihrer Stärke ganz auf dem einen Grundstück, handelt es sich um keine Nachbarwand, sondern um einen Überbau allein i. S. v. § 912 BGB (Text im Anhang 1). Für die Begriffsbestimmung kommt es auf die Eigentumsverhältnisse an beiden Grundstücken nicht an.

Die Tatbestandsmerkmale bedeuten im einzelnen:

„Bauwerke" sind Gebäude und sonstige mit dem Erdboden verbundene, aus Bauprodukten hergestellte Anlagen, wie sie in § 2 BbgBO näher definiert sind. Unter einer **„Anschlußwand"** ist die Wand gemeint, ohne die das Bauwerk zur Nachbarseite hin offen wäre.

Zur **„Unterstützung"** dient die Wand, wenn sie Kräfte aus anderen Bauteilen aufnehmen soll; das wird bei einem Anbau etwa der Fall sein, wenn Decke oder Dach in die Wand eingelegt oder auf sie aufgelegt wird (Bauer/Hülbusch/Schlick/Rottmüller, § 3 Anm. 4 c).

Zur **„Aussteifung"** dient die Wand, wenn sie beiden Bauwerken zur Unterstützung ihrer Anschlußwände dient, die neben der Grundstücksgrenze errichtet sind, sonst aber nicht hinreichend standsicher wären.

2. Die auf der Grenze errichtete Wand behält ihren Rechtscharakter als „Nachbarwand" auch dann, wenn sie – anders als geplant – nur einseitig genutzt wird, weil z. B. der Nachbar seine Bauabsicht aufgegeben hat. Entscheidend ist einzig, daß sie ursprünglich zwei Bauwerken dienen sollte. Erfolgt kein Anbau, bestimmt § 12 das Weitere.

Die nachfolgend geregelten Rechte und Pflichten gelten auch für Nachbarwände, die vor Inkrafttreten des Gesetzes (4. 7. 1996) errichtet worden sind.

§ 6 Errichten und Beschaffenheit der Nachbarwand

(1) Eine Nachbarwand darf nur errichtet werden, wenn die Errichtung baurechtlich zulässig ist und beide Nachbarn die Errichtung schriftlich vereinbart sowie grundbuchrechtlich gesichert haben.

(2) ¹**Die Nachbarwand ist in einer solchen Bauart und Bemessung auszuführen, daß sie den Bauvorhaben beider Nachbarn genügt.** ²**Der Erbauer braucht die Wand nur für einen Anbau herzurichten, der an sie keine höheren Anforderungen stellt als sein eigenes Bauvorhaben.**

(3) ¹**Erfordert keines der beiden Bauvorhaben eine stärkere Wand als das andere, so darf die Nachbarwand höchstens mit der Hälfte ihrer notwendigen Stärke auf dem Nachbargrundstück errichtet werden.** ²**Erfordert ein Bauvorhaben eine stärkere Wand, so ist die Wand zu einem entsprechend größeren Teil auf diesem Grundstück zu errichten.**

Erläuterung

1. *Absatz 1* regelt mit Hilfe dreier Tatbestandsmerkmale die Zulässigkeit einer Nachbarwand.

Errichten und Beschaffenheit der Nachbarwand § 6

1.1 Die Errichtung hat im Einklang mit dem (öffentlichen) **Baurecht** zu stehen. Das bedeutet, daß das Bauwerk bauplanungsrechtlich statthaft sein muß (§§ 29 ff. BauGB) und nicht gegen das Bauordnungsrecht verstoßen darf.

Die Vorschriften, die das Bauen sowohl gestatten als auch begrenzen oder Anforderungen unterwerfen, befinden sich teils im Recht der städtebaulichen Planung, teils im Bauordnungsrecht. Das **Bauplanungsrecht** regelt dabei vornehmlich die mit dem Bauen in Verbindung stehende Nutzung des Bodens. Danach hängen Art und Maß der baulichen Nutzung davon ab, ob das Bauwerk im Geltungsbereich eines Bebauungsplanes, im unbeplanten Bebauungszusammenhang eines Ortsteils oder im Außenbereich errichtet werden soll. Die Abgrenzungs- und Zulässigkeitsfragen sind vornehmlich in §§ 29 ff. BauGB geregelt (s. im einzelnen Upmeier in: Hoppenberg, Kap. A passim). Das **Bauordnungsrecht** hingegen enthält neben Anforderungen an die konstruktive und baugestalterische Art von Bauwerken und Baustoffen Vorschriften über die Ordnung des Bauvorgangs und die Grundlage für das Baugenehmigungsverfahren. Die Regelungen für Brandenburg enthält die Brandenburgische Bauordnung (BbgBO).

Liegt allerdings schon eine bestandskräftige Baugenehmigung vor (näheres bei § 3 Anm. 2.2), wird bereits hierdurch die baurechtliche Zulässigkeit des Bauvorhabens begründet. Die Bestandskraft bewirkt ein Festschreiben der Rechtslage und verhilft damit dem Bauvorhaben zur Legalität. Die Genehmigung ist gegenüber einem Rückgriff auf das einschlägige Recht gesichert. Solange sie nicht zurückgenommen ist, kann sich die Frage nach der materiellen Legalität nicht stellen (BVerwG NJW 1980, 1010). Dies gilt auch dann, wenn die Baugenehmigung rechtswidrig ist. Ein Widerspruch zum geltenden Recht nimmt ihr die Beachtlichkeit nur dann, wenn sie nichtig ist. Eine Nichtigkeit liegt jedoch nur bei einem besonders schwerwiegenden Fehler vor, wie er sich im einzelnen aus § 44 VwVfG ergibt. Erst wenn das der Fall ist, kommt es auf die Rechtslage nach materiellem Baurecht an.

Die Gewißheit darüber, ob die Errichtung einer Nachbarwand baurechtlich zulässig ist, kann sich der Nachbar, der zuerst bauen will, mit Hilfe eines **Vorbescheides** verschaffen, indem er zu einzelnen Fragen des Bauvorhabens bei der zuständigen Bauaufsichtsbehörde einen schriftlichen Bescheid beantragt (§§ 76 f. BbgBO).

1.2 Da eine Pflicht zur Errichtung einer Wand auf der Grundstücksgrenze nicht besteht, der Nachbar auch durch eine Baugenehmigung nicht gezwungen werden kann, eine Mauer auf seinem Grundstück hinzunehmen (vgl. VGH Mannheim NJW 1996, 3429), legt Absatz 1 ferner fest, daß Einvernehmen zwischen den betroffenen Nachbarn über die Errichtung einer Nachbarwand bestehen muß. Dazu ist ein **Vertrag** abzuschließen, der besagt, daß der eine von beiden zur Durchführung seines Bauwerks einen Überbau auf der angrenzenden Grundstücksfläche vornehmen darf. Bei dieser Gelegenheit können die Nachbarn ihre Rechtsbeziehung, die die Errichtung einer Nachbarwand nach sich zieht, auch abweichend vom Gesetz regeln (s. § 3). Sie können z.B. bestimmen,
– daß die Baukosten nicht zunächst der eine Nachbar allein, sondern gleich beide tragen,
– wie die Wand beschaffen sein soll oder
– ob die Wand mehr auf der einen und der anderen Grundstücksseite stehen darf.

Über das Eigentum an der Nachbarwand können sie jedoch nicht vertraglich verfügen. Dies steht nach dem BGB dergestalt fest, daß zunächst der Erbauer Alleineigentum erhält, welches mit Benutzung für den Anbau durch den anderen Nachbarn in ideelles Miteigentum der beteiligten Grundstückseigentümer nach Bruchteilen übergeht (vgl. Bassenge in: Palandt, § 921 Rdnr. 9; BGH NJW 1974, 794). Die Rechtsänderung tritt mit Fertigstellung des Anbaus im Rohbau ein. Zu diesem Zeitpunkt wird auch der Vergütungsanspruch gem. § 9 Abs. 4 Satz 1 fällig. (Näheres zum Rohbau s. bei § 9 Anm. 5.) Das Eigentum an der überbauten Grundfläche verbleibt in jedem Fall dem Eigentümer dieses Grundstücks (BGHZ 64, 273, 274).

Der Vertrag ist **schriftlich** abzufassen, um späteren Streitigkeiten über Inhalt und Ausgestaltung des Vereinbarten vorzubeugen. Die Schriftform ist zwingend (§ 3 Abs. 2).

1.3 Um der Vereinbarung besonderen Bestand zu verleihen, muß das Recht mit dem Inhalt, eine Teilfläche des Nachbargrundstücks in Anspruch nehmen zu dürfen, an dieses Grundstück gebunden, d. h. dinglich gesichert werden. Das ermöglicht eine **Grunddienstbarkeit** (§§ 1018 ff. BGB).

Dienstbarkeiten sind Belastungen eines Grundstücks, die einem anderen gewisse Benutzungsrechte einräumen oder den Eigentümer zur Unterlassung bestimmter Handlungen verpflichten. Sie werden im Grundbuch eingetragen (§ 873 BGB). Die Erklärung, mit der die Eintragung bewilligt wird, muß der Eigentümer unterschreiben. Seine Unterschrift bedarf der notariellen Beglaubigung (§ 29 Abs. 1 Grundbuchordnung). (Zur rechtlichen Sicherung durch Grunddienstbarkeiten im bauaufsichtlichen Genehmigungsverfahren s. den Runderlaß des MSWV v. 30. 9. 1994, Abl. Bbg. S. 1576.)

Die Bestellung der Grunddienstbarkeit – hier in der Art einer „Benutzungsdienstbarkeit" – ist geboten, um den Rechtsnachfolger des einen Nachbarn, der den Bau auf seiner Grenzhälfte hinnehmen will, zu binden. Dieser hätte zwar eine vorhandene Nachbarwand in entsprechender Anwendung von § 912 BGB zu dulden, deren Errichtung aber nicht. Sowohl für den anderen Nachbarn, der zuerst bauen will, als auch für die Bauaufsichtsbehörde, die die Grenzwand genehmigen soll, besteht erst mit der Bestellung der Grunddienstbarkeit Planungssicherheit. Darauf hat der Gesetzgeber Wert gelegt.

Der grundbuchmäßigen Sicherung bedarf es auch dann, wenn der Bauherr selbst der Eigentümer des in Anspruch zu nehmenden Nachbargrundstücks ist. Da die Dienstbarkeit dem Baugrundstück dienen soll und nicht nur dem persönlichen Vorteil seines Eigentümers, kommt es auf die Sicherung im Grundbuch an, weil sich die gegenwärtigen Rechtsverhältnisse jederzeit ändern können.

2. *Absatz 2* regelt die **Beschaffenheit** der Nachbarwand nur in groben Zügen, weil es auf die Gegebenheiten im Einzelfall ankommt. Für eine starre gesetzliche Vorschrift besteht kein Bedürfnis, können doch die Nachbarn in der schriftlichen Vereinbarung die erforderliche Konkretisierung vornehmen.

Gemäß ihrer Zweckbestimmung soll die Nachbarwand schon bei ihrer Errichtung beiden Bauvorhaben dienen können (*Satz 1*). Bauart und Bemessung (Dicke, Gründungstiefe) haben sich dabei nach öffentlich-rechtlichen Bauvorschriften auszurichten (vgl. etwa §§ 29 ff. BbgBO).

„**Bauvorhaben**" im Sinne dieser Vorschrift sind die, welche bei Abschluß der schriftlichen Vereinbarung von den Nachbarn ins Auge gefaßt wurden. Spätere Absichtsänderungen seines Nachbarn braucht der zuerst Bauende nicht bei der Errichtung der Nachbarwand zu berücksichtigen. Technische Folgeprobleme, die deshalb eintreten, daß neu geplant wird, gehen zu Lasten des Nachbarn, der die Wand für seinen Anbau nutzen will (s. hierzu auch § 7).

Haben sich die Nachbarn zwar auf die Errichtung einer Nachbarwand verständigt, aber – trotz unterschiedlicher Bauvorhaben – keine bestimmte Bauausführung festgelegt, braucht der eine Nachbar die Nachbarwand nur so zu errichten, wie sie der andere Nachbar zu einem analogen Bau verwenden könnte (*Satz 2*). Wenn damit zu rechnen ist, daß der Anbau höhere Anforderungen an die Nachbarwand stellen wird, als für das zuerst zu errichtende Gebäude, ist es besser, daß sich Nachbarn von vornherein über die Beschaffenheit der Wand verständigen. Der andere Nachbar, der anbauen will, hat es in der Hand, seine Einwilligung zur Errichtung der Nachbarwand von der Klärung dieser Frage abhängig zu machen.

Wird die Nachbarwand zu Lasten des später Bauenden abweichend von einer Vereinbarung errichtet, haftet der Erbauer nach den Grundsätzen über positive Vertragsverletzung auf Schadensersatz.

3. *Absatz 3* regelt den **Standort** der Nachbarwand. Wenn nichts anderes bestimmt ist (§ 3 Abs. 1), liegt es im zu vermutenden Interesse beider Grundstücksnachbarn, daß die Wand, die beiden nützen soll, je zur Hälfte das jeweils andere Grundstück in Anspruch nimmt. Muß die Wand nachträglich erhöht werden, ohne daß dafür ihre volle Stärke benötigt wird, ist die Erhöhung gleichmäßig auf beiden Grundstücksseiten vorzunehmen. Vor- und Nachteile einer Grenzwand treffen auf diese Weise beide Nachbarn gleichmäßig.

Wenn jedoch die für beide Grundstücke vorgesehenen Bauwerke so unterschiedlich sein sollen, daß das eine von ihnen eine stärkere Wand benötigt, ist der überschießende Teil auf diesem Grundstück zu errichten.

Steht die Wand mit einer größeren Grundfläche auf dem Nachbargrundstück, als vereinbart oder nach Absatz 3 zulässig, liegt ein insoweit rechtswidriger Überbau vor. Der betroffene Nachbar braucht dieses Mehr an Flächenverbrauch nicht hinzunehmen; das Nähere dazu regelt § 912 BGB (Text im Anhang 1).

Vorbemerkung

Die nachfolgenden Vorschriften (§§ 7 – 15) regeln die Rechtsbeziehungen der Nachbarn, nachdem die Nachbarwand errichtet worden ist. Sie gelten auch für den Altbestand, der den Anforderungen von § 6 Abs. 1 genügt (a.A. für das nordrhein-westfälische Nachbarrecht OLG Düsseldorf, NJW-RR 1987, 531, 532).

§ 7 Anbau an die Nachbarwand

(1) [1]**Der Nachbar ist berechtigt, an die Nachbarwand anzubauen.** [2]**Anbau ist die Mitbenutzung der Wand als Abschlußwand oder zur Unterstützung oder Aussteifung des neuen Bauwerks.**

(2) **Setzt der Anbau eine tiefere Gründung der Nachbarwand voraus, so darf die Nachbarwand unterfangen oder der Boden im Bereich der Gründung der Nachbarwand verfestigt werden, wenn**

1. **es nach den allgemein anerkannten Regeln der Baukunst unumgänglich ist oder nur mit unzumutbar hohen Kosten vermieden werden könnte,**
2. **nur geringfügige Beeinträchtigungen des zuerst errichteten Bauwerks zu besorgen sind und**
3. **das Bauvorhaben öffentlich-rechtlich zulässig oder zugelassen worden ist.**

§ 7 Anbau an die Nachbarwand

Erläuterung

1. *Absatz 1* stellt in *Satz 1* klar, daß der Nachbar zwar nach Maßgabe von § 3 Abs. 1 zum Anbau an die Nachbarwand berechtigt, aber nicht verpflichtet ist. Er kann auf seinem Grundstück ein Bauwerk errichten, ohne das Anbaurecht in Anspruch nehmen zu müssen; ihn treffen dann aber die Rechtsfolgen gem. § 12. Eine Anbaupflicht kann nur durch Vertrag i. S. v. § 3 Abs. 1 begründet werden.

In *Satz 2* wird der Begriff des **Anbaus** näher umschrieben (zu den einzelnen Tatbestandsmerkmalen s. bereits Anm. 1 zu § 5 sowie BGH NJW 1962, 149 f.). Steht das spätere Gebäude – wenn auch nur fugenschmal – neben der Nachbarwand, statisch aber selbständig, liegt kein Anbau vor (BGH NJW 1963, 1868).

Der Anbau muß den anerkannten Regeln der Technik sowie den Anforderungen genügen, die sich aus § 3 BbgBO ergeben. Einen regelwidrigen Anbau braucht der Nachbar, der die Wand errichtet hat, nicht zu dulden (§ 1004 BGB, Text im Anhang 1; s.i.ü. Anm. 2.3). Schäden, die in Ausführung des Anbaus an dem zuerst errichteten Gebäude entstehen, werden nach den Vorschriften des BGB, die auf Verschulden des Bauherrn abheben, ausgeglichen. Eine Gefährdungshaftung ist hier nur in den Fällen von § 12 (tiefere Gründung, Erhöhung der Wand) vorgesehen.

2. *Absatz 2* regelt den Fall, daß eine Nachbarwand nicht von vornherein eine **Gründung** besitzt, die dem beabsichtigten Anbau die gewünschte Standsicherheit geben kann. Dann darf das Fundament der Nachbarwand unterfangen, die Wand also in voller Dicke nach unten verlängert, oder der Boden im Bereich des Fundaments der Nachbarwand durch Verkieselung verfestigt werden. Da die hierzu erforderlichen Bauarbeiten zum Teil auf dem Nachbargrundstück vorzunehmen sein werden, gestattet Absatz 2 die erforderlichen Arbeiten auch ohne Zustimmung des Nachbarn. Die darin liegende Beschränkung von § 905 Satz 1 BGB (Text im Anhang 1) macht die Vorschrift nicht rechtsungültig (unklar Kayser, § 7 Rdnr. 2). Das Herrschaftsrecht des Eigentümers aus § 905 Satz 1 BGB gilt nicht absolut (s. Bassenge in Palandt § 905 Rdnr. 1). Gemäß Art. 124 Satz 1 EGBGB bleiben die landesgesetzlichen Vorschriften von den durch das BGB getroffenen Regelungen unberührt, welche das Eigentum an Grundstücken zugunsten der Nachbarn noch anderen als den im BGB bestimmten Beschränkungen unterwerfen.

Die Duldungspflicht setzt jedoch ein rechtmäßiges, zumindest genehmigtes Bauen voraus (Nr.3), und bei den beiden weiteren Voraussetzungen (Nr. 1 und 2) ist ein objektiver, auf die Verhältnisse im Einzelfall abzustellender Maßstab entscheidend. Hierzu im einzelnen:

2.1 Nach *Nr. 1* müssen die Standsicherungsarbeiten im Bereich der Nachbarwand entweder **zwingend** geboten sein, um dem Anbau die erforderliche Statik vermitteln zu können. Das bemißt sich nach den anerkannten Regeln der Technik und kann im Einzelfall die Hinzuziehung eines Bodensachverständigen erforderlich machen. Oder die Arbeiten auf fremdem Grund und Boden erweisen sich deshalb als unumgänglich, weil andere technische Mittel Kosten verursachen würden, die bei objektiver Betrachtung der Gründungssituation unverhältnismäßig wären. Als Alternative zum Vergleichen kommt etwa das Niederbringen einer Wand neben die Nachbarwand in Betracht. Die Kosten, die dafür aufzuwenden wären, sind den Beträgen gegenüberzustellen, die bei Unterfangen oder Bodenverfestigung entstünden. Die sich daraus ergebenden **Mehrkosten** müssen eine Höhe erreichen, die ein verständiger Durchschnittsbetrachter (vgl. zu dieser „Kunstfigur" § 1 Anm. 2.4) vernünftigerweise nicht hinnehmen würde.

2.2 Durch *Nr. 2* sind die Voraussetzungen, unter denen der Nachbar Arbeiten auf seiner Grundstücksseite dulden muß, noch dadurch verengt, daß Schädigungen an seinem zuerst errichteten Bauwerk ausgeschlossen oder allenfalls als kleinere **Beeinträchtigungen** hinzunehmen sein müssen. Vor allem Setzungsschäden, aber auch Risse im Außenputz, die sichtbar sind oder Witterungsgefahren entstehen lassen können, sind in der Regel nicht in Kauf zu nehmen. Risse im Putz bei Wirtschafts- und Werkstattgebäuden können je nach Lage des Einzelfalls eher zu tolerieren sein. Es kommt auf die Beurteilung eines verständigen Durchschnittsbetrachters an (s.o. 2.1).

Der Bauherr des Anbaus muß diejenige Baumethode wählen, selbst wenn sie für ihn besonders teuer ist, die das bereits errichtete Bauwerk vor erheblichen Schäden am besten schont. Tritt trotzdem ein Schaden auf, ist er zu ersetzen, auch wenn er schuldlos verursacht worden ist (§ 15).

2.3 Nach *Nr. 3* wird schließlich verlangt, daß der Anbau nicht gegen öffentliches **Baurecht** verstößt. Die Wand, die der Nachbar errichtet hat, steht in seinem Eigentum. Er hat deshalb ein berechtigtes Interesse, daß sie rechtmäßig genutzt wird. Zudem wird der Nachbar vor den tatsächlichen Folgen geschützt, die eintreten können, wenn die Bauaufsichtsbehörde im Falle eines illegalen Anbaus den Abbruch verfügen sollte.

Die Übereinstimmung mit dem öffentlichen Recht hat in gleicher Weise zu erfolgen, wie für die Errichtung der Nachbarwand (s. hierzu Anm. 1.1 zu § 6).

3. Ein **Betreten** des Nachbargrundstücks, um die Gründungsarbeiten vornehmen zu können, ist nur zulässig, wenn der Nachbar zustimmt oder zur Duldung gerichtlich verurteilt worden ist (s. Anm. 1.3 zu § 23).

§ 8 Anzeige des Anbaus

(1) ¹**Die Einzelheiten des geplanten Anbaus sind dem Eigentümer und dem in seinem Besitz berührten unmittelbaren Besitzer des zuerst bebauten Grundstücks zwei Monate vor Beginn der Bauarbeiten schriftlich anzuzeigen.** ²**Mit den Arbeiten darf erst nach Fristablauf begonnen werden, sofern sich der Nachbar nicht mit einem früheren Termin schriftlich einverstanden erklärt hat.**

(2) Die Anzeige an den unmittelbaren Besitzer des Grundstücks genügt, wenn die Person oder der Aufenthalt des Grundstückseigentümers nicht oder nur unter erheblichen Schwierigkeiten feststellbar ist oder die Anzeige an ihn im Ausland erfolgen müßte.

Erläuterung

1. Der Eigentümer (oder gem. § 2 Abs. 2 der Erbbauberechtigte) des zuerst bebauten Grundstücks soll nach *Absatz 1* durch die Anzeige der Einzelheiten des geplanten Anbaus in die Lage versetzt werden, innerhalb der Frist das Bauvorhaben prüfen und gegebenenfalls Einwendungen erheben zu können. Auch der unmittelbare Besitzer (Mieter, Pächter, Untermieter, Unterpächter, Nießbraucher) des zuerst bebauten Grundstücks, der durch die Arbeiten in tatsächlicher Hinsicht besonders betroffen sein wird, soll sich auf das Vorhaben einstellen können. Dagegen ist eine Anzeige an sonstige Nutzungsberechtigte, die für den Nachbarn häufig nur schwer feststellbar sind, nicht geboten. Mittelbare Besitzer, wie etwa Mieter oder Pächter, die einen Untermieter oder Unterpächter haben, sind deshalb auf eine Unterrichtung durch den Eigentümer (Erbbauberechtigten) angewiesen, von dem sie ihr Nutzungsrecht herleiten.

1.1 Die **„Einzelheiten"** des beabsichtigten Anbaus beziehen sich auf die technischen Angaben, die eine Beurteilung der Belastbarkeit der Nachbarwand für einen Anbau ermöglichen. Der Eigentümer des zuerst bebauten Grundstücks soll prüfen können, ob Druck und Gewichte durch den Anbau sein Bauwerk schädigen könnten.

Um spätere Streitigkeiten auszuschließen, ist für die Anzeige das Erfordernis der Schriftform zwingend (§ 3 Abs. 2).

Die **Prüffrist** von zwei Monaten ist im Interesse des zum Anbau berechtigten Nachbarn kurz bemessen. Sie kann schon vor Erteilung der Baugenehmigung, also parallel zum bauaufsichtlichen Verfahren in Gang gesetzt werden, um einen zügigen Baubeginn zu ermöglichen. Der von der Anzeige betroffene Nachbar hat noch hinreichend Gelegenheit, sich etwa durch Fachleute oder durch Einsichtnahme in die eingereichten Bauvorlagen von der Bauaufsichtsbehörde (§ 73 Abs. 4 BbgBO) beraten und unterrichten zu lassen.

Die Frist beginnt mit **Zugang** (i. S. v. § 130 BGB) beim Eigentümer (bzw. Erbbauberechtigten) und beim unmittelbaren Besitzer, falls insofern keine Personenidentität besteht. Bei zeitlich versetztem Zugang kommt es auf den späteren an. Der Lauf der Frist setzt mit der vollständigen Unterrichtung über die Einzelheiten ein, kann also neu einsetzen, wenn noch (wesentliche) Einzelheiten nachgereicht werden. Die Frist endet mit Ablauf desjenigen Tages des zweiten Monats, an dem die (letzte) Anzeige zugegangen ist (§ 188 Abs. 2 i. V. m. § 187 Abs. 1 BGB).

1.2 Nach Ablauf der Frist (oder falls der betroffene Eigentümer schriftlich einen früheren Zeitpunkt zugelassen hat) darf mit den Arbeiten an der Nachbarwand begonnen werden. Der Aushub der Baugrube oder die Arbeiten, mit denen das Bauwerk lediglich herangebaut wird, sind schon vor dem Termin statthaft. **Einwendungen**, die der Nachbar gegen den Anbau erhebt, stellen kein Hindernis für den Baubeginn dar (a.A. Bauer/Hülbusch/Schlick/Rottmüller, Anm. 8 zu § 6). Das Gesetz setzt für solche Einwendungen weder eine Frist, noch verlangt es ein unverzügliches Geltendmachen – wie etwa in § 8 Abs. 2 NdsNRG – und läßt auch anderweitig nicht erkennen, daß die Einwendung aufschiebende Wirkung hat. Eine ähnliche Vorschrift, wie sie zur Sicherung des Vergütungsanspruchs in § 9 Abs. 4 Satz 4 vorgesehen ist, fehlt hier. Der Nachbar, der keine gütliche Einigung erreichen kann, muß daher gerichtlichen Schutz zu Hilfe nehmen, wenn er einen Baustopp erwirken will.

Werden die Arbeiten ohne die Anzeige oder vor Fristablauf begonnen, entstehen Unterlassungsansprüche nach §§ 862, 1004 BGB. Der Besitz einer Baugenehmigung entbindet nicht von der Pflicht, die Anzeige zu erstatten und die Frist abzuwarten.

2. *Absatz 2* enthält Regelungen, die dem Anbauberechtigten die Erfüllung seiner Anzeigepflicht erleichtern. Ist der Eigentümer (bzw. der Erbbauberechtigte, § 2 Abs. 2) nicht (auch nicht durch Grundbucheinsicht) oder nur nach Bemühungen ausfindig zu machen, die bei objektiver Betrachtung unangemessen sind, genügt die Anzeige bei dem, der als „Notadressat" auf dem Nachbargrundstück wohnt oder es anderweitig unmittelbar nutzt. Dies hat nach Sinn und Zweck der Vorschrift auch für den Fall zu gelten, daß der Eigentümer verstorben und der Erbe noch unbekannt ist.

§ 9 Vergütung im Fall des Anbaus

(1) Der anbauende Nachbar hat dem Eigentümer des zuerst bebauten Grundstücks den halben Wert der Nachbarwand zu vergüten, soweit sie durch den Anbau genutzt wird.

(2) [1]**Die Vergütung ermäßigt sich angemessen, wenn die besondere Bauart oder Bemessung der Nachbarwand nicht erforderlich**

Vergütung im Fall des Anbaus §9

oder nur für das zuerst errichtete Bauwerk erforderlich war. ²Sie erhöht sich angemessen, wenn die besondere Bauart oder Bemessung der Nachbarwand nur für das später errichtete Bauwerk erforderlich war.

(3) ¹Steht die Nachbarwand mehr auf dem Nachbargrundstück, als in § 6 vorgesehen oder davon abweichend vereinbart ist, so ermäßigt sich die Vergütung um den Wert des zusätzlich überbauten Bodens, wenn nicht die in § 912 Abs. 2 oder § 915 des Bürgerlichen Gesetzbuchs bestimmten Rechte ausgeübt werden. ²Steht die Nachbarwand weniger auf dem Nachbargrundstück, als in § 6 vorgesehen oder davon abweichend vereinbart ist, so erhöht sich die Vergütung um den Wert des Bodens, den die Nachbarwand anderenfalls auf dem Nachbargrundstück zusätzlich benötigt hätte.

(4) ¹Die Vergütung wird mit der Fertigstellung des Anbaus im Rohbau fällig. ²Bei der Berechnung des Wertes der Nachbarwand ist von den zu diesem Zeitpunkt üblichen Baukosten auszugehen. ³Das Alter sowie der bauliche Zustand der Nachbarwand sind zu berücksichtigen. ⁴Auf Verlangen ist Sicherheit in Höhe der voraussichtlichen Vergütung zu leisten; der Anbau darf dann erst nach Leistung der Sicherheit begonnen oder fortgesetzt werden.

Erläuterung

1. Die Vorschrift bestimmt Höhe und Fälligkeit der Ausgleichszahlung, die der Anbauende an den Eigentümer (oder Erbbauberechtigten) des zuerst bebauten Grundstücks zu leisten hat, falls keine abweichende Parteivereinbarung (§ 3 Abs. 1) vorliegt. Mit der Anbauvergütung wird die Eigentumseinbuße entschädigt, die dadurch eintritt, daß der Eigentümer des zuerst bebauten Grundstücks durch den Anbau sein Alleineigentum an der Nachbarwand zugunsten von Miteigentum verliert (s. § 6 Anm. 1.2). Der Anspruch ist ein Ersatz für die Forderung aus ungerechtfertigter Bereicherung (§ 812 BGB), welche hier ausscheidet, weil die Bereicherung ihren Rechtsgrund in § 7 vorfindet (Kayser § 9 Rdnr. 1).

2. Maßgeblich ist nach *Absatz 1* der halbe Wert der Wand und der Umfang der Nutzung durch den Anbau.

Zur Wertberechnung sind zunächst die Kosten in Ansatz zu bringen, die für die Errichtung der Nachbarwand zur Zeit der Rohbaufertigstellung aufzuwenden gewesen wären (zum Rohbau s. Anm. 5.). Davon ist der Betrag abzuziehen, um den sich der Wert der Nachbarwand zu diesem Zeitpunkt infolge Abnutzung gegenüber einem Neubau vermindert hat (*Absatz 4 Sätze 2, 3*). Der **Gegenwartswert** umfaßt in der Regel auch die Kosten für einen Außenputz der bis zum Anbau freien Wand (OLG Köln NJW 1961, 1920). Hingegen bleiben die Kosten unberücksichtigt, die der Anbauende dadurch erspart, daß er keine eigene Wand errichten muß. Für die Wertberechnung ist sodann das Ausmaß der flächenmäßigen Mitbenutzung der Nachbarwand für den Anbau maßgebend. Erfaßt z. B. der Anbau nur die Hälfte der Gesamtfläche der Nachbarwand, ist auch nur deren halber Wert zugrunde zu legen.

3. Abzüge von dem errechneten Betrag sind in angemessener Weise vorzunehmen, wenn die Wand nach Bauart und Bemessung überdimensioniert ist oder der besondere Aufwand nur für das zuerst errichtete Bauwerk erforderlich war (*Absatz 2 Satz 2*). Der Nutzungsvorteil, den der Nachbar aus der Inanspruchnahme der Wand für seinen Anbau ziehen kann, ist folglich geringer als der für den zuerst Bauenden, und dies wirkt sich auf die Höhe der Ausgleichszahlung aus.

Gleiches gilt im Ergebnis, wenn die Nachbarwand mehr Raum auf dem Grundstück des Nachbarn, der anbauen will, in Anspruch nimmt, als dies nach § 6 Abs. 2, 3 entweder vorgesehen ist oder bei hiervon abweichend vereinbartem Standort in Betracht gekommen wäre. Die Flächenersparnis für den Eigentümer des zuerst errichteten Bauwerks vermindert dessen Ausgleichsanspruch in Höhe des Grundstückswertes, der für den zusätzlich überbauten Geländestreifen anzusetzen ist (*Absatz 3 Satz 1*). Der Nachbar, der anbaut, kann – statt daß er mit Abzügen von der Vergütung verrechnet – auch die Überbaurente gem. § 912 Abs. 2 BGB oder die Grundabnahme nach § 915 Abs. 1 BGB von dem Eigentümer verlangen, der seinen Geländestreifen in unzulässiger Weise bebaut hat. Eine Grundabtretung wird sich aber selten anbieten, weil der Streifen erst vermessen und dann nach §§ 873, 925 BGB durch Auflassung und Eintragung in das Grundbuch übereignet werden muß.

Vergütung im Fall des Anbaus § 9

4. Zuschläge auf den errechneten Vergütungsbetrag erfolgen dann, wenn die Nachbarwand für das zweite (anzubauende) Gebäude eine besondere Bauart oder Bemessung erfahren mußte (*Absatz 2 Satz 2*). Vergünstigungen, die dadurch auch dem Eigentümer für sein zuerst errichtetes Gebäude zum Vorteil gereichen (z. B. verbesserter Lärmschutz), vermindern den Ansatz dieser Mehrkosten nicht. Sie stellen nur Nebenfolgen dar, ohne für den Anbau „erforderlich" zu sein (a. A. Bauer/Hülbusch/Schlick/Rottmüller, § 7 Anm. 2).Wenn von der Nachbarwand weniger auf dem Nachbargrundstück steht als vereinbart oder nach § 6 Abs. 2, 3 vorgesehen ist, erhöht sich der Vergütungsbetrag um die Summe, die sich auf den Bodenwert dieses Geländestreifens bezieht, der nicht in Anspruch genommen worden ist (*Absatz 3 Satz 2*). Hierdurch wird der Vorteil ausgeglichen, der dadurch eintritt, daß der Eigentümer des Anbaus Baufläche erspart hat.

5. Die Anbauvergütung ist **fällig**, also zu zahlen, wenn der Anbau im Rohbau fertiggestellt ist (*Absatz 4 Satz 1*). Zu dem Zeitpunkt geht auch das Eigentum an der Nachbarwand in das Miteigentum des Eigentümers über, dem der Anbau gehört (s. oben § 6 Anm. 1.2). Der **Rohbau** ist gemäß § 84 Abs. 1 Satz 2 BbgBO fertiggestellt, wenn die tragenden Teile, Schornsteine, Brandwände, notwendigen Treppen und die Dachkonstruktion vollendet sind, so daß mit dem Ausbau begonnen werden kann. Einer Rohbauabnahme, die im Rahmen von Bauzustandsbesichtigungen durch die Bauaufsichtsbehörden erfolgen kann, bedarf es nicht.

6. Auf Verlangen des Grundstückseigentümers, der die Nachbarwand errichtet hat, muß der Nachbar **Sicherheit** in voller Höhe der Anbauvergütung leisten (*Absatz 4 Satz 4*). Die Sicherheit wird nach § 232 BGB (Text im Anhang 1) bewirkt. Unter den dort aufgezählten Mitteln hat der zur Leistung verpflichtete Nachbar die freie Wahl. Wenn der Eigentümer des zuerst bebauten Grundstücks damit einverstanden ist, kann die Sicherheit auch in einer Bankbürgschaft bestehen. Bis zu dem Zeitpunkt, zu dem die Sicherheit erbracht ist, darf mit den Arbeiten an der Nachbarwand nicht begonnen oder diese nicht fortgesetzt werden (*Absatz 4 Satz 4 Halbsatz 2*; s. i. ü. § 8 Anm. 1.2).

§ 10 Unterhaltung der Nachbarwand

(1) Bis zum Anbau fallen die Unterhaltungskosten der Nachbarwand dem Eigentümer des zuerst bebauten Grundstücks allein zur Last.

(2) Nach dem Anbau sind die Unterhaltungskosten für den gemeinsam genutzten Teil der Nachbarwand von beiden Nachbarn entsprechend dem Verhältnis ihrer Beteiligung gemäß § 6 Abs. 3 zu tragen.

Erläuterung

1. Das gemeinschaftliche Benutzungsrecht schränkt das Eigentum zugunsten des jeweils anderen Eigentums ein. Die beiderseitigen Rechte und Pflichten sind sachenrechtlicher Natur. Zum Inhalt des Grundeigentums gehört daher auch die Unterhaltungspflicht (vgl. BGH NJW 1965, 389 m. Anm. v. Heiseke). Die Vorschrift regelt die Folgerungen, die sich daraus ergeben.

2. Für den Erhalt der Nachbarwand bis zum Anbau bedarf es neben den gewöhnlichen Aufwendungen zum Schutz vor Witterungseinflüssen gelegentlich auch der Reparatur zur Beseitigung von Rissen und Beschädigungen. Diesen Aufwand hat der Eigentümer des zuerst bebauten Grundstücks allein zu tragen, ist er doch alleiniger Eigentümer der Wand (vgl. Anm. 1.2 zu § 6). *Absatz 1* geht insofern als besondere Regelung der Vorschrift in § 922 Satz 2 BGB (Text im Anhang 1) vor. Beschädigt jedoch der zum Anbau berechtigte Nachbar die Wand, haftet er bei schuldhaftem Verhalten nach § 823 Abs. 1 BGB (Text im Anhang 1) auf Ersatz. Der Nachbar ist auch nicht berechtigt, die Wand anders als für einen Anbau zu nutzen. Die Wand steht zwar z. T. auf seinem Grundstück, Haken und Gestänge an ihr festzumachen, um Leinen zu ziehen oder Pflanzgitter zu befestigen, ist ihm aber ohne Zustimmung des Eigentümers der Wand nicht erlaubt. Dazu fehlt ihm die Sachherrschaft.

3. Nach dem Anbau haben die beteiligten Grundstückseigentümer die Unterhaltungskosten in dem gleichen Verhältnis zu tragen, wie ihnen die Herstellungskosten unter Berücksichtigung der Stärke der Wand und des Umfangs ihrer Nutzung anteilig zur Last fallen. *Absatz 2* kollidiert nicht mit § 922 Satz 2 BGB (a. A. Kayser § 10). Diese Vorschrift (Text im Anhang 1) gilt nur, wenn die Benutzungsvermutung gemäß

§ 921 BGB (Text im Anhang 1) besteht. Hier indes wird das Recht auf gemeinschaftliche Benutzung nicht bloß vermutet, sondern folgt unmittelbar aus der Regelung in Absatz 2 (zur Abgrenzung zum BGB allgemein s. die Vorbem. bei § 1).

§ 11 Abriß eines der Bauwerke

[1]Wird nach erfolgtem Anbau eines der beiden Bauwerke abgerissen und nicht neu errichtet, so hat der Eigentümer des Grundstücks, auf dem das abgerissene Bauwerk stand, die durch den Abriß an der Nachbarwand entstandenen Schäden zu beseitigen und die Außenfläche des bisher gemeinsam genutzten Teils der Nachbarwand in einen für eine Außenwand geeigneten Zustand zu versetzen. [2]Für den Teil der Nachbarwand, welcher auf dem nunmehr unbebauten Grundstück steht, ist eine Vergütung an den Eigentümer des unbebauten Grundstücks zu zahlen. [3]§ 10 Abs. 1 gilt entsprechend.

Erläuterung

1. Nach *Satz 1* sind Schutzmaßnahmen für die stehengebliebene Wand von dem Eigentümer zu treffen, auf dessen Grundstück das Gebäude abgebrochen worden ist und nicht alsbald wieder aufgebaut werden soll. Diese Regelung entspricht der Billigkeit. Art und Ausmaß der Arbeiten zur Herstellung eines ordnungsgemäßen Zustands hängen vom Einzelfall ab. Zumeist wird ein wetterfester Außenputz erforderlich sein. Betrifft der Abriß nur einen Teil der Nachbarwand, wird der Zustand herzurichten sein, in dem sich die Wand im übrigen befindet. Zusätzlich kann eine Außenisolierung notwendig werden, wenn der Wegfall des angebauten Gebäudes auszugleichen ist.

2. Der Regelung in *Satz 2* liegt die Rechtsauffassung zugrunde, daß mit dem Abriß des einen dem Eigentümer des anderen Gebäudes das Alleineigentum an der stehengebliebenen Nachbarwand zufällt. Zum Ausgleich schuldet er seinem Nachbarn eine Vergütung, deren Höhe sich nach § 9 bemißt (vgl. Anm. 2. ff. zu § 9).

Der Landesgesetzgeber durfte die Vergütungsregelung abweichend von § 912 Abs. 2 BGB (Text im Anhang 1) treffen (a. A. Kayser § 11

Rdnr. 2 f.). Die Anwendung von §§ 912 ff. BGB scheidet aus, wenn sich der Nachbar – wie hier nach § 6 Abs. 1 – mit dem beabsichtigten Überbau einverstanden erklärt hatte (BGH NJW 1971, 426, 427).

3. Nach *Satz 3* hat er den Unterhaltungsaufwand für die Wand (§ 10 Abs. 1) ebenfalls zu tragen.

§ 12 Nichtbenutzen der Nachbarwand

(1) ¹Wird das spätere Bauwerk nicht an die Nachbarwand angebaut, obwohl das möglich wäre, hat der anbauberechtigte Nachbar für die durch die Errichtung der Nachbarwand entstandenen Mehraufwendungen gegenüber den Kosten der Herstellung einer Grenzwand Ersatz zu leisten. ²Hat die Nachbarwand von dem Grundstück des zuerst Bauenden weniger Baugrund benötigt als eine Grenzwand, so ermäßigt sich der Ersatzanspruch um den Wert des eingesparten Baugrunds. ³Höchstens ist der Betrag zu erstatten, den der Eigentümer des Nachbargrundstücks im Falle des Anbaus zu zahlen hätte. ⁴Der Anspruch wird mit der Fertigstellung des späteren Bauwerks im Rohbau fällig.

(2) Der anbauberechtigte Nachbar ist verpflichtet, die Fuge zwischen der Nachbarwand und seinem an die Nachbarwand herangebauten Bauwerk auf seine Kosten auszufüllen und zu verschließen.

Erläuterung

1. *Absatz 1* regelt die Rechtsfolgen der Nichtbenutzung der Nachbarwand durch einen Anbau. Zwar ist der Nachbar, für den der freigebliebene Teil der Nachbarwand zum Anbau vorgesehen war, nicht verpflichtet, die Wand in sein Bauwerk einzubeziehen. Er hat aber die Bauerwartungen, die der zuerst Bauende mit der Errichtung der Nachbarwand verbunden hat und die ihn zu Mehraufwendungen veranlaßt haben, finanziell auszugleichen.

1.1 Der Anspruch auf **Ersatz unnötiger Mehrkosten** nach *Satz 1* entsteht aber nur dann, wenn ein Anbau sowohl rechtlich als auch tatsächlich möglich gewesen wäre. Hatte sich inzwischen das Baurecht geändert, weil etwa Festsetzungen im Bebauungsplan eine Grenzbebauung nicht mehr zulassen, trägt das Risiko der Fehlinvestition der Eigentümer des zuerst errichteten Bauwerks. Abweichende Parteiabsprachen im Rahmen der Vereinbarung über die Errichtung der Nachbarwand (§ 6 Abs. 1) sind jedoch möglich. Eine technische Unmöglichkeit liegt vor, wenn die bei Errichtung der Nachbarwand ins Auge gefaßte Anbaumöglichkeit nicht mehr zu verwirklichen ist, weil der Zustand der Wand sich derart verschlechtert hat, daß eine ordnungsgemäße Mitbenutzung ausscheidet.

2. Auch nicht jede Baumaßnahme auf dem Nachbargrundstück ohne Anbau löst den Ersatzanspruch aus. Voraussetzung ist vielmehr, daß mit ihr die Anbauabsichten aufgegeben oder praktisch nicht mehr ausführbar werden, die ursprünglich der Vereinbarung über die Nachbarwand (§ 6 Abs. 1) zugrunde gelegen haben.

3. Die **Höhe** des Ersatzanspruches ergibt sich aus dem Vergleich zwischen den tatsächlich entstandenen Kosten der Nachbarwand und denen einer (Grenz-)Wand (§ 16), die ausschließlich den Bedürfnissen des zuerst Bauenden genügt hätte. Der Betrag vermindert sich nach *Satz 2* um den Preis, der für den Baugrund zu bezahlen wäre, den der zuerst Bauende nicht benötigt, weil er statt einer Wand an seiner Grenze eine solche unter Inanspruchnahme des Nachbargrundstücks errichten konnte. Der Eigentümer des für den Anbau vorgesehenen Nachbargrundstücks braucht jedoch nach *Satz 3* nicht mehr zu zahlen, als er schulden würde, wenn er angebaut hätte (s. i. e. Anm. 2. ff. zu § 9). Der zuerst Bauende soll keinen Vorteil daraus ziehen, daß es nicht zum Anbau gekommen ist.

4. Der Ersatzanspruch wird **fällig** (*Satz 4*), sobald sich mit der Fertigstellung des Rohbaus erweist, daß kein Anbau erfolgt (zum Rohbau s. Anm. 5 zu § 9).

5. Nach *Absatz 2* ist der Eigentümer, der nicht angebaut, sondern sein späteres Bauwerk nur unmittelbar daneben errichtet hat, verpflichtet, den Zwischenraum zur Nachbarwand auf eigene Kosten zu schließen. Das hat optische, die Baugestaltung betreffende, vor allem aber bauphysikalische Gründe, um Schäden durch Gebäudebewegungen oder Witterungseinflüsse zu verhindern.

§ 13 Beseitigen der Nachbarwand

(1) Solange und soweit noch nicht angebaut worden ist, darf der Eigentümer des zuerst bebauten Grundstücks die Nachbarwand beseitigen, wenn der anbauberechtigte Nachbar der Beseitigung nicht widerspricht.

(2) Die Absicht, die Nachbarwand zu beseitigen, ist anzuzeigen; § 8 gilt entsprechend.

(3) ¹Der Widerspruch des anbauberechtigten Nachbarn muß binnen zwei Monaten nach Zugang der Anzeige schriftlich erhoben werden. ²Der Widerspruch wird unbeachtlich, wenn

1. der anbauberechtigte Nachbar nicht innerhalb von sechs Monaten nach Empfang der Anzeige einen Antrag auf Genehmigung eines Anbaus bei der Baugenehmigungsbehörde einreicht oder
2. die Ablehnung einer beantragten Baugenehmigung nicht mehr angefochten werden kann oder
3. von einer Baugenehmigung nicht innerhalb eines Jahres nach Erteilung Gebrauch gemacht wird.

(4) ¹Macht der Eigentümer des zuerst bebauten Grundstücks von seinem Recht zur Beseitigung Gebrauch, so hat er dem Nachbarn für die Dauer der Nutzung des Nachbargrundstücks durch die Nachbarwand eine angemessene Vergütung zu leisten. ²Beseitigt der Eigentümer des zuerst bebauten Grundstücks die Nachbarwand ganz oder teilweise, ohne hierzu nach den Absätzen 1 bis 3 berechtigt zu sein, so hat er dem Nachbarn Ersatz für den durch die völlige oder teilweise Beseitigung der Anbaumöglichkeit zugefügten Schaden zu leisten; der Anspruch wird mit der Fertigstellung des späteren Bauwerks im Rohbau fällig.

Erläuterung

1. Die Beseitigung der Nachbarwand vor dem Anbau ist grundsätzlich zulässig. Zwar beruht die Errichtung der Nachbarwand auf der Vereinbarung beider Nachbarn, aber der Eigentümer des zuerst bebauten Grundstücks soll nicht auf Dauer an eine einmal gegebene Interessenlage gebunden sein. Wenn bei dem zum Anbau berechtigten Nachbarn keine aktuelle Bauabsicht besteht, kann die Vereinbarung als **erledigt**

gelten. Ehe jedoch diese Rechtsfolge eintritt, soll der Nachbar die Möglichkeit erhalten, eventuelle Baupläne doch noch verwirklichen zu können. Hierzu räumt ihm *Absatz 1* ein Recht auf Widerspruch ein.

2. Um dem zum Anbau berechtigten Nachbarn Gelegenheit zum Widerspruch zu geben, ist ihm der beabsichtigte Abriß der Nachbarwand schriftlich anzuzeigen (*Absatz 2*). Das Anzeigeverfahren richtet sich nach § 8. Ist der Nachbar unbekannten Aufenthalts oder nur im Ausland erreichbar, genügt die (schriftliche) Mitteilung bei dem unmittelbaren Besitzer (Mieter oder Pächter) des Nachbargrundstücks (s. i. e. Anm. 1. ff. zu § 8).

3. Das Beseitigungsrecht wird **vollziehbar**, wenn der Nachbar nicht binnen zweier Monate ab Zugang der Anzeige Widerspruch schriftlich erhoben hat (*Absatz 3 Satz 1*). Der Widerspruch muß innerhalb dieser Frist beim Eigentümer, der beseitigen will, eingegangen sein (zur Fristberechnung s. § 8 Anm. 1.1). Er ist auch nur beachtlich, wenn er die Anbauabsicht des Nachbarn zur Begründung enthält (zutr. Kayser § 13 Rdnr. 3). Erfaßt der Widerspruch nur einen Teil der Wand, kann der übrige Bereich abgerissen werden, sofern dadurch die Anbaumöglichkeit erhalten bleibt.

4. Der Widerspruch hat nur **begrenzt aufschiebende Wirkung**. Der anbauberechtigte Nachbar muß seine Bauabsichten in angemessener Zeit auch umsetzen (*Absatz 3 Satz 2*). Er muß innerhalb von sechs Monaten, nachdem er erfahren hat, daß die Nachbarwand abgerissen werden soll (zur Fristberechnung s. § 8 Anm. 1.1), einen Bauantrag gestellt haben (*Absatz 3 Satz 2 Nr. 1*). Betrifft der Anbau jedoch ein genehmigungsfreies Vorhaben i. S. v. § 67 BbgBO, so muß er in entsprechender Anwendung von Absatz 3 Satz 2 Nr. 3 innerhalb eines Jahres nach dem Zeitpunkt, zu dem er bei einem genehmigungspflichtigen Vorhaben die Baugenehmigung nach Nr. 1 hätte beantragen müssen, mit dem Bau begonnen haben.

Betrifft der Anbau ein Bauvorhaben, das anstelle eines Baugenehmigungsverfahrens nur eines Bauanzeigeverfahrens bedarf (§ 69 BbgBO), steht die Bauanzeige dem Antrag auf Genehmigung gleich.

Über den Stand und das Ergebnis des bauaufsichtlichen Verfahrens kann sich der Abrißwillige jederzeit bei der zuständigen Bauaufsichtsbehörde informieren (§ 73 Abs. 4 BbgBO).

5. Mit der Erhebung des Widerspruchs bei dem zum Abriß bereiten Eigentümer und mit der Einleitung eines baubehördlichen Verfahrens ist es allerdings nicht getan. Der Nachbar muß sich auch in der Folgezeit aktiv um die Verwirklichung seiner Anbaupläne bemühen. Wird sein Bauantrag von der Bauaufsichtsbehörde abschlägig beschieden, muß er die passenden Rechtsbehelfe einlegen, also Widerspruch gegen die Ablehnung der Baugenehmigung bei der Behörde und danach – bei erfolglosem Einwand – **Klage** beim Verwaltungsgericht mit dem Antrag erheben, daß ihm die Baugenehmigung erteilt wird. Erst wenn die Klage rechtskräftig abgewiesen ist, möglicherweise also erst nach einer Revisionsentscheidung durch das Bundesverwaltungsgericht, gelten die Anbauabsichten des Nachbarn als unrealisierbar, so daß dem Abriß der Nachbarwand rechtlich nichts mehr im Wege steht (*Absatz 3 Satz 2 Nr. 2*). Ein vom Nachbarn angestrengtes Beschwerdeverfahren zum Bundesverfassungsgericht aus Anlaß der Versagung der Baugenehmigung braucht der zum Abriß bereite Eigentümer nicht abzuwarten. Es handelt sich insofern nur um einen außerordentlichen Rechtsbehelf.

6. Hat die Bauaufsichtsbehörde den Anbau freigegeben, muß der Nachbar zur Wahrung seines Anbaurechts innerhalb eines Jahres nach Bekanntgabe der Baugenehmigung mit den Bauarbeiten beginnen (*Absatz 3 Satz 2 Nr. 3*). Es genügt, daß die Baugrube ausgehoben wird, unmittelbare Arbeiten an der Nachbarwand sind innerhalb dieses Zeitraums noch nicht erforderlich. Die bloß vorbereitende Einrichtung der Baustelle, wie auch das Abstecken der Grundrißfläche und die Festlegung der Höhenlage, genügen jedoch nicht.

Die Realisierungspflicht von einem Jahr verkürzt zwar faktisch die Geltungsdauer der Baugenehmigung, die drei Jahre beträgt (§ 78 BbgBO), aber die Interessenlage des anbauberechtigten Nachbarn im Verhältnis zum abrißbereiten Nachbarn einerseits und zur Bauaufsichtsbehörde andererseits ist auch unterschiedlich.

7. Die Beseitigung der Nachbarwand vor dem Anbau ist mit **finanziellen Auswirkungen** verbunden.

– Liegt eine zulässige Beseitigung vor, hat der Eigentümer, der eigentlich zum Anbau berechtigt war, Anspruch auf eine Nutzungsentschädigung für die Dauer der tatsächlichen Inanspruchnahme seines Grundstücks mit dem hinübergebauten Teil der Nachbarwand (*Absatz 4 Satz 1*). Als angemessene Bemessungsgrundlage kann die Überbaurente nach § 912 Abs. 2 BGB gelten (Text im Anhang 1), die zur Zeit der Grenzüberschreitung zu zahlen gewesen wäre, und die zur Berechnung der Vergütungshöhe auf die Dauer der Inanspruchnahme bezogen kapitalisiert wird.

– Bei unzulässiger Beseitigung ist nach *Absatz 4 Satz 2* Schadensersatz zu leisten. Der Schaden wird in der Regel in dem Unterschied zwischen der Anbauvergütung (§ 9) und den Kosten einer nunmehr erforderlichen Grenzwand (§ 16) bestehen. Die Ersatzpflicht tritt ohne Rücksicht auf Verschulden ein, setzt aber voraus, daß ein Anbau möglich gewesen wäre (hierzu: § 12 Anm. 1.1). Wie die Vergütung im Fall des Anbaus ist der Schadensersatzanspruch im Zeitpunkt der Fertigstellung des von dem anbauberechtigten Eigentümer errichteten Bauwerks im Rohbau fällig (zum Rohbau s. § 9 Anm. 5.).

§ 14 Erhöhen und Verstärken der Nachbarwand

(1) ¹**Jeder Grundstückseigentümer darf die Nachbarwand in voller Stärke auf seine Kosten erhöhen, wenn dadurch keine oder nur geringfügige Beeinträchtigungen des anderen Grundstücks zu erwarten sind.** ²**Dabei darf der Höherbauende auf das Nachbardach einschließlich des Dachtragewerkes einwirken, soweit dies erforderlich ist; er hat auf seine Kosten das Nachbardach mit der erhöhten Wand ordnungsgemäß zu verbinden.** ³**Für den erhöhten Teil der Nachbarwand gelten § 7 Abs. 1, §§ 8, 9, 11, § 12 Abs. 2, § 13 Abs. 1 bis 3 und 4 Satz 2 entsprechend.**

(2) **Jeder Grundstückseigentümer darf die Nachbarwand auf seinem Grundstück auf seine Kosten verstärken.**

(3) **Setzt die Erhöhung oder die Verstärkung der Nachbarwand eine tiefere Gründung der Nachbarwand voraus, so gilt § 7 Abs. 2 entsprechend.**

(4) Die Absicht, die Rechte nach den Absätzen 1 bis 3 auszuüben, ist anzuzeigen; § 8 gilt entsprechend.

Erläuterung

1. Ist die Nachbarwand auf Grund einer Vereinbarung zwischen den Grundstückseigentümern erst einmal errichtet, so bedeutet es grundsätzlich keine Beeinträchtigung des einen, wenn der andere die Wand in ihrer ganzen Dicke erhöht. Ein Verstoß gegen § 922 Satz 3 BGB (Text im Anhang 1) liegt darin nicht (vgl. BGHZ 29, 372, 375). Mehr als nur kleinere Beeinträchtigungen dürfen jedoch für das fremde Grundstück nicht eintreten, insbesondere darf die Erhöhung zu keiner Überlastung des Fundaments führen (*Absatz 1 Satz 1*). Tritt trotzdem ein Schaden auf, ist er zu ersetzen, auch wenn er schuldlos verursacht worden ist (§ 15).

Die Zulässigkeit des Bauvorhabens hängt im übrigen davon ab, daß öffentlich-rechtliche Vorschriften nicht entgegenstehen (§ 3 Abs. 1).

2. Die Erhöhung der Nachbarwand zieht regelmäßig Einwirkungen auf das Dach des schon vorhandenen Gebäudes nach sich. *Absatz 1 Satz 2* erlaubt deshalb den Eingriff in fremdes Eigentum, aber unter der Voraussetzung, daß dies nur in dem erforderlichen Umfang nach den Regeln der Technik erfolgt. Die Anschlußstellen von Dach und erhöhter Wand sind wetterfest abzudichten.

3. Die Verweisungen in *Absatz 1 Satz 3* bedeuten,
– daß an die Erhöhung angebaut werden darf (§ 7 Abs. 1, §§ 8, 9),
– daß nach dem Abriß des Anbaus ein ordnungsgemäßer Zustand der Erhöhung herzustellen ist (§ 11),
– daß im Falle des Aufstockens ohne Anbau unter Umständen ein fugendichter Anschluß an das an die Nachbarwand herangebaute Bauwerk erforderlich ist (§ 12 Abs. 2) und
– daß die Erhöhung gegen den Widerspruch des Nachbarn grundsätzlich nicht beseitigt werden darf (§ 13 Abs. 1 bis 3 und 4 Satz 2).

4. *Absatz 2* regelt das **Verstärken** der Nachbarwand. Hiermit sind Maßnahmen gemeint, die dazu dienen sollen, die Schall- oder Wärmedämmung zu verbessern oder die Tragfähigkeit der Wand zu erhöhen.

Die Verstärkung, mit der der Eigentümer auf seiner Grundstücksseite verbleibt, kann er ohne Einwilligung vornehmen. Baut er aber auf die andere Seite hinüber, bedarf er der Zustimmung seines Nachbarn, weil diesem der Geländestreifen gehört, der zusätzlich in Anspruch genommen werden soll. Die mit der Nachbarwand fest verbundene Verstärkung geht bis zum Anbau in das Alleineigentum des Eigentümers des zuerst errichteten Gebäudes, danach in das Miteigentum beider Nachbarn über, wobei sich jedoch der Miteigentumsanteil zugunsten desjenigen verschiebt, der die Verstärkung vorgenommen hat (Schäfer in: Hoppenberg, Kap. J, Rdnr. 94).

5. *Absatz 3* betrifft den Fall, daß eine Nachbarwand nicht von vornherein über eine **Gründung** verfügt, um der beabsichtigten Erhöhung oder Verstärkung ohne weiteres die erforderliche Standsicherheit zu geben. Hierfür gilt § 7 Abs. 2 mit der Folge, daß unter den dort genannten Voraussetzungen ein Unterfangen der Nachbarwand oder eine Verfestigung des Bodens im Bereich ihrer Gründung gestattet ist (näheres bei § 7 Anm. 2.).

6. *Absatz 4* schreibt die **Anzeige** der Erhöhung bzw. Verstärkung vor. Sie muß schriftlich erfolgen (näheres bei § 8 Anm. 1 ff.).

§ 15 Schadensersatz bei Erhöhung und Verstärkung

[1]Schaden, der in Ausübung der Rechte nach § 7 Abs. 2 oder § 14 dem Eigentümer oder dem Nutzungsberechtigten des anderen Grundstücks entsteht, ist auch ohne Verschulden zu ersetzen. [2]Auf Verlangen ist Sicherheit in Höhe des voraussichtlichen Schadens zu leisten; das Recht darf dann erst nach Leistung der Sicherheit ausgeübt werden.

Erläuterung

1. Da die Regelungen nach §§ 7 und 14 die Ausübung von Rechten auch gegen den Willen des Nachbarn zulassen, obwohl mit der Rechtsausübung die Gefahr einer Schädigung des Eigentümers des Nachbargrundstücks verbunden ist, sieht *Satz 1* eine Gefährdungshaftung für jeden durch die Rechtsausübung entstehenden Schaden vor. Streitigkeiten über Sorgfaltspflichten werden dadurch vermieden. Das erhöhte Risiko bei gefahrgeneigter Arbeit braucht der betroffene Eigentümer oder Nutzungsberechtigte des Nachbargrundstücks nicht zu tragen. Der weite Umfang der Ersatzpflicht ergibt sich daraus, daß an kein verbotenes Verhalten, sondern an die typische Gefährlichkeit durchaus erlaubter Eingriffe in das fremde Grundstück angeknüpft wird. Deshalb hat die erweiterte Verantwortlichkeit für die Schadenszufügung zur Folge, daß die Einstandspflicht auch bei Vorliegen eines Rechtfertigungsgrundes einsetzt.

2. Die strenge Haftung für Schäden ist der Sache nach angemessen, weil bei der Ausführung von Arbeiten im Wandbereich schnell ein Putz- und Rißschaden am Nachbarhaus eintreten oder durch Verwendung frischen Betons Feuchtigkeit in alte Wände eindringen kann. Hierfür wäre ein Schadensersatz, der vom Verschulden abhinge, unbillig. Der Nachbar, der geschädigt worden ist, muß ohnehin nachweisen, daß Gründungs-, Verstärkungs- oder Erhöhungsarbeiten ursächlich für den Schaden waren. Dazu hat er Umstände vorzutragen, die nicht hinweggedacht werden können, ohne daß damit der eingetretene Schaden ganz oder teilweise entfiele.

Der Umfang des Schadensersatzanspruchs richtet sich nach den allgemeinen Vorschriften (§§ 249 ff. BGB). Sind Eigentümer oder Nutzungsberechtigter des Nachbargrundstücks für die Entstehung des Schadens mitverantwortlich, mindert sich ihr Ersatzanspruch gemäß § 254 BGB entsprechend (zum Nutzungsberechtigten s. Anm. 2 bei § 39). Ihre Mitverantwortung kann sich daraus ergeben, daß sie Vorkehrungen zur Schadensabwehr unterlassen und so die Beeinträchtigung mitverursacht haben. Der Geschädigte muß sich jedoch nicht deshalb einen Teil des Schadens anrechnen lassen, weil sein Haus infolge Alters eher zu Schäden neigt (OLG Düsseldorf NJW-RR 1997, 146, 147).

Zu den Schäden, die zu ersetzen sind, gehören nicht nur Sachschäden an Grundstück und Gebäude, sondern auch Personenschäden, die dem Eigentümer oder Nutzungsberechtigten des Nachbargrundstücks zugefügt werden. Zwar ließe sich aus der systematischen Stellung des (privaten) Nachbarrechts im Sachenrecht folgern, daß nur reiner Sachschaden erfaßt werde. Aber es ist anerkannt, daß unter Umständen auch ein Vermögensschaden in Betracht kommen kann, weil z. B. Gebäude oder Grundstück zeitweilig nicht benutzbar gewesen ist. Von daher gesehen ist es schlüssig, Personenschäden mit zu den ausgleichsfähigen Nachteilen zu rechnen, sofern sie ohne Ausübung der Rechte nicht eingetreten wären. Anderenfalls würde die kompensatorische Wirkung der Schadensersatzregelung für Eingriffe in den fremden Grundstücksbereich unbillig verkürzt.

3. Nach *Satz 2* ist auf Verlangen des Eigentümers oder des Nutzungsberechtigten des angrenzenden Grundstücks eine Sicherheitsleistung zu erbringen. Die Vorschrift gleicht der im Falle eines Anbaus (s. daher § 9 Anm. 6.).

Abschnitt 3
Grenzwand

Vorbemerkung

Für das Recht der unmittelbar an die Grenze gebauten Wand bestehen bundesgesetzlich keine Regelungen. Die Grenzwand stellt keine Grenzeinrichtung i. S. v. §§ 921, 922 BGB dar (Texte im Anhang 1). Ihre Errichtung bedarf der näheren Bestimmung, weil auch bei einem Bauwerk, das ausschließlich auf einem von zwei aneinander grenzenden Grundstücken steht, Interessen des Nachbarn Berücksichtigung finden müssen.

§ 16 Begriff

Grenzwand ist die unmittelbar an der Grenze zum Nachbargrundstück auf dem Grundstück des Erbauers errichtete Wand.

Erläuterung

1. Die Vorschrift definiert den Begriff der Grenzwand, da die Grenzwand anderweitig nicht bestimmt ist. Als Wand, die *an* der Grenze mit ihrer vollen Stärke, also auf dem Grundstück des Erbauers steht, unterscheidet sie sich (rechtlich) von der Nachbarwand, die *auf* der Grenze errichtet worden ist (§ 5). Ein geringfügiger Abstand zur Grenze kann bei wertender Betrachtung noch als „unmittelbar an der Grenze" angegeben werden und würde dann an der Einordnung als Grenzwand nichts ändern. Ebenso ist es vertretbar, die Regelungen dieses Abschnitts auch auf eine Wand anzuwenden, die ein wenig auf das Nachbargrundstück hinübergreift, vom Nachbarn aber nach § 912 BGB (Text im Anhang 1) geduldet wird (so ausdrücklich § 22 Satz 1 Nds.NRG). Voraussetzung für eine entsprechende Anwendung ist in beiden Fällen, daß auf sie die den Vorschriften dieses Abschnitts zugrunde liegende Absicht des Gesetzgebers sowie die nachbarliche Interessenlage in gleicher Weise zutreffen (OLG Düsseldorf BauR 1976, 71).

2. Dem Nachbarn steht kein Recht zu, die Wand für eigene Bedürfnisse zu nutzen (zur ähnlichen Rechtslage bei einer Nachbarwand bis zum Anbau siehe § 10 Anm. 2.).

§ 17 Errichten einer Grenzwand

(1) Der Grundstückseigentümer, auf dessen Grundstück eine Grenzwand errichtet werden soll, hat dem Nachbarn die Bauart und Bemessung der beabsichtigten Wand zwei Monate vor Baubeginn schriftlich anzuzeigen; § 8 Abs. 2 gilt entsprechend.

(2) [1]**Der Nachbar kann innerhalb von zwei Monaten nach Zugang der Anzeige verlangen, die Grenzwand so zu gründen, daß bei der späteren Durchführung seines Bauvorhabens zusätzliche Baumaßnahmen vermieden werden.** [2]**Verzichtet er auf dieses Recht, kann mit den Arbeiten bereits vor Fristablauf begonnen werden.** [3]**Wird die Anzeige schuldhaft verspätet abgegeben oder unterlassen, so hat der Eigentümer des zur Bebauung vorgesehenen Grundstücks dem Nachbarn den daraus entstehenden Schaden zu ersetzen.**

(3) [1]**Die durch das Verlangen nach Absatz 2 Satz 1 entstehenden Mehrkosten sind zu erstatten.** [2]**In Höhe der voraussichtlich erwachsenden Mehrkosten ist auf Verlangen des Erbauers der Grenzwand innerhalb eines Monats Vorschuß zu leisten.** [3]**Der Anspruch auf die besondere Gründung erlischt, wenn der Vorschuß nicht fristgerecht geleistet wird.**

(4) Soweit der Erbauer der Grenzwand die besondere Gründung auch zum Vorteil seines Bauwerks nutzt, beschränkt sich die Erstattungspflicht des Nachbarn auf den angemessenen Kostenanteil; darüber hinaus gezahlte Kosten können zurückgefordert werden.

Erläuterung

1. Bei Bauvorhaben im Grenzbereich besteht für den Nachbarn ein allgemeines Informationsbedürfnis. Im Falle der Errichtung einer Grenzwand findet dies hier besondere Berücksichtigung.

1.1 Soll ein Bauwerk neben einem anderen errichtet werden, können sich **Gründungsprobleme** ergeben, wenn das zweite Bauwerk tiefere oder stärkere Fundamente als das erste benötigt. Es müssen unter Umständen Maßnahmen getroffen werden, um die Standsicherheit des vorhandenen Bauwerks nicht zu gefährden. Im Regelfall wird die erste Anlage unterfangen oder anderweitig abgestützt werden müssen. Hierdurch entstehen Kosten, die niedriger gehalten werden können, wenn schon bei der Errichtung des ersten Bauwerkes die Anforderungen des späteren berücksichtigt werden. *Absatz 1* schreibt daher vor, daß der Nachbar über den beabsichtigten Bau einer Grenzwand schriftlich zu unterrichten ist. Das gilt **unabhängig** davon, ob dessen Grundstück bebaut oder unbebaut ist; denn der Zustand, in dem sich das Grundstück befindet, sagt nichts über mögliche (neue) Bauabsichten aus.

Das Gesetz nimmt Garagen und andere eingeschossige Nebengebäude ohne Aufenthaltsraum von der Anzeigepflicht und dem Anspruch auf besondere Gründung (Absatz 2) **nicht aus** (so aber § 13 Abs. 6 Th.NRG); denn auch in diesen Fällen kann die Standsicherheit durch einen später hinzutretenden Bau beeinträchtigt werden, so daß sich Mehrkosten vermeiden lassen.

1.2 Die **Anzeige** hat sich nach dem Wortlaut nur auf die Bauart und die Bemessung der Wand zu beziehen. Aus dem Gesamtzusammenhang mit Absatz 2 ergibt sich jedoch, daß der Nachbar auch über die Einzelheiten der Gründung zu unterrichten ist. Erst anhand dieser Angaben läßt sich für ihn feststellen, ob das Fundament den Anforderungen des späteren Bauvorhabens genügen kann.

§ 17 Errichten einer Grenzwand

Die Anzeigepflicht erstreckt sich nicht auf die Mitteilung, auf welche Weise die Baustellensicherung oder der Bodenaushub erfolgen soll (a. A. Hoof/Keil, Nds.NRG, § 16 Anm. 3). Diese Pflicht kann jedoch entstehen, wenn das Nachbargrundstück vorübergehend benutzt werden soll (s. § 23 Abs. 4).

1.3 Die Anzeige ist an den Eigentümer des Nachbargrundstücks, bei Bestehen eines Erbbaurechts an den Erbbauberechtigten zu richten (§ 2 Abs. 2). Eine Unterrichtung von Mietern oder Pächtern anstelle des Eigentümers ist nur vorgeschrieben, wenn dieser gemäß § 8 Abs. 2 nicht zu erreichen ist. Die Anzeige bedarf der Schriftform (§ 3 Abs. 2). Sie muß zwei Monate vor Baubeginn beim Nachbarn eingegangen sein (zur Fristberechnung s. § 8 Anm. 1.1; zum Baubeginn § 8 Anm. 1.2.).

2. *Absatz 2* gibt dem Nachbarn das Recht, innerhalb von zwei Monaten eine **Gründung** zu verlangen, die auch den Anforderungen des späteren Bauvorhabens genügt. Das Gründungsverlangen muß allerdings ernsthaft sein. Es ist kein Mittel, um eine unliebsame Baumaßnahme aufzuhalten. Das Verlangen muß ferner konkret sein, weil es zu konstruktiven, unter Umständen genehmigungspflichtigen Änderungen an der beabsichtigten Wand führen kann.

Das Gründungsverlangen ist nicht formgebunden, sollte aber zum besseren Nachweis schriftlich erfolgen.

2.1 Ein rechtzeitig gestelltes Verlangen gibt dem Nachbarn den **Anspruch**, daß die Grenzwand ein solches Fundament erhält, daß bei seinem späteren Bauwerk eine zusätzliche Gründungsmaßnahme entbehrlich ist. Wie das im Einzelfall zu geschehen hat, hängt von der Tragfähigkeit des Bodens und den bautechnischen Gegebenheiten des angrenzenden Vorhabens ab. Kommt der Erbauer der Grenzwand dem beachtlichen Verlangen schuldhaft nicht nach, trifft ihn die gleiche Schadenersatzpflicht wie nach Absatz 2 Satz 3 (hierzu Anm. 2.3). Da der Erbauer der Grenzwand mit der Möglichkeit rechnen muß, daß eine zusätzliche Gründung verlangt wird, sollte er **frühzeitig** den Nachbarn in seine Bauabsichten einbeziehen. Eine Unterrichtung erst nach Vorliegen der Baugenehmigung kann dazu führen, daß das genehmigte Vorhaben umgeplant und neu zur Genehmigung gestellt werden muß. Das verzögert den Baubeginn unnütz.

2.2 Mit der **Errichtung** der Grenzwand darf erst nach Ablauf zweier Monate seit Zugang der Anzeige begonnen werden (*Satz 2*). Gegen einen vorgezogenen Bauanfang kann der Nachbar bei Gericht im Wege einstweiliger Verfügung einen Baustopp bis zum Ablauf der Frist erzwingen. Der Nachbar kann jedoch auch auf die Einhaltung der Frist **verzichten**, weil er sich ohnehin mit keinen (konkreten) Bauabsichten trägt. Der Verzicht hat allerdings schadensersatzausschließende Wirkung (s. Anm. 2.3), sofern die Anzeige vollständig war.

2.3 Hat der Eigentümer die Unterrichtung des Nachbarn schuldhaft versäumt, ist er nach *Satz 3* seinem Nachbarn schadensersatzpflichtig. Verschulden liegt bereits vor, wenn er die im Verkehr erforderliche Sorgfalt außer acht gelassen hat (§ 276 Abs. 1 Satz 2 BGB). Hat der Nachbar jedoch auf eine Information verzichtet oder bereits im Baugenehmigungsverfahren dem Bauvorhaben schriftlich zugestimmt (hierzu s. § 73 Abs. 3 BbgBO), handelt der Eigentümer nicht vorwerfbar, wenn er die (konkrete) Anzeige unterläßt.

Der zu ersetzende **Schaden** wird in der Regel in dem Unterschiedsbetrag zwischen den Mehrkosten, die bei einer besonderen Gründung der Grenzwand entstanden wären, und den nachträglichen Aufwendungen liegen, die für zusätzliche Baumaßnahmen bei Errichtung des späteren Bauwerks notwendig geworden sind.

2.4 Die Befugnis des Landesgesetzgebers, die vorliegende Schadensersatzregelung treffen zu dürfen, ergibt sich aus Art. 72 Abs. 1 GG. Eine erschöpfende und abschließende Regelung enthält das BGB nicht; denn ungeachtet seiner Kodifizierung sind im Bereich der nachbarschaftlichen Beziehungen Teile des bürgerlichen Rechts i. S. v. Art. 74 Nr. 1 GG übriggeblieben, die ungeregelt sind und daher den Ländern zur eigenständigen Normierung frei stehen (vgl.BVerfGE 56, 110,119).

3. Die Grenzwand errichtet der Erbauer auf eigene Kosten, die **Mehrkosten** für die verlangte besondere Gründung hat ihm aber der Nachbar gem. *Absatz 3* zu erstatten. Der Erbauer kann in Höhe der Mehrkosten **Vorschuß** verlangen, den der Nachbar innerhalb eines Monats zu leisten hat, will er seinen Gründungsanspruch nicht verlieren (Satz 3). Der Geldbetrag muß spätestens an dem Tag beim Erbauer der Wand persönlich oder auf seinem Konto eingegangen sein, der dem Tag des letzten Monats entspricht, an dem das Verlangen nach Vorschuß beim Nachbarn geltend gemacht worden ist. Zur Fristberechnung im einzelnen gelten die Vorschriften der §§ 186 ff. BGB.

Eine vergleichbare Vorschußregelung enthält § 48 Abs. 2 Satz 3.

4. Der Nachbar hat nach Absatz 3 die Mehrkosten zu tragen, weil das besondere Fundament in der Regel nur ihm zugute kommt. Nützt jedoch die geforderte Gründung auch dem Erbauer, so beschränkt sich der Vorteilsausgleich auf einen angemessenen **Kostenanteil** (*Absatz 4*). Dieser beträgt nur die Hälfte der Mehrkosten, wenn dem Erbauer der Grenzwand die verbesserte Gründung in vollem Umfang zustatten kommt. Im Streitfall läßt sich der angemessene Kostenanteil gem. § 287 ZPO durch einen Sachverständigen schätzen.

Ergibt sich erst im nachhinein, daß der Erbauer der Nachbarwand die besondere Gründung für eigene Baumaßnahmen verwendet, kann der Nachbar die Kosten, die sich nun als zu viel gezahlt erweisen, zurückverlangen.

§ 18 Errichten einer zweiten Grenzwand

(1) Wer eine Grenzwand neben einer schon vorhandenen Grenzwand errichtet, ist verpflichtet, die Fuge zwischen den Grenzwänden auf seine Kosten auszufüllen und zu verschließen, falls dies den allgemeinen Regeln der Baukunst entspricht und der Baugestaltung nicht widerspricht.

(2) Der Erbauer der zweiten Grenzwand ist berechtigt, auf eigene Kosten durch übergreifende Abdeckungen einen Anschluß herzustellen; er hat den Anschluß auf seine Kosten zu unterhalten.

(3) Ist es zur Ausführung des Bauvorhabens erforderlich, die zweite Grenzwand tiefer als die zuerst errichtete Grenzwand zu gründen, so gilt § 7 Abs. 2 entsprechend.

(4) Die Absicht, die Rechte nach den Absätzen 2 und 3 auszuüben, ist anzuzeigen; § 8 gilt entsprechend. Für die Verpflichtung zum Schadensersatz gilt § 15 entsprechend.

Errichten einer zweiten Grenzwand § **18**

Erläuterung

1. Im Interesse einer ordentlichen Baugestaltung und zur Vermeidung eindringender Feuchtigkeit muß nach *Absatz 1* die **Fuge** zwischen zwei an der Grenze errichteten selbständigen baulichen Anlagen auf ordentliche Weise verdeckt werden. Die hierfür verwendeten Werkstoffe haben sich den vorhandenen Bauwerken anzupassen. Allerdings kann bei denkmalgeschützten Gebäuden oder zur Vermeidung von Verunstaltungen ein Abdichten unterbleiben.

Obwohl die Herstellung eines sachgemäßen Abschlusses mit Einwirkungen auf die schon vorhandene Grenzwand verbunden sein wird, schreibt das Gesetz eine vorherige Unterrichtung des Nachbarn nicht ausdrücklich vor, hält aber eine Mitteilung nach § 1 für angezeigt.

Da der Anschluß an eine bereits vorhandene Grenzwand regelmäßig im überwiegenden Interesse des Späterbauenden liegt, erscheint es billig, wenn dieser die Kosten des Anschlusses allein zu tragen hat.

2. Der Späterbauende ist nach *Absatz 2* berechtigt, abweichend von § 905 BGB (Text im Anhang 1) auch einen einwandfreien Abschluß durch übergreifende **Abdeckungen** herzustellen. Gedacht ist an kleine Bauteile, wie Dachpfannen, Simse und schmale Mauervorsprünge (zur Regelungsbefugnis, die Kayser, § 18 Rdnr. 2, verneint, vgl. Anm. 2 bei § 7). Der Anschluß muß den öffentlich-rechtlichen Vorschriften entsprechen. Er ist vom Späterbauenden auf eigene Kosten zu entfernen, wenn ein Neubau auf dem duldungspflichtigen Grundstück dies erfordert.

3. *Absatz 3* betrifft den Fall, daß neben einem an die Grenze herangebauten Gebäude auf der anderen Seite der Grenze ein Gebäude errichtet werden soll, das eine tiefere **Gründung** als das erste verlangt. Es darf dann nicht ohne weiteres eine entsprechend tiefe Baugrube ausgehoben werden, weil dadurch dem ersten Bauwerk die erforderliche Stütze entzogen werden könnte (§ 909 BGB, Text im Anhang 1). Ist dem Eigentümer des später zu bebauenden Grundstücks der Sachverhalt bereits bei Errichtung der ersten Grenzwand bekannt, so kann er schon zu diesem Zeitpunkt eine den Erfordernissen des von ihm geplanten Bauvorhabens entsprechende Gründung der Grenzwand verlangen (§ 17 Abs. 2). Hat er von diesem Recht keinen Gebrauch gemacht oder stellt sich die

Notwendigkeit einer tieferen Gründung erst später heraus, so ist es häufig die bautechnisch beste und bisweilen sogar die einzig mögliche Lösung, das Fundament der bereits bestehenden Grenzwand zu unterfangen oder den Boden im Bereich der Gründung zu verfestigen. Zu einer solchen Baumaßnahme auf dem Grundstück des Nachbarn ist der Späterbauende nach bisherigem Recht nicht ohne Zustimmung des Nachbarn befugt gewesen. Aus dem nachbarschaftlichen Gemeinschaftsverhältnis erwächst jedenfalls kein Duldungsanspruch gegenüber dem Nachbarn, daß dieser Eingriffe in seine Bau- und Bodensubstanz hinnimmt. Mit der Regelung in Absatz 3 soll daher verhindert werden, daß ein unter Umständen auch städtebaulich erwünschtes Bauvorhaben entweder überhaupt nicht oder nur mit hohen Kosten durchzuführen ist. Der Nachbar ist deshalb unter den Voraussetzungen von § 7 Abs. 2 (Gründung einer Nachbarwand) zur Duldung des Unterfangens oder der Bodenverfestigung verpflichtet. Der Eingriff in fremdes Eigentum muß jedoch verhältnismäßig und besonders schonend sein (i. e. s. Anm. 2. zu § 7).

Im Streitfall hat der Späterbauende die Voraussetzungen der Vorschrift vorzutragen und zu beweisen (BGH NJW 1997, 2595, 2596).

Ein **Betreten** des Nachbargrundstücks, um die Gründungsarbeiten vornehmen zu können, ist nur zulässig, wenn der Nachbar zustimmt oder zur Duldung gerichtlich verurteilt worden ist (s. Anm. 1.3 zu § 23).

4. *Absatz 4* regelt die Verpflichtung zur Anzeige und zum Schadensersatz bei Ausübung der Rechte nach Absatz 2 und 3.

4.1 Die geplanten Gründungsarbeiten sind dem Nachbarn zwei Monate vor Baubeginn schriftlich **anzuzeigen**. Mit den Arbeiten darf erst nach Fristablauf begonnen werden, es sei denn, der Nachbar ist mit den Bauarbeiten schon vorher einverstanden (i. e. s. Anm. 1 ff. zu § 8).

4.2 Die **Gefährdungshaftung** nach § 15 trifft den Grundstückseigentümer, der die schadensverursachenden Gründungsarbeiten veranlaßt hat. Architekten und Bauhandwerker haften im Innenverhältnis zu ihm, jedoch nicht nach dieser Vorschrift gegenüber dem Nachbarn (i. e. s. Anm. 1 f. zu § 15).

Die Haftung erfolgt zwar ohne Rücksicht auf Verschulden, der betroffene Nachbarn hat aber zu beweisen, daß die Gründungsarbeiten **ursächlich** für den Schaden sind.

4.3 Mit den Gründungsarbeiten darf erst nach Leistung einer **Sicherheit** begonnen werden, wenn der Nachbar dies verlangt (Satz 2 i. V. m. § 15 Satz 2). Der Wortlaut, der ausdrücklich nur auf Schadensersatz abhebt, bleibt insoweit hinter dem vom Gesetzgeber Gewollten zurück, zumal eine unterschiedliche Behandlung im Falle von Gründungsarbeiten im Bereich der Nachbarwand (§ 7 Abs. 2) keinen Sinn ergäbe.

Die Höhe der Sicherheitsleistung bemißt sich nach dem Schadensbetrag, der bei vorsichtiger Schätzung durch einen verständigen Betrachter (s. Anm. 2.4 zu § 1) im Bereich denkbarer Möglichkeit liegen könnte.

§ 19 Einseitige Grenzwand

Der Eigentümer eines Grundstücks hat Bauteile, die in den Luftraum seines Grundstücks übergreifen, zu dulden, wenn

1. nach den öffentlich-rechtlichen Vorschriften auf dem Nachbargrundstück nur bis an die Grenze gebaut werden darf,

2. die übergreifenden Bauteile öffentlich-rechtlich zulässig oder zugelassen worden sind,

3. sie die Benutzung seines Grundstücks nicht oder nur unwesentlich beeinträchtigen und

4. sie nicht zur Vergrößerung der Nutzfläche dienen.

Erläuterung

1. Die Vorschrift schließt eine Regelungslücke in Bereichen mit geschlossener Bauweise. Der Herrschaftsbereich am Grundstück erstreckt sich nach § 905 BGB nur auf den eigenen Luftraum über der Geländeoberfläche. Aus baugestalterischen Gründen kann es aber notwendig sein, Bauteile (z. B. Dachrinnen) in den Luftraum des Nachbargrundstücks hineinragen zu lassen. Dies soll der Nachbar in beschränktem Umfang hinzunehmen haben (zur Regelungsbefugnis, die Kayser, § 19, in Frage stellt, vgl. Anm. 2 bei § 7). Da die Bauteile öffentlich-rechtlich zulässig sein müssen und sie die Benutzung des Nachbargrundstücks

§ 19 Einseitige Grenzwand

nicht oder nur unwesentlich beeinträchtigen dürfen, ist bei Vorliegen aller Voraussetzungen mit Unzuträglichkeiten nicht zu rechnen. Hierzu im einzelnen:

1.1 Nach *Nr. 1* muß unmittelbar an die Grenze bei **geschlossener Bauweise** gebaut werden. Die Notwendigkeit der Grenzbebauung ergibt sich dabei entweder aus dem Bebauungsplan (§ 22 BauNVO) selbst oder aus § 34 BBauG (nicht beplanter Innenbereich), weil diese Bauweise der Eigenart der näheren Umgebung tatsächlich entspricht. Eine Baugenehmigung, die eine Grenzbebauung zwar zuläßt, ohne daß aber öffentlich-rechtliche Vorschriften dies zwingend vorschreiben, hat keine das Fehlen einer zwingenden öffentlich-rechtlichen Vorschrift ersetzende Wirkung. Auch wenn die Baugenehmigung von dem betroffenen Nachbarn nicht (mit Erfolg) angefochten worden ist, so daß sie bestandskräftig wird, verschafft sie kein Recht i. S. v. Nr. 1 (zur Bedeutung der Baugenehmigung innerhalb des Nachbarschaftsverhältnisses s. § 3 Anm. 2.2, 2.3).

1.2 Die Duldungspflicht erstreckt sich nach *Nr. 2* nur auf solche Bauteile, die von der Baugenehmigung zugelassen worden sind, oder die nach öffentlichem Recht statthaft sind.

Die **Zulässigkeit** beurteilt sich vor allem nach den Vorschriften der BbgBO. So kann bei einem geneigten Dach der Dachüberstand und die Dachrinne in den Luftraum des Nachbargrundstücks hineinragen, wenn die Außenwand an der Grenze stehen muß. Bei einer Garage mit Flachdach wird es in der Regel die Attika sein, die über die Grenze hervortreten darf. Alle bautechnischen Belange, ohne die der baurechtlich gebotene Grenzbau nicht durchführbar wäre, kommen als Rechtfertigung für das Übergreifen in Betracht.

1.3 Weitere Voraussetzung für die Duldungspflicht ist nach *Nr. 3* die **Unwesentlichkeit** der Beeinträchtigung. So würden etwa übergreifende Bauteile die Nutzbarkeit des Nachbargrundstücks im zulässigen Umfange nicht behindern, wenn zwar eine eigene Grenzbebauung vorgesehen ist, die in Höhe oder Tiefe aber geringer ausfallen soll. Als unwesentlich werden auch Laub- und Schmutzansammlungen in Lichtschächten angesehen (OLG Karlsruhe – 6 U 153/79 –, zitiert bei Birk, § 7 b Anm. 3).

Die Pflicht zur Duldung endet, sobald auf dem duldungspflichtigen Grundstück eine Grenzbebauung erfolgen darf, die durch die übergreifenden Bauteile mehr als nur unwesentlich behindert wird. Den Überbau hat der Bauherr des zuerst errichteten Gebäudes zu beseitigen, während für den Erbauer der zweiten Grenzwand Baupflichten gem. § 18 die Folge sein können.

1.4 Zugelassen sind nach *Nr. 4* nur Bauteile, die wegen ihres relativ geringen Ausmaßes von **untergeordneter** Bedeutung sind. Gedacht ist an Dachrinnen, Überstände bei Eingangs- oder Terrassenüberdachungen, Dachvorsprünge und Gesimse. Balkone oder Erker sind hingegen unzulässig, weil sie nutzbare Flächen aufweisen.

2. Die Vorschrift enthält eine gegenüber der Überbauregelung in § 912 BGB (Text im Anhang 1) eigenständige Bestimmung. Das bedeutet, daß die Regelungen zur **Überbaurente** (§ 912 Abs. 2, §§ 913 ff. BGB) hier nicht ergänzend anwendbar sind (a.A. Birk, § 7 b Anm. 7, zum dortigen Recht).

Abschnitt 4
Fenster- und Lichtrecht

Vorbemerkung

Im Bundesrecht fehlen privatrechtliche Normen, die regeln, ob und wie der eine Eigentümer Fenster anlegen darf oder wie beim anderen vorhandene Fenster geschützt sind. Grundstücke könnten folglich frei nach Belieben bebaut werden. Das öffentliche Recht sieht jedoch in § 6 BbgBO Bestimmungen über Abstandsflächen vor, die einen sinnvollen Ausgleich zwischen den widerstreitenden Interessen der Nachbarn ermöglichen sollen. Trotzdem besteht ein Bedürfnis nach zusätzlichen zivilrechtlichen Regelungen. Die Bauaufsichtsbehörden, die über die Einhaltung der Bauordnung wachen, müssen ihr Ermessen zum ordnungsbehördlichen Einschreiten bei Verstößen gegen die Abstandsflächenbestimmungen nicht zugunsten des betroffenen Nachbarn ausüben. Sie können, wenn das öffentliche Interesse nicht entscheidend berührt ist, den Nachbarn auch darauf verweisen, seine Abwehransprüche privatrechtlich gegen den Störer (unmittelbar) zu verfolgen. Deshalb hat der Gesetzgeber das öffentliche Recht zivilrechtlich derart ergänzt, daß auch in diesem Bereich ein gewisses Maß an „Sozialabstand" zwischen den Gebäuden, die nicht aneinander gebaut werden, gewährleistet ist. Die folgenden Regelungen begnügen sich jedoch mit einem Mindeststandard.

§ 20 Inhalt und Umfang

(1) In oder an der Außenwand eines Gebäudes, die parallel oder in einem Winkel bis zu 60° zur Grenze des Nachbargrundstücks verläuft, dürfen Fenster, Türen oder zum Betreten bestimmte Bauteile wie Balkone und Terrassen nur mit schriftlicher Zustimmung des Eigentümers des Nachbargrundstücks angebracht werden, wenn ein geringerer Abstand als 3 m von dem grenznächsten Punkt der Einrichtung bis zur Grenze eingehalten werden soll.

(2) [1]**Von einem Fenster oder einem zum Betreten bestimmten Bauteil, dem der Eigentümer des Nachbargrundstücks schriftlich zugestimmt hat oder das nach dem bisherigen Recht angebracht worden ist, müssen er und seine Rechtsnachfolger mit einem später errichteten Bauwerk mindestens 3 m Abstand einhalten.** [2]**Dies gilt nicht, wenn das später errichtete Bauwerk den Lichteinfall nicht oder nur geringfügig beeinträchtigt.**

Erläuterung

1. Nach *Absatz 1* darf ein mit Fenstern, Türen, Balkonen, Terrassen etc. versehener Bauteil nur errichtet werden, wenn ein Abstand zur Grenze von mindestens 3 m eingehalten wird (sog. **Fensterrecht**). Dieses Maß entspricht der üblichen Tiefe von Abstandsflächen. Die Vorschrift soll Belästigungen des Nachbarn, die mit der Einsichtmöglichkeit in sein Grundstück verbunden sind, verhindern oder doch auf ein erträgliches Maß herabsetzen. Hierzu im einzelnen:

1.1 Der Abstand zur Grundstücksgrenze ist mit denjenigen Bauteilen eines Gebäudes einzuhalten, die einen Ausblick auf das Nachbaranwesen ermöglichen. Auf die Art der baulichen Nutzung beider Grundstücke kommt es nicht an.

Fenster sind Lichtöffnungen, die sowohl durchsichtig als auch – wie bei Glasbausteinen – undurchsichtig sind. Sie gewährleisten dann zwar keinen Durchblick, gehören aber, was aus § 21 Nr. 1 folgt, doch hierher. Gleiches gilt für Kellerfenster, wenn sie so hoch angelegt sind, daß ein Blick über den Kellerschacht hinaus auf das Nachbargrundstück möglich wird.

Türen unterliegen ebenfalls dem Fensterrecht, weil sie nicht nur, wenn sie mit Glas versehen sind, Ausblicke gewähren, sondern bei geöffnetem Zustand auch einen Sozialkontakt ermöglichen können, der störend sein kann. Aus dem Sachzusammenhang folgt, daß zu den Türen unter Umständen auch Luken in kleinsiedlungsgemäß genutzten Wirtschaftsgebäuden gehören können.

Zum **Betreten bestimmte Bauteile** sind Balkone, Loggien, Galerien, Veranden, Erker, Terrassen und ähnliche Einrichtungen, wenn sie einen Ausblick auf das Nachbargrundstück gewähren. Wird der Blick jedoch durch ein lichtundurchlässiges Wandbauteil abgeschirmt, gilt Absatz 1 nicht. Künstlich angelegte Flächen zum geruhsamen Aufenthalt, die terrassenähnlich genutzt werden können, stellen keine zum Betreten bestimmte Bauteile dar, wenn sie nicht mit der Außenwand des Gebäudes konstruktiv verbunden, sondern nur daneben angelegt sind. Ähnlich verhält es sich mit überdachten Wageneinstellplätzen (sog. Carports); sie sind kein Bauteil. Auch wenn sie an die Gebäudeaußenwand befestigt werden, gehören sie nicht zum Bestandteil des Gebäudes.

Unter **Außenwand** wird der Bauteil verstanden, der als seitlicher tragender oder nichttragender Raumabschluß von außen zu sehen ist. Fenster und Türen, die nicht in der Außenwand, sondern in Zwischenwänden innerhalb des Gebäudes angebracht sind, fallen nicht hierunter, ebenso nicht Dächer. Daher gilt für Dachflächenfenster („Legefenster") keine Beschränkung durch das Fensterrecht. Dachgauben hingegen stellen zwar auch einen oberen Abschluß des Gebäudes dar, erfüllen aber mit ihrem seitlichen Aufbau für ein stehendes Dachfenster zusätzlich die Funktion einer Außenwand, so daß sie als „Ausguck" der Beschränkung nach Absatz 1 unterliegen (a. A. Bauer/ Hülbusch/Schlick/ Rottmüller, § 34 Anm. 6.).

1.2 Mit den vorgenannten Bauteilen ist grundsätzlich ein **Abstand** zur Nachbargrenze von 3 m einzuhalten; der Abstand wird waagerecht von der grenznächsten Stelle dieses Bauteils bis zur eigenen Grundstücksgrenze rechtwinklig gemessen. Meßpunkt ist der Fenster- oder Türrahmen, nicht das Mauerwerk, das die Wandöffnung umschließt. Auch auf vorspringende Fensterbänke oder Gesimse kommt es insofern nicht an. Bei Balkonen und Terrassen wird von der Außenkante des Teils der Fläche an gemessen, der noch betreten werden kann. Die Außenwand selbst braucht nicht von jedem Punkte der Grenze aus den Mindestabstand einzuhalten. Darauf kommt es nicht hier, sondern nach den öffentlich-rechtlichen Abstandsbestimmungen in § 6 BbgBO an. Der Abstand nach Absatz 1 gilt folglich unabhängig von der Stellung des Gebäudes.

Erfaßt werden vorliegend nur Bauteile in Außenwänden, die parallel oder in einem Winkel bis zu **60°** zur Grenze des Nachbarn verlaufen. Ist der Winkel größer, greifen die Beschränkungen nicht ein. Das Winkelmaß ist für den Bauherrn günstiger als die – sich allerdings auch auf die gesamte Außenwand beziehende – 75°-Regelung in § 6 Abs. 3 Nr. 1 BbgBO. Das BbgNRG geht bei der Winkelberechnung von der geometrischen Gradeinteilung aus. Parallel zur Grundstücksgrenze i. S. dieser Vorschrift steht auch eine Nachbarwand, obwohl sie nicht neben, sondern auf der Grenze errichtet ist (s. § 5). Es ergäbe keinen Sinn, Fenster in Grenzwänden (§ 16) den vorstehenden Beschränkungen zu unterwerfen, Lichtöffnungen in Nachbarwänden hingegen nicht, obwohl sie noch mehr Einsichtsmöglichkeit auf das fremde Grundstück böten (a. A. Schäfer in: Hoppenberg, Kap. J, Rdnr. 216).

2. Ein Zwang, den sog. Sozialabstand einzuhalten, besteht nicht, wenn der Nachbar in ein **Unterschreiten** einwilligt. Die Vorschrift hebt an dieser Stelle noch einmal den dispositiven Charakter nachbarschützender Vorschriften hervor (s. allgemein § 3 Abs. 1), um besonders hier einer gütlichen Übereinkunft Vorrang zu geben.

2.1 Die **Zustimmung** muß schriftlich erfolgen (s. auch § 3 Abs. 2), die Unterzeichnung der Bauunterlagen genügt. Damit verpflichtet sich der Nachbar, die Abstandsunterschreitung zu dulden. Die Zustimmung

Inhalt und Umfang § 20

zu erteilen, steht jedoch in seinem Belieben, welches ihm auch dann freisteht, wenn er keine oder nur geringfügige Beeinträchtigungen zu erwarten hat. Das Gesetz geht von einer zentimetergenauen Abstandseinhaltung aus und hat Abweichungen im Einzelfall nur in § 21 vorgesehen. Der Nachbar, der auf exakte Befolgung der Vorschrift besteht, handelt daher nicht willkürlich. Eine schikanöse Verweigerung der Einwilligung kann jedoch gem. § 1 Satz 1 i. V. m. § 226 BGB (Text im Anhang 1) zu einem Verlust des Beseitigungsanspruchs führen (zum Beseitigungsanspruch nachfolgend Anm. 3.).

Die Zustimmung bindet nur, solange der zugrunde gelegte Bauplan mit den dazu relevanten Aussagen unverändert ausgeführt wird. Nachträgliche Abweichungen unterliegen erneuter Zustimmung oder der Beseitigungsmöglichkeit nach § 22.

2.2 Die Zustimmung, die nur **schuldrechtliche** Wirkung zwischen den Nachbarn hat, bindet den Käufer des Nachbargrundstücks grundsätzlich nicht. Erfolgt die Veräußerung, bevor die Bebauung im Rohbau fertiggestellt ist, muß die Zustimmung erneut erteilt werden oder vom Käufer übernommen worden sein, um die Beschränkungen nach Abs. 1 auszuschließen. Mit der Veräußerung ist die Auflassung nach § 925 BGB gemeint (zum Rohbau s. § 9 Anm. 5.). Der erst nach Rohbaufertigstellung erfolgte Eigentumsübergang am Nachbargrundstück läßt jedoch die Zustimmungspflicht nicht wieder aufleben, vielmehr muß sich der jetzige Nachbar mit der Einwilligung seines Rechtsvorgängers abfinden (so auch Bauer/Hülbusch/Schlick/Rottmüller, § 34 Anm. 8.a). Will sich derjenige, der den Abstand unterschreiten möchte, vor Rechtsänderungen auf seinem Nachbargrundstück schützen, muß er sich um die Bestellung einer Grunddienstbarkeit bemühen, in die der Nachbar einwilligen muß (zu ihr § 6 Anm. 1.3).

3. Gesetzeswidrig in der Abstandsfläche errichtete Bauteile, für die er keine Baugenehmigung erhalten hat (s. sonst § 3 Abs. 1), muß der Eigentümer auf Verlangen beseitigen (zum Beseitigungsausschluß s. § 22). Lehnt er den Abriß ab, kann der Nachbar Klage auf Beseitigung beim Zivilgericht erheben; die Vollstreckung des Urteils erfolgt nach § 887 ZPO durch Zumauern von Fenstern oder Türen sowie Beseitigung der begehbaren Bauteile, soweit die Rechtsverletzung tatsächlich reicht.

4. *Absatz 2* regelt das **Lichtrecht**. Ein Nachbar, der einem Fenster zugestimmt hat, ist verpflichtet, diesem Fenster das notwendige Licht zu belassen, wenn er selbst später baut. Die gleiche Verpflichtung besteht, wenn er vor einem Fenster bauen will, das gemäß dem bisherigen Recht angebracht worden ist. Alle rechtmäßig angebrachten Fenster sind geschützt. Eine bestandskräftige, das Lichtrecht beeinträchtigende Baugenehmigung läßt allerdings nach § 3 Abs. 1 das Lichtrecht nicht zur Geltung gelangen.

Lichtschutz genießen nur Fenster und begehbare Bauteile, nicht Türen.

Zur Entstehung des Lichtrechts ist folgendes anzumerken:

4.1 Das Lichtrecht erwirbt, wem der Nachbar die nach Absatz 1 vorgesehene Zustimmung schriftlich gegeben hat (s. insofern oben Anm. 2.1). Hat der Eigentümer jedoch die fraglichen Bauteile anders errichtet, als vom Nachbarn genehmigt, genießt er keinen Lichtschutz. Diese Folge tritt unabhängig davon ein, ob der Nachbar eine Beseitigung der Bauteile verlangt hat oder damit gem. § 22 ausgeschlossen ist.

4.2 Das Lichtrecht besteht ferner, wenn das Fenster oder der begehbare Bauteil gemäß dem damals geltenden Recht angebracht worden ist. Dazu ist vorrangig auf das öffentliche Baurecht zurückzugreifen, welches bei Errichtung des fraglichen Gebäudes das Bauen geordnet hat (s. i. e. § 6 Anm. 1.1). Es kommt sowohl auf die formelle als auch auf die materielle Legalität an. Dieses will heißen, daß bei einer genehmigungspflichtigen Anlage eine entsprechende Baugenehmigung vorliegt, die auch rechtmäßig sein muß. Deren bloße Bestandskraft verschafft zwar dem Bauherrn insofern eine Rechtsposition, als sie den Bestand seines Bauvorhabens gegenüber einem Rückgriff auf das einschlägige materielle Recht sichert (vgl. Friauf DVBl. 1971, 722), vemittelt hier aber bei Abweichen von der damaligen Rechtslage keine das nachbarliche Eigentumsrecht einschränkende Wirkung. Für den Nachbarn bedeutet dies, daß er mit seinem Bauvorhaben den Abstand von

Inhalt und Umfang § 20

3 m (Satz 1) nicht einhalten muß. Wurde bei einem zunächst rechtmäßig errichteten Gebäude nachträglich das Fenster oder der begehbare Bauteil angebracht, ohne daß dafür die erforderliche Baugenehmigung (wegen Änderung einer baulichen Anlage) erteilt worden ist, besteht ebenfalls kein Lichtschutz.

Neben den geltenden, die Zulässigkeit für die Errichtung oder Änderung baulicher Anlagen regelnden Vorschriften kann es auf das Recht der DDR ankommen. Nach § 354 der vom Ministerium für Bauwesen der DDR erlassenen **Deutschen Bauordnung** vom 2. 10. 1958 – die Vorschrift galt bis zum 31. 7. 1990 (vgl. Anm. 2. zu § 22) – waren Fensteröffnungen zum Nachbargrundstück hin nur befristet zulässig und auf Anordnung zu schließen, wenn später eine Grenzbebauung auf dem Nachbargrundstück erfolgen sollte. Die Fensteröffnung, die hiernach gestattet worden war, besaß von Anbeginn keinen Bestandsschutz, so daß für sie kein Lichtrecht entstehen konnte.

Das bisher geltende Privatrecht hingegen wies keine Einschränkungen beim Anbringen von Fenstern auf. Das **Preußische Allgemeine Landrecht** (Teil I Kap. 8 §§ 137, 138) ließ Öffnungen und Fenster in Wänden zu, auch wenn sie freie Einsicht in das Nachbargrundstück gewährten. Hierauf konnte es jedoch nur ankommen, wenn das damals geltende Bauordnungsrecht keine abweichende Anordnung getroffen hatte.

5. Die Pflicht, dem auf dem angrenzenden Grundstück schon vorhandenen Bauwerk ausreichend Licht zu belassen, trifft auch den **Rechtsnachfolger** des Nachbarn (Erben, Käufer). Daß er für sein später zu errichtendes Gebäude dadurch gewissen Baubeschränkungen unterliegt, rechtfertigt sich aus der Situationsgebundenheit des Eigentums (vgl. BGH DVBl. 1996, 671, 672).

6. Das später auf dem Nachbargrundstück zu errichtende Bauwerk braucht trotz bestehenden Lichtrechts den Abstand von 3 m zum gegenüberliegenden Fenster oder begehbaren Bauteil nicht einzuhalten, wenn dadurch der Lichteinfall in das Fenster oder auf den Bauteil nicht oder nur **unwesentlich** beeinträchtigt wird (*Satz 2*). Dies hängt von der Lage der Bauwerke und von den Umständen im konkreten Fall ab. Die Baugenehmigung, welche die Einhaltung eines geringeren Abstands gestattet, hat gem. § 3 Abs. 1 Vorrang (s. i.e. Anm. 2.2 zu § 3). Zudem können die Nachbarn abweichende Regelungen treffen (§ 3 Abs. 1). Der Abstand ist im übrigen nur mit Bauwerken (s. § 5 Anm. 1.1), nicht mit Aufschichtungen i. S. v. § 27 Abs. 1 einzuhalten.

§ 21 Ausnahmen

Eine Zustimmung nach § 20 ist nicht erforderlich
1. **für lichtdurchlässige Wandbauteile, wenn sie undurchsichtig, schalldämmend und gegen Feuereinwirkung widerstandsfähig sind,**
2. **für Außenwände gegenüber Grenzen zu öffentlichen Verkehrsflächen, zu öffentlichen Grünflächen und zu oberirdischen Gewässern von jeweils mehr als 2 m Breite,**
3. **soweit nach öffentlich-rechtlichen Vorschriften Fenster und Türen angebracht werden müssen und**
4. **wenn keine oder nur geringfügige Beeinträchtigungen zu erwarten sind.**

Erläuterung

1. Die Bestimmung regelt vier Ausnahmen vom Fensterrecht, um den zwingenden öffentlich-rechtlichen Vorschriften Vorrang einzuräumen und dem Verhältnismäßigkeitsgebot Rechnung tragen zu können.

2. Der **Wandbauteil** nach *Nr. 1* muß drei Voraussetzungen erfüllen, um rechtlich beachtlich sein zu können:

– Er muß einen Ausblick auf das Nachbargrundstück verwehren.

– Er muß Geräusche auffangen können, die für den Nachbarn störend sein würden; dazu muß er geschlossen und nicht zu öffnen sein.

– Er muß aus Baustoffen bestehen, die nicht brennbar sind.

Glasbausteine werden diesen Bedingungen im allgemeinen genügen.

3. Zu den öffentlichen **Verkehrsflächen** nach *Nr. 2* gehören Grundstücke, die einer Eisenbahnanlage dienen, Bürgersteige, Forstwege, landwirtschaftliche Wege, Parkplätze, Wendeschleifen, Werkstraßen sowie alle Straßen, Wege und Plätze, die zur öffentlichen Nutzung durch den sonstigen Fahrzeug- und Fußgängerverkehr bestimmt sind.

Auf die Rechtsträgerschaft – wem also die Verkehrsfläche gehört – und auf eine Widmung – also die förmliche Zweckbestimmung – kommt es nicht an. Deshalb gehören Privatstraßen, sofern sie der Allgemeinheit tatsächlich zur Verfügung stehen, hierher.

Zu den öffentlichen **Grünflächen** zählen Parkanlagen und – vom Sinn der Vorschrift her – Friedhöfe, Spiel- und Sportplätze sowie Campingplätze.

Oberirdische **Gewässer** sind ständig oder zeitweilig in natürlichen oder künstlichen Betten fließende oder stehende Gewässer (vgl. § 1 Abs. 1 Nr. 1 WHG). Dazu zählen neben Flüssen und Bächen Teiche, Seen, Quellen, Wasserstraßen und die mit Wasser gefüllten Tagebaurestlöcher. Die Gewässer können öffentlich oder privat sein.

Von Bedeutung sind diese Flächen aber nur, wenn ihre Breite in Höhe der fraglichen Außenwand mindestens 2 m beträgt. Bei Gewässern ist auf den Mittelwasserstand abzustellen. Die Verkehrs-, Grün- oder Wasserflächen müssen nicht direkt angrenzen. Liegt neben der Grundstücksgrenze ein schmaler Grünstreifen und erst dann die ausreichend breite Verkehrsfläche, so genügt es, daß die geforderte Breite gegeben ist.

4. Bei den **öffentlich-rechtlichen Vorschriften** i. S. v. *Nr. 3*, die das seitliche Anbringen von Fenstern oder Türen verlangen, kann es sich um Ausweisungen im Bebauungsplan, Festlegungen in Gestaltungssatzungen oder um Baugebote handeln, die dem Denkmalschutz dienen.

5. Viertes, selbständiges Ausnahmemerkmal ist nach *Nr. 4* die Festlegung, daß ein Unterschreiten der Mindestabstände von § 20 Abs. 1 auch dann statthaft ist, wenn im konkreten Einzelfall die Nutzung von Fenstern oder Türen für den Nachbarn **ohne** merkbare **Belästigung** erfolgen kann. Ob dies der Fall ist, beurteilt sich allerdings nicht nach dem subjektiven Empfinden des jeweils betroffenen Nachbarn, sondern nach dem Eindruck eines verständigen Durchschnittsmenschen, der – als Kunstfigur gedacht – in der konkreten Situation einsichtig die Lage beurteilen würde (vgl. i. e. Anm. 2.4 zu § 1). Der Grundsatz von § 1 ist zur Ermittlung dessen heranzuziehen, was im Lichte gegenseitiger Rücksichtnahme noch als „geringfügige Beeinträchtigung" angesehen werden kann.

§ 22 Ausschluß des Beseitigungsanspruchs

(1) Der Anspruch auf Beseitigung einer zustimmungsbedürftigen Einrichtung, die einen geringeren als den in § 20 vorgeschriebenen Abstand hat, ist ausgeschlossen, wenn nicht bis zum Ablauf des auf die Anbringung der Einrichtung folgenden Kalenderjahres Klage auf Beseitigung erhoben worden ist.

(2) Der Anspruch auf Beseitigung einer Einrichtung, die bei Inkrafttreten dieses Gesetzes vorhanden ist, ist ausgeschlossen, wenn
1. ihr Abstand dem bisherigen Recht entspricht oder
2. ihr Abstand nicht dem bisherigen Recht entspricht und nicht bis zum Ablauf des auf das Inkrafttreten dieses Gesetzes folgenden Kalenderjahres Klage auf Beseitigung erhoben worden ist.

(3) Wird das Gebäude, an dem sich die Einrichtung befand, oder das Bauwerk beseitigt, so gelten für einen Neubau die §§ 20 und 21.

Erläuterung

1. Die Vorschrift geht davon aus, daß nach § 1004 BGB (Text im Anhang 1) grundsätzlich ein Anspruch auf Beseitigung von Fenstern, Türen oder zum Betreten bestimmten Bauteilen besteht, mit denen ein geringerer als der in § 20 Abs. 1 vorgeschriebene Abstand eingehalten wird, ohne daß eine Ausnahme nach § 21 vorliegt. Durch die Regelung in *Absatz 1* wird die Geltendmachung dieses Anspruchs dahingehend begrenzt, daß der Nachbar innerhalb des folgenden Jahres auf Beseitigung geklagt haben muß (s. insofern auch Anm. 3. zu § 20). Die Frist wird gewahrt, wenn die Klageschrift vor Fristablauf bei Gericht eingegangen ist, sofern die Zustellung an den Beklagten „demnächst" erfolgen kann (§ 270 Abs. 3 ZPO). Dazu ist erforderlich, daß der Kläger einen Kostenvorschuß bei Gericht zahlt, den er alsbald nach Einreichung der Klageschrift zu entrichten hat. Der Beseitigungsanspruch, der nicht rechtzeitig rechtshängig gemacht worden war, ist kraft Gesetzes verwirkt. Es ist dem solange untätig gebliebenen Nachbarn zuzumuten, die Einrichtung nunmehr auf Dauer zu dulden (zur Regelungsbefugnis, die Kayser, § 22 Rdnr. 1, in Frage stellt, vgl. die Erwägungen bei § 17 Anm. 2.4).

2. Die Regelung in *Absatz 2* betrifft den sog. Altbestand. Dieser ist nach *Nr. 1* geschützt, sofern er **bisherigem Recht** entsprach. Damit ist das gesetzte Recht in öffentlich-rechtlichen oder privatrechtlichen Rechtsvorschriften gemeint, das z. Zt. des Einbaus des Fensters (etc.) galt. In Betracht kommt etwa die am 2. 10. 1958 vom Ministerium für Bauwesen der DDR erlassene Deutsche Bauordnung (DBO), die ab 1. 8. 1990 von der Bauordnung (DDR) vom 20. 7. 1990 (GBl. I Nr. 50 S. 929) abgelöst wurde. Diese galt bis zum 1. 7. 1994. Seither ist die BbgBO in Kraft (s. auch Anm. 4.2 zu § 20).

„Bisheriges Recht" ist ferner der durch eine bestandskräftig gewordene Baugenehmigung geschaffene Rechtszustand. Mit ihrer Unanfechtbarkeit (s. hierzu § 3 Anm. 2.2) verwehrt die Baugenehmigung einen Rückgriff auf die damals geltende Rechtslage, so daß der davon betroffene Nachbar wie bei einem entsprechenden Rechtszustand gebunden ist. Es liegt auf der Linie des Gesetzes, daß rechtlich abgeschlossene Tatbestände nicht erneut aufgerollt werden sollen. Das trifft grundsätzlich auch auf eine von der staatlichen Bauaufsicht der DDR nach § 354 DBO (s. o.) getroffene Anordnung mit dem Inhalt zu, Fensteröffnungen zum Nachbargrundstück hin zuzulassen. Da solche Anordnungen aber keinen Bestandsschutz vermitteln konnten (s. Anm. 4.2 zu § 20), sind sie nur solange beachtlich, bis die Bauaufsichtsbehörde die Schließung der Fensteröffnungen angeordnet hat.

Der Rechtsverstoß nach *Nr. 2* ist im Interesse des Rechtsfriedens nicht unbegrenzt beachtlich. Bei einer dem alten Recht widersprechenden Einrichtung beginnt die Klagefrist mit dem 4. 7. 1996, dem Inkrafttreten dieses Gesetzes, und endet am 31. 12. 1997. War bei Inkrafttreten des Gesetzes bereits eine Beseitigungsklage endgültig abgewiesen worden, bleibt es bei der Rechtskraft. § 22 begründet keinen (neuen) Beseitigungsanspruch, sondern modifiziert ihn nur.

3. Der Nachbar, der die Beseitigung eines abstandswidrigen Fensters (etc.) nicht mehr verlangen kann, weil er die Klagefrist nach Absatz 1 oder Absatz 2 Nr. 2 versäumt hat, ist deswegen nicht in seinem Baurecht eingeschränkt. Er muß einem solchen Fenster das notwendige Licht nicht belassen, wenn er später bauen will. Ein Lichtrecht hat er nur zu wahren, wenn er (oder sein Rechtsvorgänger) dem Fenster schriftlich zugestimmt hat oder das Fenster nach bisherigem Recht angebracht worden ist (§ 20 Abs. 2; s. die dortigen Anm. 4. ff.).

4. Die Duldungspflicht des Nachbarn erstreckt sich bei den Einrichtungen von § 20 Abs. 1 auf die Dauer ihres Bestehens (*Absatz 3*). Diese dürfen daher ohne Einwilligung des Nachbarn nicht erneuert werden, es sei denn, es liegt nunmehr eine Ausnahme i. S. v. § 21 vor. Ein sogenannter überwirkender **Bestandsschutz**, wie er bei Erstellung eines Ersatzbaus denkbar ist, wird ausgeschlossen. Notwendige Reparaturarbeiten indes, die die Identität des Gebäudes oder der Einrichtung nicht aufheben, bleiben gestattet. So ist die Neuverglasung etwa der Fenster oder die Erneuerung der Türfüllung vom Bestandsschutz (d. h. vom Schutz der funktions- und sachgerechten Nutzung) gedeckt. Bricht allerdings – um im Beispiel zu bleiben – der Balkon bei Restaurierungsarbeiten am Wohnhaus ab, ist sein Bestandsschutz erloschen. Es kommt auf das Ergebnis, nicht auf die näheren Umstände an.

Abschnitt 5
Hammerschlags- und Leiterrecht

Vorbemerkung

Das Recht zum Betreten und Benutzen fremder Grundstücke, um von dort aus bestimmte Arbeiten am eigenen Bauwerk vorzunehmen, ist bundesrechtlich nicht geregelt. Es genügt nicht, Inhalt und Umfang dieses Rechts allein aus den Grundsätzen von Treu und Glauben (§ 242 BGB) zu bestimmen, weil eine solche Rechtskonstruktion wenig haltbar ist. Deshalb konkretisieren die folgenden Vorschriften die Verpflichtung von Grundstückseigentümern und Nutzungsberechtigten (zu ihnen s. § 39 Anm. 2), das Betreten ihrer Grundstücke unter bestimmten Voraussetzungen zu dulden. Eines Rückgriffs auf die allgemeinen Grundsätze bedarf es insofern nicht mehr.

(Zum Schutz vor Baulärm s. Bodanowitz, NJW 1997, 2351)

§ 23 Inhalt und Umfang

(1) Der Eigentümer und der Nutzungsberechtigte eines Grundstücks müssen dulden, daß ihr Grundstück einschließlich der Bauwerke von dem Nachbarn oder von ihm Beauftragten zur Vorbereitung und Durchführung von Bau-, Instandsetzungs- und Unterhaltungsarbeiten auf dem Nachbargrundstück vorübergehend betreten und benutzt wird, wenn und soweit

1. die Arbeiten anders nicht oder nur mit unverhältnismäßig hohen Kosten durchgeführt werden können,
2. die mit der Duldung verbundenen Nachteile oder Belästigungen nicht außer Verhältnis zu dem von dem Berechtigten erstrebten Vorteil stehen und
3. das Vorhaben öffentlich-rechtlich zulässig oder zugelassen worden ist.

(2) Das Recht zur Benutzung umfaßt die Befugnis, auf oder über dem Grundstück Gerüste und Geräte aufzustellen sowie die zu den Arbeiten erforderlichen Baustoffe über das Grundstück zu bringen.

(3) ¹Das Recht ist so zügig und schonend wie möglich auszuüben. ²Es darf nicht zur Unzeit geltend gemacht werden.

(4) ¹Die Absicht, die Rechte nach den Absätzen 1 und 2 auszuüben, ist anzuzeigen; § 8 gilt entsprechend. ²Für die Verpflichtung zum Schadensersatz gilt § 15 entsprechend.

(5) Die Absätze 1 bis 4 finden auf die Eigentümer öffentlicher Verkehrsflächen keine Anwendung.

Erläuterung

1. Die Vorschrift entwickelt das Hammerschlags- und Leiterrecht aus dem nachbarlichen Gemeinschaftsverhältnis sowie aus dem, was unter dem Gesichtspunkt der **Nachbarschaftshilfe** zumutbar ist. Danach soll die Duldungspflicht nur gegenüber einem Bauvorhaben bestehen, dessen Ausführung nicht durch öffentlich-rechtliche Vorschriften verboten ist. Ferner gilt das Übermaßverbot. Das Vorhaben muß ohne Inanspruchnahme des Hammerschlags- und Leiterrechts nicht oder nur mit erheblichen Mehrkosten möglich sein. Darüber hinaus dürfen die mit der Rechtsausübung verbundenen Nachteile oder Belästigungen nicht außer Verhältnis zu dem von dem Berechtigten erstrebten Vorteil stehen.

Absatz 1 regelt das „Hammerschlagsrecht", welches in Absatz 2 um das „Leiterrecht" erweitert wird.

1.1 Bei den Arbeiten, die vom Nachbargrundstück aus zulässig sind, handelt es sich um solche zur

- Herstellung oder zum Abriß eines Gebäudes (**Bauarbeiten**), dazu gehören zur Vorbereitung eines Neubaus die Aushubarbeiten für das Fundament und als Abschlußarbeiten das Verputzen einer Außenwand sowie beim Abriß das Anbringen von Schutzeinrichtungen zur Sicherung vor herabfallenden Steinen,
- Erneuerung schadhafter Bauwerksteile (**Instandsetzungsarbeiten**) sowie
- Erhaltung der Funktionsfähigkeit des Bauwerks (**Unterhaltungsarbeiten**), wie etwa ein Neuanstrich der Außenwand, Reinigung und Versiegelung des Mauerwerks sowie Schönheitsreparaturen oder Fensterputzen.

Zur Durchführung dieser Arbeiten darf u. U. sowohl das Nachbargrundstück als auch das Nachbargebäude betreten oder benutzt werden. Das Recht zum **Benutzen** umfaßt in den engen Grenzen, die nach den Nrn. 1 bis 3 gesetzt sind, die Befugnis,

- Eingriffe in das fremde Gebäude vorzunehmen (etwa möglichst kurzfristiges Beseitigen von Bauteilen – wie Dachpfannen –, um anders nicht durchführbare eigene Bauarbeiten erledigen zu können, vorübergehendes Anbringen von Ankern oder Haken zur anderweitig nicht möglichen Sicherung von Gerüsten) oder
- das Erdreich auf dem Nachbargrundstück auszuheben, um einen Arbeitsraum zur Erstellung einer Kellerwand an der Grundstücksgrenze zu schaffen (so auch Birk, § 7 c Anm. 4 d für das dortige Landesrecht; und OLG Stuttgart, NJW 1994, 739, 740; a. A. für Thüringen: Bauer/Hülbusch/Schlick/Rottmüller, § 21 Anm. 4).

Diese Maßnahmen wären nach den allgemeinen Grundsätzen über Treu und Glauben (§ 242 BGB) nur im Ausnahmefall statthaft. Das hier kodifizierte Hammerschlagsrecht verfolgt jedoch das Ziel, das Bauen auf dem angrenzenden Grundstück – auch unter wirtschaftlichen Gesichtspunkten – zu erleichtern. Das Gebot der Verhältnismäßigkeit (§ 1) verbietet aber eine ausdehnende Anwendung der Vorschrift. Es ist deshalb nicht statthaft, daß Bauschutt auf dem Nachbargrundstück (ohne Zustimmung des Nachbarn) gelagert sowie Baumaterialien oder Baumaschinen, Baubaracken u. ä. dort abgestellt oder über das Grundstück hinweg transportiert werden, ohne für konkrete, nur von diesem Grundstück aus zu erledigende Arbeiten benötigt zu werden (siehe Absatz 2 Halbsatz 2 und Anm. 2). Rechtsschutz gegen solche Maßnahmen, durch die sein Grundstück zu Unrecht genutzt wird, findet der Nachbar im Unterlassungs- und Beseitigungsanspruch nach § 1004 BGB (Text im Anhang 1). Das Schwenken eines Baukrans über das Grundstück hinweg stellt jedoch kein Benutzen des Grundstücks, sondern nur eine Einwirkung in den Luftraum über dem Grundstück dar (umstr., s. Schäfer in: Hoppenberg, Kap. J, Rdnr. 318 m. w. N.), für das insofern § 905 BGB (Text im Anhang 1) gilt.

Das Benutzen des fremden Grundstücks kommt schließlich nur im Rahmen des **tatsächlich Möglichen** in Betracht. Hindernisse zur (uneingeschränkten) Ausübung der Bauarbeiten dürfen nicht beseitigt und Freiflächen auf dem Nachbargrundstück, von denen aus die Arbeiten durchführbar wären, müssen nicht erhalten, also etwa von Bebauung freigehalten werden. Jedoch ist die Beseitigung von Pflanzen und Aufschichtungen (§ 27) statthaft, sofern die Wiederherstellung des alten Zustands möglich ist. Im übrigen gilt das Schikaneverbot (§ 226 BGB, Text im Anhang 1); danach ist es dem Nachbarn verwehrt, die Ausübung des Hammerschlagsrechts nur deshalb zu vereiteln, um das angrenzende Bauvorhaben zu hintertreiben.

1.2 Die zulässigen Arbeiten müssen nach den Nrn. 1 bis 3 notwendig, verhältnismäßig und statthaft sein.

1.2.1 Die **Notwendigkeit** gem. *Nr. 1* besteht alternativ; es genügt, daß eines der beiden Tatbestandsmerkmale gegeben ist:

a) Die **Unmöglichkeit**, die Arbeiten anders als vom Nachbargrundstück ausüben zu können, muß objektiv bestehen. Das Hammerschlagsrecht ist nur unter engen Voraussetzungen zur Ausübung freigegeben, um eine Beeinträchtigung des Nachbarn auf Ausnahmefälle zu beschränken. Deshalb genügt es nicht, daß z. B. Bauarbeiten vom bautechnischen Standpunkt her zweckmäßigerweise vom Nachbargrundstück aus erfolgen sollten. Die Arbeiten müssen vielmehr ohne Inanspruchnahme fremden Grund und Bodens nicht durchführbar sein. Ansonsten kommt es auf die wirtschaftliche Betrachtung an.

b) Als unverhältnismäßig hoch sind die **Arbeitskosten** anzusehen, die ohne Benutzung des Nachbargrundstücks zusätzlich entstünden und die ein verständiger Durchschnittsbetrachter (s. hierüber § 1 Anm. 2.4) für unvertretbar halten würde. Dabei sind im Rahmen einer Kostenabwägung die Gesamtkosten der verschiedenen Ausführungsmöglichkeiten einschließlich der Aufwendungen für Schadensersatz (Absatz 4) und Nutzungsentschädigung (§ 24) zu vergleichen. Bei der Prüfung auf Unverhältnismäßigkeit ist das Maß der Belästigung für den Nachbarn im Falle einer Duldung der durchführbaren Arbeiten zu berücksichtigen. Je geringfügiger die Auswirkungen für ihn sein würden, desto eher können die denkbaren Mehrkosten als hoch angesehen werden, die bei Arbeiten ohne Inanspruchnahme des Nachbargrundstücks entstünden.

1.2.2 Erweisen sich die zugelassenen Arbeiten als notwendig, müssen sie nach *Nr. 2* **im rechten Verhältnis** zu den Nachteilen stehen, die dem Nachbarn abverlangt werden. Die beiderseitigen Interessen sind gegenüberzustellen und dann abzuwägen. Dabei werden Dauer und Art der Belästigung ebenso zu berücksichtigen sein, wie der Umstand, daß ein angrenzendes Bauvorhaben sowieso grenzüberschreitend Lärm-, Staub- und sonstige Immissionen verursacht. Diese Beeinträchtigungen hat der Nachbar im allgemeinen ohnedies im Rahmen der Sozialpflichtigkeit hinzunehmen. Auch ist nicht auf das Empfinden eines hypersensiblen Nachbarn, sondern auf den verständigen Durchschnittsmenschen abzuheben, der vernünftig und einsichtig die konkrete Gesamtlage in seinen Blick nimmt (s. § 1 Anm. 2.4).

1.2.3 Schließlich kommt eine Verpflichtung des Nachbarn zur Duldung nur in Betracht, wenn die fraglichen Arbeiten den materiellen, zumindest aber den formellen **Bauvorschriften** entsprechen. Ist für die vorgesehene Baumaßnahme eine Baugenehmigung erforderlich, muß sie vorliegen. Bedarf es ihrer zwar nicht, fügt sich das Vorhaben aber nicht in das (materielle) Baurecht (etwa i. S. v. §§ 30 ff. BauGB) ein, kann ebenfalls kein Hammerschlagsrecht entstehen. Im Streitfall obliegt den Zivilgerichten, die Vorfrage zu beantworten, ob die öffentlich-rechtliche Zulässigkeit gegeben ist. Eine Baugenehmigung bindet den Nachbarn auch dann, wenn er sie mit Widerspruch bei der Bauaufsichtsbehörde oder Klage zum Verwaltungsgericht angefochten hat (a. A. z. T. Schäfer in: Hoppenberg, Kap. J, Rdnr. 312). Der Rechtsbehelf hat nach dem Gesetz zur Beschränkung von Rechtsmitteln in der Verwaltungsgerichtsbarkeit keine aufschiebende Wirkung und verhindert daher nicht, daß das Hammerschlagsrecht zunächst entstehen kann. (Schutz vor einer Ausübung dieses Rechts muß der Nachbar beim Verwaltungsgericht suchen, das ihm zu einem Baustopp verhelfen kann. Hierüber ausführlich Postier in: Hoppenberg, Kap. K, Rdnrn. 42 ff.)

1.3 Das Hammerschlagsrecht steht dem Eigentümer (oder Erbbauberechtigten) des begünstigten Grundstücks, seinem Bauunternehmer sowie – zur tatsächlichen Ausübung – auch den Handwerkern und Bauarbeitern zu. Es gewährt ihnen aber kein Recht, im Wege der **Selbsthilfe** gegen den (erklärten oder mutmaßlichen) Willen des Nachbarn das fremde Grundstück zu betreten oder zu nutzen. Weigert sich der Nachbar zu Unrecht, ist er auf Duldung zu verklagen. Allerdings geht der Schutzzweck dieses Rechts nicht dahin, dem Eigentümer des begünstigten Grundstücks einen zügigen Baufortschritt zu ermöglichen. Verspätet sich die beabsichtigte Bauausführung wegen der unberechtigten Weigerung, sein Grundstück in Anspruch nehmen zu lassen, ist der Nachbar für den daraus entstehenden Vermögensschaden nicht nach § 823 Abs. 2 BGB (Text im Anhang 1) ersatzpflichtig (im Ergebnis ebenso LG Dortmund, zitiert bei Schäfer in: Hoppenberg, Kap. J, Rdnr. 304).

2. Das **Leiterrecht** nach *Absatz 2* mit seiner Berechtigung, Leitern und Gerüste auf dem Nachbargrundstück aufzustellen oder als Hängegerüst in den Luftraum über dem Nachbargrundstück hineinragen zu lassen, besteht ebenso wie das Recht, etwa Baumaschinen dort in Betrieb setzen zu dürfen, nur für solche Vorkehrungen, die unmittelbar im Zusammenhang mit der Durchführung der nach Absatz 1 zugelassenen Arbeiten stehen. Dies gilt auch für die Baustoffe, die auf oder über das Nachbargrundstück transportiert werden dürfen. Erfaßt werden lediglich solche Materialien, die zur Verrichtung dieser Arbeiten benötigt werden.

3. *Absatz 3* schützt den zur Duldung verpflichteten Nachbarn vor **mißbräuchlicher Rechtsausübung**. Wie schon die Paarformel „wenn und soweit" in Absatz 1 vor Nr. 1 verdeutlicht, hat sich die Inanspruchnahme des Nachbargrundstücks auf das Mindestmaß zu beschränken, das an Belastung zur Durchführung der erforderlichen Arbeiten hinzunehmen ist. Diese Einschränkung gilt sowohl in zeitlicher als auch in tatsächlicher Hinsicht. Zur Unzeit würde z. B. eine Einwirkung auf das Nachbargrundstück erfolgen, wenn bei einer landwirtschaftlichen Nutzung die Ernte im Gange wäre oder bei der Inanspruchnahme des Hausgartens ein (großes) Familienfest (Hochzeit u. ä.) beeinträchtigt würde. Bei der Ausführung der Arbeiten ist nicht nur platzschonend vorzugehen, sondern die auf dem Nachbargrundstück zum Einsatz gelangenden Baumaschinen müssen auch so geräusch- und staubarm betrieben werden, wie dies nach dem neuesten Stand der Technik möglich ist. Der Bauherr hat insofern weitergehende Verpflichtungen gegenüber dem betroffenen Nachbarn als bei den Arbeiten, die er auf seinem Baugrundstück vornehmen läßt. Dort darf er lediglich das übliche Maß an Immissionsschutz nicht überschreiten.

4. Nach *Absatz 4* soll der Nachbar über die vorgesehene Inanspruchnahme seines Grundstücks rechtzeitig unterrichtet werden. Darüber hinaus ist der Berechtigte zum Schadensersatz verpflichtet.

4.1 Die Benutzung ist zwei Monate vor Beginn schriftlich anzuzeigen, § 8 Abs. 1. Mit der **Anzeige** ist mitzuteilen, für welche Zwecke und auf welche Weise das Nachbargrundstück oder das Gebäude genutzt werden soll. Der zeitliche Umfang, der voraussichtlich in Betracht kommt, ist anzugeben. Die Anzeige ist an den Grundstückseigentümer

(Erbbauberechtigten, § 2 Abs. 2) und an den unmittelbaren Besitzer des Nachbargrundstücks zu richten; ist der Eigentümer unbekannt, reicht die Mitteilung an den unmittelbaren Besitzer (§ 8 Abs. 2, s. dazu die dortige Anm. 2.).

Widerspricht der Nachbar nicht oder läßt er die Frist ohne erkennbare Reaktion verstreichen, darf mit den Arbeiten begonnen werden. Weigert er sich, muß der Anspruch gerichtlich durchgesetzt werden (s. o. Anm. 1.3).

4.2 Schäden, die dem Eigentümer (Erbbauberechtigten, § 2 Abs. 2) des Nachbargrundstücks bei Ausübung der Rechte nach Absatz 1 oder 2 entstehen, sind ohne Rücksicht auf Verschulden zu ersetzen (§ 15). Ähnlich wie nach § 904 Satz 2 BGB (Text im Anhang 1) wird dem Begünstigten aus Billigkeitsgründen eine Gefährdungshaftung aufgebürdet, so daß er für den Schaden auch dann einzustehen hat, wenn sein Verhalten eigentlich gerechtfertigt ist. Schäden allerdings, die nicht durch Ausübung der Arbeiten, sondern nur bei Gelegenheit entstehen, wie etwa ein Diebstahl im Nachbargebäude, fallen nicht unter Absatz 4 (s. i. ü. Anm. 1. ff. zu § 15).

4.3 Der Nachbar kann die Benutzung seines Grundstücks von der Erbringung einer **Sicherheitsleistung** abhängig machen (s. § 15 Satz 2). Das Verlangen darf allerdings nicht rechtsmißbräuchlich sein, sondern muß sich auf Schäden beziehen, die denkbar und nicht abwegig sind.

Die Höhe der Sicherheitsleistung ist zu schätzen, deren Art richtet sich nach § 232 BGB (s. hierzu § 9 Anm. 6.).

5. Das Hammerschlags- und Leiterrecht kann nach *Absatz 5* gegenüber den Eigentümern **öffentlicher Verkehrsflächen** (dazu Anm. 1.2 bei § 38) nicht geltend gemacht werden. Hier haben die Vorschriften des öffentlichen Straßen- und Wegerechts Vorrang:

– Bei Bundesfernstraßen (insb. Bundesstraßen) stellt der Gebrauch der Straße für Arbeiten nach Absatz 1 eine Sondernutzung dar, die der Genehmigung der Straßenbaubehörde, in Ortsdurchfahrten der Erlaubnis der Gemeinde bedarf (§ 8 Abs. 1 FStrG).

§§ 23, 24 Nutzungsentschädigung

– Bei Landes-, Kreis- und Gemeindestraßen bedarf es ebenfalls der Erlaubnis der Straßenbaubehörde, in Ortsdurchfahrten die der Gemeinde (§ 18 BbgStrG). Straßenbaubehörden sind das Landesamt für Verkehr und Straßenbau, die Straßenbauämter und die Kreise.

§ 24 Nutzungsentschädigung

(1) ¹Wer ein Grundstück gemäß § 23 benutzt, hat für die Zeit der Benutzung eine Nutzungsentschädigung in Höhe der ortsüblichen Miete für die benutzten Bauwerksteile oder für einen dem benutzten unbebauten Grundstücksteil vergleichbaren Lagerplatz zu zahlen. ²Eine Benutzung unbebauter Grundstücksteile bis zur Dauer von zwei Wochen bleibt außer Betracht. ³Die Nutzungsentschädigung ist jeweils zum Ende eines Kalendermonats fällig.

(2) Nutzungsentschädigung kann nicht verlangt werden, soweit nach § 23 Abs. 4 Ersatz für entgangene anderweitige Nutzung gefordert wird.

Erläuterung

1. Die Vorschrift erfaßt nur die Nutzung des Grundstücks; das Betreten bleibt entschädigungsfrei. Die Regelung verfolgt zwei Ziele: Sie will den Berechtigten veranlassen, die Arbeiten zu beschleunigen, und sie will die Schwere des Eingriffs in fremdes Eigentum mindern helfen. Auf dieser Linie liegt es, daß dem Eigentümer eine unentgeltliche Benutzung selbst seines unbebauten Grundstücksteils zum Zwecke der Ausübung eines Hammerschlags- und Leiterrechts nur für eine begrenzte Zeit zugemutet wird. Die Vorschrift hält zwei Wochen für angemessen. Hierzu im einzelnen:

2. Grundsätzlich ist von Beginn der Nutzung an eine Entschädigung zu zahlen (*Absatz 1*). Je nach der Nutzungsart des in Anspruch genommenen Bauwerks richtet sich die Höhe nach der ortsüblichen **Miete** für Wohnungen oder Gewerberäume. Im Falle der Nutzung von Grund und Boden wird auf die ortsübliche Miete für einen vergleichbaren gewerblichen Lagerplatz abgehoben. Bei gleichzeitiger Nutzung von Bauwerk und Grundstück fällt die Nutzungsentschädigung doppelt an. Eine Benutzung von Freiflächen bleibt jedoch aus dem Gesichtspunkt der Nachbarschaftshilfe bis zur Dauer von zwei Wochen kostenlos; dauert sie länger, ist die Entschädigung für die überschießende Zeit zu zahlen.

Die Höhe der Entschädigung bemißt sich nach Aufwendungen für vergleichbare Objekte in der Nachbarschaft und ist notfalls unter Hinzuziehung eines Sachverständigen festzustellen. Wie bei der Entrichtung von Mietzins ist die Entschädigung jeweils monatlich fällig (*Satz 2*). Sie ist auch dann zu zahlen, wenn eine Verpflichtung zum Schadensersatz nach § 23 Abs. 4 Satz 2 besteht.

3. *Absatz 2* schließt jedoch eine Nutzungsentschädigung bei einer **Schadensersatzleistung** gemäß § 23 Abs. 4 aus, die der Nachbar zum Ausgleich für entgangene anderweitige Nutzung seines Grundstücks verlangt. Daneben kann er nicht noch Entschädigung nach Absatz 1 erwarten, weil er das Grundstück nicht zweifach hätte nutzen können. Ansonsten aber bleibt der Anspruch auf Entschädigung neben dem auf Ersatz für solche Schäden bestehen, die nicht auf einer Verminderung von Nutzungsmöglichkeiten beruhen.

Abschnitt 6
Höherführen von Schornsteinen und Lüftungsleitungen

Vorbemerkung

Bundesrecht verpflichtet den Grundstückseigentümer nicht, eine Befestigung an seinem höheren Gebäude zu gestatten, falls auf den angrenzenden Bauwerk ein Schornstein höher geführt werden soll. Der benachbarte Eigentümer hatte nach bisherigem Recht selbst dann kein Befestigungsrecht, wenn sein Bauwerk bereits vorhanden war, so daß seinem Schornstein oder Lüftungsschacht erst durch das höhere Nachbargebäude die Zug- und Saugwirkung genommen worden ist. In dieser negativen Einwirkung liegt grundsätzlich keine Beeinträchtigung des Eigentums i. S. v. § 1004 BGB (Text im Anhang 1); gegen sie mit der Eigentumsfreiheitsklage vorzugehen, bietet daher wenig Aussicht auf Erfolg (vgl. BGHZ 88, 344). Der Eigentümer des niedrigeren Bauwerks ist deshalb gezwungen, seinen Schornstein oder die Lüftungsleitung höher zu führen. Aus statischen, aber auch aus baugestalterischen Gründen kann es erforderlich sein, Schornsteine und Lüftungsleitungen an dem höheren Gebäude zu befestigen. Für diesen Fall hat das Landesrecht eine Duldungspflicht begründet; für Antennenanlagen besteht indes keine Regelung.

Der Gesetzgeber hat die in § 25 gewährten Nutzungsrechte von **keiner Geldentschädigung** abhängig gemacht. Hierzu sah er sich auch aus Verfassungsgründen (Art. 14 Abs. 1 Satz 2 GG) nicht veranlaßt. Der Lagevorteil, der dem Eigentümer des höheren Gebäudes schon zugute kommt, soll nicht dazu benutzt werden können, für die Inanspruchnahme, die nur unter den engen Voraussetzungen von § 25 statthaft ist, auch noch eine Entschädigung (etwa in Form einer Geldrente) zu verlangen. Nach dem Grundgedanken der Regelung gleicht die Duldungspflicht aus, was dem Nachbargrundstück an Nachteilen widerfährt. Durch eine Gegenleistung in Form einer Entschädigung wäre die Ausgleichswirkung erheblich beeinträchtigt.

§ 25

(1) **Der Eigentümer und der Nutzungsberechtigte eines Grundstücks müssen dulden, daß der Nachbar an ihrem höheren Gebäude Schornsteine und Lüftungsleitungen seines angrenzenden niedrigeren Gebäudes befestigt, wenn**

1. **die Höherführung der Schornsteine und Lüftungsleitungen für deren Betriebsfähigkeit erforderlich ist,**

2. **Schornsteine und Lüftungsleitungen anders nur mit erheblichen technischen Nachteilen oder mit unverhältnismäßig hohen Kosten höhergeführt werden können,**

3. **das betroffene Grundstück nicht erheblich beeinträchtigt wird und**

4. **die Erhöhung und Befestigung öffentlich-rechtlich zulässig oder zugelassen worden ist.**

(2) Der Eigentümer und der Nutzungsberechtigte des betroffenen Grundstücks müssen ferner dulden, daß

1. die höhergeführten Schornsteine und Lüftungsleitungen von ihrem Grundstück aus unterhalten werden, wenn dies ohne Benutzung ihres Grundstücks nicht oder nur mit unverhältnismäßig hohen Kosten möglich ist und
2. die hierzu erforderlichen Anlagen auf diesem Grundstück angebracht werden; sie können den Berechtigten statt dessen darauf verweisen, an dem höheren Gebäude auf eigene Kosten außen eine Steigleiter anzubringen, wenn dadurch die Unterhaltungsarbeiten ermöglicht werden.

(3) ¹Die Absicht, die Rechte nach den Absätzen 1 und 2 auszuüben, ist anzuzeigen; § 8 gilt entsprechend. ²Keiner vorherigen Anzeige bedürfen kleinere Arbeiten zur Unterhaltung der Anlage; zur Unzeit brauchen sie nicht geduldet zu werden.

(4) Für die Verpflichtung zum Schadenersatz gilt § 15 entsprechend.

Erläuterung

1. Grenzt ein höheres Gebäude unmittelbar an ein niedrigeres, so wird damit häufig den Schornsteinen und Lüftungsleitungen des niedrigeren Bauwerks die Zugluft genommen. Es handelt sich hierbei um sogenannte **negative Einwirkungen**, d. h. solche, bei denen sich die Benutzung des einen Grundstücks innerhalb seiner Grenzen vollzieht, jedoch mit der Folge, daß das Nachbargrundstück gewisse Vorteile mittelbar verliert (vgl. Vorbemerkung vor § 25). Als Konkretisierung von § 1 sieht daher *Absatz 1* für den Eigentümer und Nutzungsberechtigten (zu ihm s. § 39 Anm. 2.) eines höheren Gebäudes eine Duldungspflicht vor, daß Schornsteine und Lüftungsanlagen an dem höheren Gebäude unter bestimmten Voraussetzungen befestigt werden dürfen.

1.1 Die unterschiedlich hohen Gebäude müssen an der gemeinsamen Grundstücksgrenze stehen, so daß beim Höherführen ein Anlehnen des Schornsteines oder der Lüftungsleitung an die höhere Gebäudewand in

Betracht kommt, sonst greift die Vorschrift nicht ein. Statthaft ist auch das Anbringen von Verstrebungen, durch die freistehend errichtete Schornsteine oder Lüftungsschächte gehalten werden können. Unerheblich ist, welches Gebäude eher vorhanden war. Die Duldungspflicht trifft folglich auch den Eigentümer und Nutzungsberechtigten (Mieter, Pächter), von dessen Gebäude zunächst keine negativen Auswirkungen auf das Belüftungsverhältnis im angrenzenden Bereich ausgegangen sind. Die Gebäude können entweder beide oder auch nur eines von ihnen bei Inkrafttreten des Gesetzes (4. 7. 1996) errichtet gewesen sein.

Die Art der Befestigung ist so vorzunehmen, daß sie zwar effektiv, aber für die betroffene Gebäudewand am schonendsten ist. Die Duldungspflicht erstreckt sich nur auf das Notwendige.

1.2 Das Höherführen der Anlagen muß nach *Nr. 1* für deren Betriebsfähigkeit – insbesondere zur Erzielung der benötigten Zug- und Saugwirkung – notwendig sein. Das wird zumeist auf Feststellungen des Bezirksschornsteinfegermeisters beruhen. Stehen statt des Höherführens andere Maßnahmen zur Verfügung, um den Mangel zu beheben, ist für ein Befestigungsrecht kein Bedarf vorhanden.

Das Höherführen unter Inanspruchnahme des höheren Gebäudes muß sich nach *Nr. 2* als technisch notwendig erweisen. Die Befestigung darf anders nicht zweckmäßig oder nur mit Mehraufwendungen durchzuführen sein, die im Verhältnis zu der Schwere der Einwirkung auf das fremde Gebäude nicht mehr vertretbar erscheinen. Das Vorliegen einer der beiden Modalitäten genügt. Die **technischen Möglichkeiten**, die als Alternative in Betracht kommen können, dürfen keine Nachteile für die Betriebsfähigkeit der Anlagen befürchten lassen, die erheblich sind. Im Streitfall bedarf es des technischen Gutachtens. Die Einschätzung, ob bei anderweitiger Abhilfe ein Mißverhältnis zu den **Kosten** der Befestigung am höheren Gebäude entstünde, wird ebenfalls nur nach Prüfung technischer Gegebenheiten zu beurteilen sein. Das Hochführen eines freistehenden Schornsteins erfordert gewöhnlich umfangreichere Sicherungsmaßnahmen für die Standsicherheit. Diese Mehrkosten sind in das Verhältnis zu den Nachteilen zu setzen, die – bei wirtschaftlicher Betrachtung – eine Verankerung an der höheren Grenzwand zur Folge hat.

Es ist ein Gebot der Verhältnismäßigkeit, daß nach *Nr. 3* die Befestigung am höheren Gebäude weder die Außenwand noch deren Funktion nachhaltig beeinträchtigen soll. Vor allem darf es nicht zu Dauerschäden an der baulichen Substanz kommen. Die Verankerungen müssen derart ausführbar sein, daß das betroffene Mauerwerk vor Witterungseinflüssen geschützt bleibt und seine Standsicherheit nicht verliert. Die Funktion der Wand würde erheblich beeinträchtigt, wenn z. B. eine Befestigung vor einem Fenster erfolgen sollte. Vorübergehende Belästigungen, die mit den Bauarbeiten in Zusammenhang stehen (wie Staub, Lärm, Erschütterungen), fallen nicht hierunter.

Ferner müssen – als zusätzliche Voraussetzung – Erhöhung und Befestigung in Übereinstimmung mit dem öffentlichen (Bau-)Recht stehen (*Nr. 4*). Die Zulässigkeit ist gegeben, wenn kein Widerspruch zu den bauplanungsrechtlichen Vorschriften gemäß §§ 29 ff. BauGB besteht – insbesondere eine Bauweise vorgegeben ist, die ein Aneinanderbauen gestattet –, und wenn den Anforderungen der BbgBO genügt wird. Fehlt die erforderliche Baugenehmigung, so daß das Vorhaben formell illegal ist, kann ein Befestigungsrecht nicht entstehen. Liegt sie indes vor, dann stellt sie für den Eigentümer und Nutzungsberechtigten des höheren Gebäudes verbindlich den Einklang mit dem öffentlichen Recht her, solange sie nicht mit Erfolg angefochten worden ist (vgl. i. e. Anm. 2.2 zu § 3).

Die Kosten für Befestigung und Unterhaltung trägt der Nachbar.

1.3 Antennenanlagen, für die z. B. in § 19 NachbG Bln Regelungen bestehen, werden hier nicht erfaßt, weil sich inzwischen fast alle Fernseh- und Rundfunkprogramme der Übertragung per Satellit oder Kabel bedienen, die es nicht erforderlich macht, hohe Antennen zu Lasten von Nachbarn zu errichten.

2. Mit den Regelungen in *Absatz 2* wird die Rechtsstellung des berechtigten Nachbarn erweitert, um ihm zu ermöglichen, auch die Funktionstüchtigkeit von Schornstein oder Lüftungsleitung sichern zu können. Unterhaltung und Reinigung werden sich oft vom eigenen Grundstück aus nicht durchführen lassen, deshalb ist die Duldungspflicht des Eigentümers und Nutzungsberechtigten des höheren Gebäudes auf

Wartungs- und **Reparaturarbeiten** erstreckt worden, die von seinem Grundstück aus vorzunehmen sind. Voraussetzung ist, daß die Befestigung der höher geführten Schornsteine oder Lüftungsleitungen rechtmäßig war.

Die Ausübung der Tätigkeit des Schornsteinfegers bleibt unberührt; denn sie ist öffentlich-rechtlich nach dem Schornsteinfegergesetz vom 15. 9. 1969 (BGBl. I S. 1634, 2432) geregelt.

2.1 Die (erweiterte) Duldungspflicht bezieht sich nur auf das **Betreten** („Benutzen") des Grundstücks, nicht von Wohn- oder Geschäftsräumen im höheren Gebäude. Die Wohnung ist nach Art. 13 Abs. 1 GG unverletzlich. Eine Benutzung des Gebäudes wird lediglich von außen gestattet.

Die Unterhaltungsarbeiten müssen das Inanspruchnehmen des fremden Grundstücks erfordern (*Nr. 1*), weil sie anders entweder nicht durchführbar oder nur mit unvertretbar hohen Mehrkosten verbunden wären (näheres bei Anm. 1.2).

2.2 Darf hiernach das fremde Grundstück betreten werden, haben Eigentümer und Nutzungsberechtigter des höheren Gebäudes auch zu dulden, daß die für die Wartungs- und Reparaturarbeiten notwendigen „Anlagen" i. S. v. *Nr. 2* aufgestellt werden, also etwa Leitern, Laufbretter oder Standvorrichtungen, welche den Personen, die die Arbeiten zu verrichten haben, ein gefahrloses Tätigwerden ermöglichen (vgl. Bauer/Hülbusch/Schlick/Rottmüller, § 17 Anm. 10).

Der Eigentümer des höheren Gebäudes kann das Betreten seines Grundstücks durch den Nachbarn (oder die Personen, die die Arbeiten erledigen sollen) dadurch abwenden, daß er auf die Möglichkeit verweist, an der höheren Außenwand eine **Steigleiter** anzubringen und sie zu benutzen. Voraussetzung ist, daß diese Lösung technisch zweckmäßig und im Sinne der Vorschriften über Unfallverhütung statthaft ist. Die Kosten für das Anbringen der Steigleitung hat der Nachbar zu tragen. Weigert er sich zu Unrecht, den notwendigen Zugang auf diese Weise zu ermöglichen, verliert er sein Recht, die Unterhaltungsarbeiten vom angrenzenden Grundstück aus vorzunehmen.

Höherführen v. Schornsteinen/Lüftungsleitungen   § 25

3. Sowohl die beabsichtigten Befestigungsarbeiten nach Absatz 1 als grundsätzlich auch die notwendigen Wartungs- und Reparaturmaßnahmen sind vorher dem Eigentümer und dem Nutzungsberechtigten (Mieter, Pächter) des höheren Gebäudes schriftlich **anzuzeigen** (*Absatz 3*). Die Anzeigefrist beträgt zwei Monate vor Beginn der geplanten Arbeiten (zu den näheren Einzelheiten siehe § 8 mit den dortigen Anmerkungen). Kleinere Reparatur- und Wartungsarbeiten können jedoch sofort durchgeführt werden, weil sie im allgemeinen nicht zu Belästigungen führen. Arbeiten zur Unzeit indes, etwa an Sonn- und Feiertagen oder wenn auf der angrenzenden Grundfläche gerade ein Gartenfest stattfinden soll, sind nicht gestattet (Absatz 3 letzter Halbsatz).

4. **Schäden**, die in Ausübung der Rechte nach Absatz 1 oder 2 entstehen, sind nach *Absatz 4* ohne Rücksicht auf Verschulden zu ersetzen. Es gelten die üblichen bei Einwirkungen auf das Nachbargrundstück vorgesehenen Schadensersatzpflichten gemäß § 15 (näheres deshalb bei den dortigen Anmerkungen). Für Schäden, die lediglich bei Gelegenheit dieser Rechtsausübung eintreten, also nicht im inneren Zusammenhang damit stehen, wie z. B. Diebstähle, greift Absatz 4 nicht ein; sie unterliegen den allgemeinen Haftungsvorschriften (etwa § 823 BGB, Text im Anhang 1), die regelmäßig Verschulden voraussetzen.

Zwar legt der Wortlaut es nicht nahe, aber der Verweis auf § 15 verdeutlicht es, daß dem zur Duldung verpflichteten Eigentümer oder Nutzungsberechtigten des höheren Gebäudes das Recht zusteht, **Sicherheit** verlangen zu können, wenn Schäden bei Durchführung der statthaften Arbeiten (Befestigungs- oder Unterhaltungsarbeiten) möglich erscheinen (§ 15 Satz 2). Droht ein Schaden sowohl dem Eigentümer als auch dem Mieter oder Pächter, steht jedem für sich der Anspruch auf Sicherheitsleistung zu (vgl. i. ü. § 15 Anm. 3. und § 9 Anm. 6.). Wird Sicherheit verlangt, darf das Recht erst nach Leistung der Sicherheit ausgeübt werden.

5. Die Arbeiten nach Absatz 1 oder 2 dürfen nicht im Wege der **Selbsthilfe** erledigt werden. Sind Eigentümer und Nutzungsberechtigter mit dem Betreten des Grundstücks und dem Benutzen des Gebäudes nicht einverstanden, muß zunächst ein gerichtlicher Duldungstitel gegen sie erwirkt werden, sonst läge verbotene Eigenmacht (§ 858 Abs. 1 BGB) vor (vgl. auch § 23 Anm. 1.3).

Abschnitt 7
Bodenerhöhungen, Aufschichtungen und sonstige Anlagen

Vorbemerkung

Das Bundesrecht schränkt in § 909 BGB nur das Recht ein, Vertiefungen auf dem eigenen Grundstück vornehmen zu können; Erhöhungen, Aufschichtungen und ähnliche Anlagen müßte der Nachbar ohne landesrechtliche Regelungen hinnehmen, obwohl es auf seinem Grundstück – ähnlich wie bei einer Grundstücksvertiefung – auch zu Schädigungen kommen kann. Deshalb treffen die §§ 26, 27 Vorkehrungen zur dauerhaften Sicherung, lassen aber Erhöhungen und Aufschichtungen grundsätzlich zu.

§ 26 Bodenerhöhungen

(1) Der Boden eines Grundstücks darf nicht über die Geländeoberfläche des Nachbargrundstücks erhöht werden, es sei denn, es wird ein solcher Abstand zur Grundstücksgrenze eingehalten oder es werden solche Vorkehrungen getroffen und unterhalten, daß eine Schädigung des Nachbargrundstücks insbesondere durch Absturz, Abschwemmung oder Pressung des Bodens ausgeschlossen ist.

(2) Geländeoberfläche ist die natürliche Geländeoberfläche, soweit nicht gemäß § 9 Abs. 2 des Baugesetzbuches oder in der Baugenehmigung eine andere Geländeoberfläche festgesetzt ist.

Erläuterung

1. Die Regelung in *Absatz 1* gilt für alle Bodenerhöhungen. Bodenerhöhungen über die Oberfläche des Nachbargrundstückes hinaus sind danach nur erlaubt, wenn sie zu keiner Schädigung des Nachbargrundstücks führen können – sei es durch Absturz, Abschwemmung oder

Bodenerhöhungen § 26

Pressung des Erdreichs oder durch Schattenwirkung, die die Vegetation auf dem Nachbargrundstück beeinträchtigt. Gemeint sind Vorgänge, bei denen es sich um **Bodenbewegungen** handelt; Schädigungen, die dadurch eintreten können, daß infolge der Bodenerhöhung Niederschlagswasser auf das Nachbargrundstück abfließt, sind nicht einbezogen (vgl. BGH NJW 1980, 2580, 2581). Vor Veränderung des Grundwasserspiegels schützt § 60.

Es genügt, daß nach Lage der Dinge eine Schädigung eintreten könnte. Die Beweislast dafür, daß die beabsichtigte Erhöhung unschädlich ist, liegt bei dem, der erhöhen will. Auf die Dauer der angelegten Bodenerhöhung kommt es nicht an.

Bodenerhöhungen, die lediglich das Niveau des Nachbargrundstücks erreichen, sind ohne Einschränkung statthaft. Von ihnen drohen keine nachteiligen Veränderungen zu Lasten des angrenzenden Bereichs. Bodenerhöhungen, die nicht gezielt von Menschen vorgenommen werden, sondern durch Naturereignisse erfolgen (z. B. Anschwemmungen), fallen nicht unter Absatz 1.

2. Dem Eigentümer des Grundstücks, das erhöht werden soll, steht es frei zu wählen, ob er einen Schaden dadurch vermeiden will, daß er mit der Grundstückserhöhung einen genügenden Abstand von der Grenze einhält oder sonst geeignete Vorkehrungen trifft. Die Vorschrift sieht davon ab, die in Betracht kommenden Maßnahmen im einzelnen festzulegen, um den Gegebenheiten des Einzelfalles nicht vorzugreifen.

2.1 Der **Abstand** bei einer unbefestigten Erhöhung muß so groß sein, daß auch bei natürlicher Veränderung der Aufschüttung durch Regen und Wind noch genügend Freifläche bis zur Grundstücksgrenze bleibt, um abgeschwemmtes oder abgebröckeltes Erdreich vollständig aufnehmen zu können. Viel hängt von der Beschaffenheit des Bodens ab. Zumeist wird ein Abstand genügen, der doppelt so breit zur Grenze hin ist, wie die Kante der Aufschüttung höhenmäßig über der Grenze liegt (so die Regelung für Baden-Württemberg in § 10 Abs. 1 NRG BW). Eine Bodenerhöhung von 50 cm Höhe über dem Niveau des Nachbargrundstücks bedarf danach keiner besonderen Befestigung, wenn die Oberkante 100 cm von der Grenze entfernt liegt. In der DDR bestand eine im

Ergebnis vergleichbare Regelung. Dort war nach § 355 DBO (s. Anm. 2. zu § 22) eine Aufschüttung, ohne durch Stütz- oder Futtermauern gesichert zu sein, so weit von der Grenze zu halten, daß eine Böschung mit einem Winkel von höchstens 30 Grad entstand.

2.2 Vorkehrungen zur sicheren Befestigung erhöhter Flächen können Stützmauern und Palisadenwände, jeweils von genügender Stärke, oder auch **Böschungen** sein, die so anzulegen sind, daß die Abstützung noch vollständig auf dem eigenen Grundstück ausgeführt ist. Eine Böschung von mehr als 45 Grad Steigung gegenüber dem Nachbargrundstück wird jedoch keinen ausreichenden Schutz bieten können. Sie kann nur mit dem erforderlichen Grenzabstand (s. o.) angelegt werden.

Die Verpflichtung, Vorkehrungen zu treffen, umfaßt auch die Pflicht, sie regelmäßig überprüfen und sie notfalls verstärken zu müssen, wenn sie im Laufe der Zeit nicht mehr ausreichend erscheinen. Diese **Unterhaltungspflicht** trifft nicht nur den Eigentümer, der Boden erhöht, sondern auch seinen Rechtsnachfolger (Erben, Grundstückserwerber). Zwar knüpft die Vorschrift nicht an den Zustand des Grundstücks an, dessen Boden erhöht worden ist, sondern an die Vornahme der Erhöhung. Aber die Pflichten, die dabei kraft Gesetzes eingegangen werden, gehen als dinglich bezogene Lasten auf den neuen Eigentümer über.

3. Liegt für eine Aufschüttung größeren Umfangs (§ 29 Abs. 1 BauGB) oder für eine Aufschüttung des an eine bauliche Anlage anschließenden Geländes (§ 67 Abs. 10 Nr. 3 BbgBO) eine Baugenehmigung vor, ist der Nachbar daran gebunden (§ 3 Abs. 1), sofern er sie nicht mit Erfolg angefochten hat (Näheres bei § 3 Anm. 2.2).

4. *Absatz 2* enthält eine Definition der **Geländeoberfläche** des Nachbargrundstücks, um den Bezugspunkt für die erforderlichen Vorkehrungen nach Absatz 1 klar geregelt vorfinden zu können. Die Bestimmung entspricht der begrifflichen Festlegung in § 2 Abs. 7 BbgBO. Auszugehen ist von der natürlichen Geländeoberfläche, wie sie steht und liegt, und nur für den Sonderfall, daß ein Bebauungsplan die Höhenlage festgesetzt hat (§ 9 Abs. 2 BauGB) oder etwas anderes in der das Nachbargrundstück betreffenden Baugenehmigung bestimmt ist, gelten diese

Werte. Die Festlegung der Geländeoberfläche unter bauplanungs- und bauordnungsrechtlichen Gesichtspunkten liegt im Interesse der Allgemeinheit; sie wollte der Gesetzgeber nicht der Dispositionsfreiheit von Grundstückseigentümern überlassen.

§ 27 Aufschichtungen und sonstige Anlagen

(1) ¹**Mit Aufschichtungen von Holz, Steinen, Stroh und dergleichen sowie sonstigen mit dem Grundstück nicht fest verbundenen Anlagen, die nicht über 1,50 m hoch sind, braucht kein Mindestabstand von der Grenze eingehalten zu werden.** ²**Sind sie höher, so muß der Abstand um so viel über 0,50 m betragen, als ihre Höhe das Maß von 1,50 m übersteigt.**

(2) Absatz 1 gilt nicht

1. für Baugerüste,

2. für Aufschichtungen und Anlagen, die eine Wand oder geschlossene Einfriedung nicht überragen, und

3. gegenüber Grenzen zu öffentlichen Verkehrsflächen, zu öffentlichen Grünflächen und zu oberirdischen Gewässern von mehr als 0,50 m Breite (Mittelwasserstand).

Erläuterung

1. Aufschichtungen aus Holz, Steinen, Stroh und ähnlichen Materialien sowie sonstige mit dem Grundstück nicht fest verbundene dauernde Anlagen (z. B. Komposthaufen) können für den Nachbarn sehr störend, oft auch gefährlich sein, wie etwa dann, wenn durch Herabfallen von Gegenständen Schäden im Nachbarbereich entstehen. Art. 124 Satz 2 EGBGB gestattet daher dem Landesgesetzgeber ausdrücklich, Vorschriften über die Einhaltung von Grenzabständen zu erlassen.

Von manchen Anlagen kann auch eine Brandgefahr ausgehen. Für diese Fälle bestehen allerdings feuerpolizeiliche Bestimmungen, die einen Abstand verlangen und damit unter normalen Bedingungen ein Übergreifen des Brandes auf das Nachbargrundstück verhindern. Die bei Aufschichtungen in Betracht kommenden Brandschutzvorschriften bleiben gemäß § 3 Abs. 1 unberührt.

§ 27 Aufschichtungen und sonstige Anlagen

Für Bodenerhöhungen gilt ausschließlich § 26.

1.1 Die in *Absatz 1* vorgesehenen Grenzabstände hängen von der jeweiligen Höhe der Aufschichtung oder Anlage ab. Um die Grundstückssituation nicht übermäßig – auch nicht aus ästhetischen Gesichtspunkten – zu belasten, wird von einem Grundmaß von 1,5 m ausgegangen. Bis zu dieser Höhe können Anlagen, die einstürzen oder umfallen, selten gefährlich sein, und werden auch durch ihre Grenznähe kaum störend wirken. Sie würden aber bei Einhaltung eines Grenzabstandes möglicherweise einen „Schmutzstreifen" freilassen, der für vermehrte Ansammlung von Ungeziefer sorgen könnte. Den Beeinträchtigungen, die gleichwohl eintreten sollten (z. B. Gerüchen), kann der Nachbar mit dem Beseitigungs- und Unterlassungsanspruch nach § 1004 Abs. 1 BGB (Text im Anhang 1) begegnen. Solche Störungen braucht er nicht zu dulden.

1.2 Erst wenn die Höhe 1,50 m übersteigt, ist ein **Abstand** zur Grenze einzuhalten. Gemessen wird senkrecht zur Grenze an der zu ihr nächsten Stelle der Aufschichtung. Der Abstand beträgt 0,50 m zuzüglich des über 1,50 m liegenden Maßes. Ein 2 m hoher Holzstapel hat folglich 1 m Abstand zu halten.

1.3 Ein Verstoß gegen die Abstandsbestimmungen gibt dem Nachbarn einen gerichtlich durchsetzbaren Beseitigungsanspruch. Kommt es infolge Nichteinhaltens des gebotenen Grenzabstandes durch Herabfallen von Gegenständen zu Schäden auf dem angrenzenden Grundstück, kann daraus bei Verschulden ein Schadensersatzanspruch nach § 823 Abs. 2 BGB (Text im Anhang 1) erwachsen. Dieser verjährt – zwar nicht nach § 4 Abs. 1, aber nach § 852 Abs. 1 BGB – in drei Jahren.

2. Ausgenommen von der Abstandsregelung sind nach *Absatz 2* Baugerüste, weil das Aufstellen von Gerüsten dicht an der Grenze für eine geordnete Bautätigkeit notwendig sein kann (*Nr. 1*). Abstände brauchen auch nicht eingehalten zu werden, wenn die Aufschichtungen und Anlagen eine Wand (z. B. Hauswand) oder geschlossene Einfriedung nicht überragen, weil dies den Nachbarn nicht erheblich stören wird (*Nr. 2*). Mit „geschlossen" ist lückenlos gemeint. Ein aus Latten bestehender Zaun, der Öffnungen aufweist, ist auch dann nicht „geschlossen", wenn die Öffnungen schmaler als die einzelnen Latten breit sind.

Nicht einzuhalten sind Abstände gegenüber öffentlichen Verkehrs- und Grünflächen sowie zu oberirdischen Gewässern (i. e. Anm. 3. zu § 21) von mehr als 0,50 m Breite (*Nr. 3*). In diesen Fällen wird keine Notwendigkeit gesehen, für einen ästhetischen Immissionsschutz zu sorgen. Wenn Aufschichtungen jedoch die Sicherheit und Leichtigkeit des Verkehrs beeinträchtigen, dürfen sie nach § 26 Abs. 2 Satz 1 BbgStrG nicht angelegt oder unterhalten werden. Für Bundesfernstraßen gilt nach § 11 Abs. 2 FStrG entsprechendes.

Sofern Abstände gegenüber öffentlichen Wegen, Plätzen und Grünflächen nicht einzuhalten sind, gilt gleiches nicht umgekehrt: Stapel auf Wegen etc. müssen zum Grundstück hin die Abstände nach Absatz 1 einhalten.

Abschnitt 8
Einfriedung

Vorbemerkung

1. Nach Bundesrecht steht es im Belieben eines jeden Grundstückseigentümers, sein Grundstück einzufrieden oder davon abzusehen. Die Praxis hat jedoch deutlich gemacht, daß ein Bedürfnis nach Einführung und näherer Ausgestaltung einer Einfriedungspflicht besteht. Die nachfolgenden Vorschriften knüpfen dabei mit dem Grundsatz der „Rechtseinfriedung" an eine Rechtsüberlieferung in den Preußischen Staaten an. In der DDR bestand keine allgemeine Rechtspflicht zur Einfriedung. Die Nutzungsberechtigten waren nur dann gehalten, das Grundstück ganz oder teilweise einzufrieden, wenn die Art und Weise der Nutzung Nachteile oder Belästigungen für den Grundstücksnachbarn oder eine Verkehrsgefährdung auf der am Grundstück vorbeiführenden Straße mit sich bringen konnte (§ 317 Abs. 1 ZGB; zur vorübergehenden Fortgeltung als Bbg. Landesrecht s. Anm. 2.1 zu § 62). Im übrigen war die Einfriedung Sache desjenigen, der daran interessiert war. Diese Regelung aufrechtzuerhalten, erschien dem brandenburgischen Gesetzgeber nicht ausreichend, um dem gestiegenen Bedürfnis nach „Befriedung" zu genügen. Zwar gibt es eine städtebauliche Vorstellung, die die „zaunlose Siedlung" für ideal hält. Für das nachbarliche Gemeinschaftsverhältnis könnte es aber abträglich sein, wenn der Betroffene seinen Wunsch nach Einfriedung mit der Behauptung begründen müßte, von dem einzufriedenden Grundstück gingen Beeinträchtigungen aus, vor denen es sich zu schützen gelte. Einfriedungen von Gärten und Höfen haben ihre praktische Bedeutung schon im Hinblick auf Kinder und Tiere, und wo die sozialen Beziehungen auf immer engerem Raum stattfinden, sind klare Vorschriften um so mehr erforderlich.

2. Einfriedungen werden nicht nur in privatrechtlichen Bestimmungen, sondern auch in **öffentlich-rechtlichen Vorschriften** geregelt. Diesen gebührt Vorrang (§ 3 Abs. 1). Solche öffentlich-rechtlichen Bindungen können sich ergeben

– aus Festsetzungen im Bebauungsplan der Gemeinde, nach denen durch Ausweisung einer unüberbaubaren Fläche (§ 9 Abs. 1 Nr. 10 BauGB) oder durch Festlegung eines Pflanzgebots (§ 9 Abs. 1 Nr. 25 BauGB) eine Einfriedung verboten ist,
– aus örtlichen Bauvorschriften über die Notwendigkeit oder das Verbot von Einfriedungen und die Art, die Gestaltung und die Höhe von Einfriedungen (§ 89 Abs. 1 Nr. 5 BbgBO),
– aus Darstellungen der Grünordnungspläne (§ 7 BbgNatSchG) oder aus Verboten in Natur- und Landschaftsschutzverordnungen,
– aus Ordnungsverfügungen der Bauaufsichtsbehörde, in denen verlangt wird einzufrieden, weil die öffentliche Sicherheit oder Ordnung dies erfordere (§ 10 BbgBO),
– aus straßenrechtlichen Verfügungen, Zäune nicht anzulegen, weil sie die Sicherheit und Leichtigkeit des Verkehrs beeinträchtigen würden (§ 11 Abs. 2 FStrG, § 26 Abs. 2 Satz 1 BbgStrG),
– aus zeitweiligen Einschränkungen des Eigentums während des Flurbereinigungsverfahrens, weil Einfriedungen nach Bekanntgabe des Flurbereinigungsbeschlusses nur mit Zustimmung der Flurbereinigungsbehörde errichtet oder beseitigt werden dürfen (§ 34 Abs. 1 Nr. 2 FlurBG).

Im Umfang dieser Bindungen bleibt für die nachfolgenden Regelungen kein Raum.

§ 28   Einfriedungspflicht

Jeder Grundstückseigentümer kann von dem Nachbarn die Einfriedung nach folgenden Regeln verlangen:

1. **Wenn Grundstücke unmittelbar nebeneinander an derselben Straße liegen, so hat jeder Grundstückseigentümer an der Grenze zum rechten Nachbargrundstück einzufrieden.**
2. a) **Rechtes Nachbargrundstück ist das, das von der Straße aus betrachtet rechts liegt.**
   b) **¹Liegt ein Grundstück zwischen zwei Straßen, so ist das Grundstück rechtes Nachbargrundstück, welches von der Straße aus betrachtet rechts liegt, an der sich der Haupteingang des Grundstücks befindet. ²Ist ein Haupteingang nicht feststellbar, so hat der Grundstückseigentümer auf Verlangen des Nachbarn zu bestimmen, welche Straße als die Straße gelten soll, an der sich der Haupteingang befindet; § 264 Abs. 2 des Bürgerlichen Gesetzbuchs gilt entsprechend. ³Durch Verlegung des Haupteingangs wird die Einfriedungspflicht ohne Zustimmung des Eigentümers des angrenzenden Grundstücks nicht verändert.**
   c) **Für Eckgrundstücke gilt Buchstabe a ohne Rücksicht auf die Lage des Haupteingangs.**
3. **Als Straßen gelten auch Wege, wenn solche an Stelle von Straßen für die Lage von Grundstücken maßgeblich sind.**
4. **Wenn an einer Grenze beide Nachbarn einzufrieden haben, so haben sie gemeinsam einzufrieden.**
5. **An Grenzen, für die durch Nummer 1 keine Einfriedungspflicht begründet wird, insbesondere an beiderseits rückwärtigen Grenzen, ist gemeinsam einzufrieden.**

Erläuterung

1. Mit **Einfriedungen** sind Einrichtungen gemeint, die der Abgrenzung des eigenen Grundstücks und auch dem Schutz vor Beeinträchtigungen dienen, die vom Nachbargrundstück ausgehen. Sie können sowohl bauliche Anlagen (Mauern, Zäune) als auch lebende Hecken sein. § 32 regelt die Beschaffenheit im konkreten. Bei lebenden Hecken sind zusätzlich die nach §§ 36 ff. vorgeschriebenen Grenzabstände zu beachten.

§ 28 Einfriedungspflicht

Eine generelle **Einfriedungspflicht** besteht nicht. Es steht den Nachbarn frei, ihre Grundstücke derart zu gestalten, daß sie bei natürlicher Betrachtung ineinander übergehen. Die Einfriedungspflicht entsteht nicht kraft Gesetzes, sondern wird erst durch das **Verlangen** eines (oder beider) Nachbarn ausgelöst. Die Pflicht tritt ungeachtet dessen ein, ob und wie die Grundstücke genutzt werden, sowie unabhängig davon, ob von dem Grundstück erhebliche Beeinträchtigungen auf die Umgebung ausgehen.

Eine Pflicht zur **(Neu-)Einfriedung** entsteht – auf entsprechendes Verlangen – auch dann, wenn eine vorhandene Einrichtung derart verrottet ist, daß sie ihre Funktion nicht mehr erfüllt und bei objektiver Betrachtung ersetzt werden muß (OLG Köln JMBl.NW 1993, 8, 9; zum Bestandsschutz für Alteinfriedungen s. § 32 Anm. 1.3).

Die Ausnahmen von der Einfriedungspflicht sind in § 30 geregelt.

Die Pflicht, auch einfrieden zu müssen, wenn vom eigenen Grundstück keine Störungen ausgehen, hält sich im Rahmen des Allgemeinwohlgebots von Art. 14 Abs. 2 GG. Das Grundstück und seine private Nützigkeit sind in ihrem sozialen Bezug und in ihrer sozialen Funktion zu sehen und können daher – auch angesichts des ausgewogenen Verhältnisses, in das der Brandenburger Gesetzgeber die Einfriedungspflichten benachbarter Grundstückseigentümer gebracht hat – mit Lasten versehen werden, die die Handlungsfreiheit des Eigentümers einschränken.

1.1 Die Vorschrift beginnt mit der Regelung der Einfriedung zur linken und rechten Hand; die Quer- und Rückzäune werden in Nr. 5 behandelt.

Nach *Nr. 1* hat bei nebeneinander liegenden Grundstücken, die von **derselben Straßenseite** aus ihren (Haupt-)Zugang haben, der linke Nachbar die für ihn rechte Einfriedung (auf Verlangen) zu setzen. Mit dem Grundsatz der **„Rechtseinfriedung"**, der sich an § 162 I. Teil 8. Titel des Preußischen Allgemeinen Landrechts anlehnt, soll erreicht werden, daß zwischen den Nachbarn die Kosten für Errichtung und Unterhaltung der Grundstückseinfriedungen möglichst gleichmäßig aufgeteilt werden.

Einfriedungspflicht § 28

1.2 In *Nr. 2* wird bestimmt, welches Grundstück **„rechts"** liegt. Durch Buchstabe *a)* ist der Normalfall geregelt, daß zwei angrenzende Grundstücke von derselben Straßenseite aus erschlossen werden. Hier ist - vom Eintritt in den Haupteingang – die Einfriedung rechter Hand zu errichten (Abbildung 1). Dieser Grundsatz greift auch dann ein, wenn das

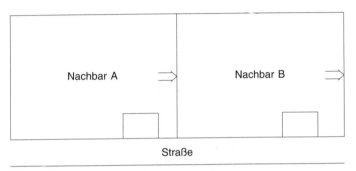

Abb. 1

Grundstück bis zu der hinter ihm liegenden Straße durchgeht, es also zwischen zwei Straßen liegt (Buchstabe *b*, Satz 1). Wenn in dieser Situation aber das rechte Grundstück von der hinteren Straße aus zugänglich ist, so daß beide Grundstücke „rechts" liegen, haben beide Nachbarn – auf Verlangen des einen – gemeinsam einzufrieden (Nr. 4 – siehe Abbildung 2).

Kann jedoch bei einem Grundstück, das von **zwei Straßen** begrenzt wird, in der Örtlichkeit kein Haupteingang festgestellt werden, weil es z. B. als unbebaute Fläche noch keiner Nutzung zugeführt ist, hat der Eigentümer dieses Grundstücks auf Verlangen seines Nachbarn, der eine Einfriedung wünscht, eine der beiden Straßen zu bestimmen. Diese Festlegung gilt dann auch gegenüber dem Nachbarn zur anderen Seite hin als die Straße, an der sich der Haupteingang befindet. Sie bleibt in Ansehung der Einfriedungspflicht auch dann bestehen, wenn das

§ 28 Einfriedungspflicht

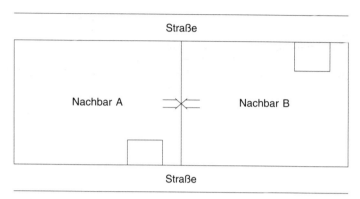

Abb. 2

Grundstück später nicht von dieser Straße aus erschlossen wird (Buchstabe *b*, Sätze 2 und 3). Weigert sich der Eigentümer, die Straße zu bestimmen, kann der Nachbar ihn unter Bestimmung einer angemessenen Frist (zwei Wochen werden genügen) auffordern, die Entscheidung zu treffen. Nach Ablauf der Frist, die der Eigentümer ergebnislos verstreichen ließ, kann der Nachbar die Bestimmung selbst treffen (§ 264 Abs. 2 BGB).

Bei **Eckgrundstücken** an zwei oder auch drei Straßen kommt es zur genauen Bestimmung des „rechten" Grundstücks weder auf die Lage oder die Festlegung seines Hauptzuganges noch auf die in der Adresse genannte Straße an. Nach Buchstabe *c)* ist allein die Straße von Bedeutung, an der das angrenzende Grundstück des Nachbarn liegt, der die Einfriedung verlangt (Abbildung 3). Geht das Eckgrundstück bis zur hinteren Straße durch, liegt es also an drei Straßen, während sich das angrenzende Grundstück zwischen der vorderen und der hinteren Straße befindet, ergibt sich eine gemeinsame Einfriedungspflicht, falls der Hauptzugang zum Nachbargrundstück links von der gemeinsamen Grundstücksgrenze liegt (Nr. 2 b Satz 1 i. V. m. Nr. 4 – siehe Abbildung 4).

Einfriedungspflicht § 28

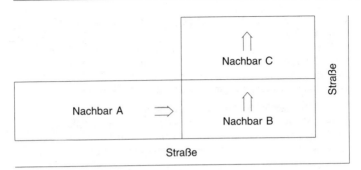

Abb. 3

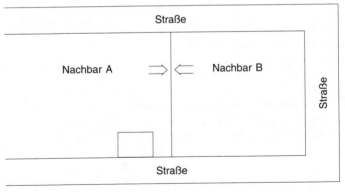

Abb. 4

1.3 Die **Straße** als Bezugspunkt ist nicht nur dann von Bedeutung, wenn sie die Eigenschaft einer öffentlichen Straße hat; auch für den Fall, daß sie dem öffentlichen Verkehr nicht gewidmet, sondern als Privatweg ausgewiesen ist, kann sie von Belang sein, wenn sie die Lage von Grundstücken festzulegen vermag (*Nr. 3*). Gleiches gilt für Wohn-, Geh- und Feldwege, die nur einer beschränkten Nutzung unterliegen.

1.4 Falls jeder von beiden als „rechter Nachbar" des anderen anzusehen ist (s. o. Anm. 1.2. zu Buchstabe b), sagt *Nr. 4* zur Klarstellung, daß gemeinsam einzufrieden ist, wenn einer von ihnen die Einfriedung wünscht. Diese ist nach § 33 Satz 2 auf der gemeinsamen Grenze zu errichten.

1.5 *Nr. 5* enthält eine **Auffangregel**. An allen sonstigen Grenzen, auf denen die Rechtseinfriedungsregel nach Nrn. 1 und 2 nicht anwendbar ist, erfolgt auf Verlangen eines der Grundstückseigentümer eine gemeinsame Einfriedung auf der gemeinsamen Grenze (§ 33 Satz 2). Zu diesen Grenzen gehören die für beide Nachbarn rückwärtigen Grenzen, ferner die Grenzen von Grundstücken, die nicht unmittelbar nebeneinander an derselben Straße liegen, sowie solche Grenzen, für die die Rechtseinfriedungsregel in Nr. 2 b) Satz 1 nicht greift, weil jeder der beiden Eigentümer als „linker Nachbar" des anderen anzusehen ist (s. amtl. Begründung S. 12 zum Entwurf des NachbG Bln, Drs. 6/614).

2. Einfriedungen bedürfen in der Regel keiner **Baugenehmigung**. § 67 Abs. 6 BbgBO legt fest, daß die Errichtung oder Änderung folgender Einfriedungen genehmigungsfrei ist:

- Einfriedungen, die den Festsetzungen einer örtlichen Bauvorschrift über Einfriedungen entsprechen,
- offene Einfriedungen bis 2 m Höhe und geschlossene Einfriedungen bis 1,50 m Höhe, ausgenommen im Außenbereich,
- offene, sockellose Einfriedungen bis 1,50 m Höhe im Außenbereich, die einem land- oder forstwirtschaftlichen Betrieb dienen.

§ 29 Anzeigepflicht

(1) Die Absicht, eine Einfriedung zu errichten, zu beseitigen, durch eine andere zu ersetzen oder wesentlich zu verändern, ist dem Nachbarn mindestens zwei Wochen vor Beginn der Arbeiten anzuzeigen; § 8 Abs. 2 gilt entsprechend.

(2) Die Anzeigepflicht besteht auch dann, wenn der Nachbar weder die Einfriedung verlangen kann noch zu den Kosten beizutragen hat.

Erläuterung

1. Im Interesse des Rechtsfriedens besteht nach *Absatz 1* eine Anzeigepflicht wie bei der Errichtung von Wänden an oder auf der Grenze (§§ 8 und 18 Abs. 4). Die **Anzeige** dient dazu, ein nachbarliches Gespräch über Beschaffenheit und Nutzung der Einfriedung in Gang zu bringen. Deshalb hat die Anzeige sich nicht auf die Mitteilung zu beschränken, daß (neu) eingefriedet werden soll, sondern auch Angaben über Ausführung und Gestaltung der Einfriedung zu enthalten, damit sich die Nachbarn bei Unstimmigkeiten verständigen können. Ebenso ist die Beseitigung vorher anzukündigen, um dem Nachbarn Zeit zu lassen, gegebenenfalls Vorkehrungen für eine eigene Einfriedung treffen zu können. Die festgesetzte 2-Wochen-Frist wird dafür als ausreichend angesehen. Erst nach Ablauf dieser Frist darf mit den Errichtungs- oder Abrißarbeiten begonnen werden, falls der Nachbar nicht eher zugestimmt hat.

Die Anzeige unterliegt keiner Form; eine mündliche Unterrichtung genügt. Sie hat gegenüber dem Nachbarn zu erfolgen; dies ist nach § 2 der Eigentümer oder – im Falle der Belastung des Nachbargrundstücks mit einem Erbbaurecht – der Erbbauberechtigte; wenn der Nachbar aber nicht erreichbar oder eine Anzeige an ihn nur im Ausland erfolgen könnte, reicht die Anzeige an den unmittelbaren Besitzer des Nachbargrundstücks aus (§ 8 Abs. 2).

2. Nach *Absatz 2* besteht die Anzeigepflicht für jeden, der sein Grundstück einfrieden will, ungeachtet dessen, ob er hierzu verpflichtet ist. Gleiches gilt, wenn eine vorhandene Einfriedung – egal seit wann sie steht – beseitigt werden soll. Stets liegt es im Interesse gutnachbarlicher Beziehungen, daß Fragen, die im Zusammenhang mit angekündigten Veränderungen im Grenzbereich stehen, vorher besprochen werden können.

§ 30 Ausnahmen von der Einfriedungspflicht

(1) Eine Einfriedungspflicht besteht nicht, wenn und soweit die Grenze mit Gebäuden besetzt ist oder Einfriedungen nicht ortsüblich sind.

(2) Eine Einfriedungspflicht besteht ferner nicht für Grenzen zwischen Grundstücken und den an sie angrenzenden Flächen für die Land- und Forstwirtschaft, öffentlichen Verkehrsflächen, öffentlichen Grünflächen und Gewässern.

Erläuterung

1. Das bloße Verlangen, der Nachbar solle die gemeinsame Grundstücksgrenze einfrieden, kann nicht uneingeschränkt anerkannt werden. Objektive und am Gemeinwohl orientierte Gründe rechtfertigen Ausnahmen von der Einfriedungspflicht ungeachtet der weiteren Verbote nach öffentlichem Recht (s. zu ihnen die Vorbemerkung vor § 28 Anm. 2).

1.1 Wenn und soweit an oder auf der Grenze **Gebäude stehen**, ist der Sache nach eine Einfriedung bereits vorhanden. Unter „Gebäuden" i. S. v. *Absatz 1* sind zunächst solche baulichen Anlagen gemeint, wie sie § 2 Abs. 2 BbgBO wie folgt definiert: „Gebäude sind selbständig benutzbare, überdeckte bauliche Anlagen, die von Menschen betreten werden können und geeignet oder bestimmt sind, zum Schutz von Menschen, Tieren oder Sachen zu dienen". Sinn und Zweck der Vorschrift verlangt jedoch zusätzlich, daß diese Gebäude zur Grenze hin auch geschlossen sind. Ein Gebäude, dessen Raum nur teilweise umschlossen ist, würde keine Einfriedung ersetzen können, wenn die offene Seite zur Nachbargrenze hin läge. Deshalb stellt ein überdachter Stellplatz, etwa zum Abstellen von Kraftfahrzeugen (sog. Carport), kein „Gebäude" nach Absatz 1 dar.

Nach Sinn und Zweck der Vorschrift kann ein Gebäude auch nur dann als Einfriedungsersatz in Betracht kommen, wenn es soweit aus dem Erdreich aufsteht, daß es die ortsübliche Höhe einer Einfriedung, zumindest also das Maß von 1,25 m erreicht (§ 32 Abs. 1 Satz 1). Anderenfalls bleibt eine auf das Gebäudedach gesetzte Einfriedung in der Differenzhöhe geschuldet.

1.2 Es muß auch keine Einfriedung errichtet werden, die nicht ortsüblich ist. Mit dieser Bestimmung soll verhindert werden, daß in sog. „zaunlosen Siedlungen" einzelne die Errichtung einer Einfriedung verlangen und dadurch das Ortsbild zerstören könnten.

Bei der Prüfung der **Ortsüblichkeit** wird in einem ersten Schritt die maßgebliche Umgebung festgelegt. Es kommt nicht auf das gesamte Gemeindegebiet, sondern lediglich auf die Nähe an, in der das einzufriedende Grundstück liegt. Die Gegend umfaßt in räumlicher Hinsicht sowie vom Bau- und Nutzungsbestand her nur den Siedlungsbereich, der einerseits den (bodenrechtlichen) Charakter des fraglichen Grundstücks prägt und auf den andererseits die verlangte Einfriedung einwirken könnte (vgl. in ähnlichem Zusammenhang BVerwGE 55, 380). Vom Bestand ist dabei abzuziehen, was in der Umgebung nicht prägend oder gar als Fremdkörper wirkt. Entfernungsangaben oder Durchmesser gedachter Kreise um das einzufriedende Grundstück sind keine tauglichen Abgrenzungskriterien. Wichtig ist der tatsächliche Zustand. Die Ortsüblichkeit wird deshalb auch nicht durch Planungen der Gemeinde oder eines Bauträgers bestimmt (BGH NJW 1992, 2596). Ist die nähere Umgebung auf diese Weise bestimmt, wird von ihr in einem zweiten Schritt der optische Gesamteindruck genommen. Insbesondere wird festgestellt, ob die Gegend im Hinblick auf die vorhandenen Einfriedungen ein gleichmäßiges Bild bietet. In einem dritten Schritt können nunmehr die rechtlichen Schlußfolgerungen gezogen werden. Weist das Vergleichsgebiet eine, wenn auch geringe Anzahl von Einfriedungen (ungeachtet ihrer Beschaffenheit) auf, dann ist eine weitere Einfriedung ortsüblich, falls sich nicht eindeutig feststellen läßt, daß ihre Errichtung völlig aus dem Rahmen fallen würde, den die Umgebung vorgibt.

2. *Absatz 2* bestimmt nach Berliner Vorbild, daß aus privatrechtlichen Gesichtspunkten die Eigentümer land- oder forstwirtschaftlich genutzter Grundstücke, öffentlicher Verkehrs- und Grünflächen sowie von oberirdischen Gewässern nicht die Einfriedung der angrenzenden Grundstücke verlangen können und daß sie umgekehrt auch zu keiner Einfriedung ihres Eigentums verpflichtet sind. Diese Regelung ist vor allem für den Außenbereich von Bedeutung, soll doch die freie Natur möglichst nicht durch Zäune „parzelliert" werden.

Der Begriff der **Landwirtschaft** ist i. S. v. § 201 BauGB zu verstehen. Gemeint wird der Ackerbau, die Wiesen- und Weidewirtschaft einschließlich der Pensionstierhaltung auf überwiegend eigener Futtergrundlage, die gartenbauliche Erzeugung, der Erwerbsobstbau, der Weinbau sowie die berufsmäßige Imkerei (Weiteres bei § 37 Anm. 2.1). Die „Forstwirtschaft" hat die nachhaltige Bewirtschaftung von Wald zum Gegenstand, wie sie in § 4 Abs. 1 LWaldG umrissen ist. Zur Auslegung der Begriffe „Verkehrsfläche", „Grünfläche" sowie „Gewässer" siehe die Anm. 1.2 und 1.3 bei § 38.

Einfriedungspflichten, die sich aus öffentlichem Recht ergeben, bleiben unberührt (s. Vorbemerkung vor § 28 Anm. 2.).

§ 31 Einfriedungspflicht des Störers

Besteht keine Einfriedungspflicht nach § 30, so hat der Eigentümer eines bebauten oder gewerblich genutzten Grundstücks gleichwohl das Grundstück auf Verlangen des Eigentümers des Nachbargrundstücks einzufrieden, wenn

1. von seinem Grundstück unzumutbare Beeinträchtigungen des Nachbargrundstücks ausgehen, die durch eine Einfriedung verhindert oder gemildert werden können, und

2. die Einfriedung zulässig ist.

Erläuterung

1. Wenn es der Eigentümer duldet, daß von seinem Grundstück Beeinträchtigungen ausgehen, die dem Nachbarn nicht zuzumuten sind, soll er auch dann zur Einfriedung verpflichtet sein, wenn er bei bloßer

Anwendung von § 30 eine Einfriedung nicht schulden würde. Die Beeinträchtigungen müssen jedoch durch eine Einfriedung verhindert oder gemildert werden können. Die Einfriedungspflicht besteht nur für bebaute oder gewerblich genutzte Grundstücke. In den anderen Fällen wird mit zurechenbaren Störungen nicht gerechnet. Die Einfriedung muß öffentlich-rechtlich zulässig sein.

2. Die Vorschrift reicht weniger weit als die nach § 317 ZGB (s. Vorbemerkung 1. zu § 28). Sie überwindet nur den sich aus § 30 ergebenden Wegfall der Einfriedungspflicht, stellt also die Einfriedungspflicht nach § 28 wieder her. Sie schafft indes **keine zusätzliche Einfriedungspflicht**. Das hat z. B. zur Folge, daß der Störer, der als „rechter Nachbar" keine Einfriedung der gemeinsamen Grenze schuldet (§ 28 Nr. 1), durch die hier besprochene Vorschrift nicht zur Einfriedung verpflichtet wird. Der Betroffene hat sich in dem Falle selbst vor der Beeinträchtigung zu schützen. Der Störer hat nur dann, wenn die normale Beschaffenheit der ohnehin von ihm geschuldeten Einfriedung nicht ausreichend Sicherheit bietet, die Einfriedung auf seine Kosten zu verstärken oder zu erhöhen (§ 32 Abs. 3, § 34 Abs. 2 Satz 3).

Die Wiederherstellung der Einfriedungspflicht kommt danach lediglich in den vier Ausnahmebereichen des § 30 in Betracht. Hierzu im einzelnen:

2.1 Die Einfriedungspflicht, die wegfällt, soweit die Grenze mit einem **Gebäude** besetzt ist, wird allerdings selten zu erneuern sein. Ein Gebäude bietet im allgemeinen ausreichenden Schutz vor Beeinträchtigungen. Aber vor allem dann, wenn die bauliche Anlage so wenig aus dem Erdreich ragt, daß sie lediglich die Höhe einer ortsüblichen Einfriedung erreicht, kann in tatsächlicher Hinsicht eine Einfriedung vonnöten sein, die auf das Dach des Gebäudes zu setzen ist. Diese Pflicht trifft den Störer ungeachtet dessen, daß Einfriedungen grundsätzlich nur eine Höhe von 1,25 m haben sollen, s. § 32 Abs. 3.

2.2 Den Wegfall der Einfriedungspflicht aufzuheben, kommt eher in Betracht, wenn es um eine Einfriedung geht, die nicht **ortsüblich** ist. Allerdings ist in diesen Fällen besonders darauf zu achten, daß eine Einfriedung nicht öffentlich-rechtlichen Vorschriften widerspricht. Die tatsächlichen Verhältnisse, die die Ortsüblichkeit ergeben, können den rechtsverbindlichen Festsetzungen eines Bebauungsplanes für die städtebauliche Ordnung entsprechen. In dem Fall bedeutet eine Abweichung von der Ortsüblichkeit im Tatsächlichen zugleich eine Planabweichung im Rechtlichen; oder die Einfriedung, die verlangt wird, fügt sich nicht in die nähere Umgebung ein, dann ist ihre Errichtung ebenfalls unzulässig, falls der Eigenart der näheren Umgebung planersetzende Wirkung i. S. v. § 34 BauGB zukommt. Es gibt jedoch Möglichkeiten, die öffentlich-rechtlichen Vorschriften zu überwinden, die gegen die Errichtung einer Einfriedung sprechen. Da die Einfriedung, soll sie als Zaun oder Mauer errichtet werden, bauordnungsrechtlich eine bauliche Anlage ist, können Ausnahmen oder Befreiungen von den Festsetzungen des Bebauungsplanes nach § 31 BauGB in Betracht kommen, welche die Bauaufsichtsbehörde auf Antrag gem. § 72 Abs. 2 BbgBO zulassen kann. Gleiches gilt bei Abweichungen von örtlichen Gestaltungssatzungen nach § 89 Abs. 1 Nr. 5 BbgBO (s. § 79 Abs. 3 Satz 1 BbgBO). Eine Befreiung von den Prüfungsmaßstäben nach § 34 Abs. 1 BauGB ist jedoch gesetzlich nicht vorgesehen (s. i. ü. Anm. 6.).

2.3 Die Befreiung des Eigentümers **land- oder forstwirtschaftlicher Flächen, öffentlicher Verkehrsflächen**, öffentlicher Grünflächen oder eines Gewässers von der Einfriedungspflicht (§ 30 Abs. 2) kann entfallen, wenn diese Grundstücke bebaut oder gewerblich genutzt sind. Es kommt auf das neben dem Nachbargrundstück liegende Grundstück im grundbuchrechtlichen Sinne (s. Anm. 4. zu § 2), nicht auf die gesamte angrenzende, einheitlich genutzte Fläche an.

2.4 Schließlich kann die Wiederkehr zur Einfriedungspflicht einen Eigentümer treffen, dessen Grundstück an eines der vorgenannt genutzten Grundstücke angrenzt. Voraussetzung ist hier, daß sein Grundstück bebaut ist oder gewerblich genutzt wird.

3. Störungen der in Nr. 1 genannten Art sind nur beachtlich, wenn sie von einem bebauten oder geweblich genutzten Grundstück ausgehen:

Bebaut ist ein Grundstück, welches mit baulichen Anlagen i. S. v. § 2 BbgBO versehen ist (vgl. Anm. 1. zu § 5). Folglich können auch öffentliche Verkehrsflächen bebaut sein (Wartehäuschen an Bus- oder Straßenbahnhaltestellen). Jedoch wird eine Pflicht des Straßeneigentümers, in einem solchen Fall einzufrieden, gemäß § 28 Nr. 5 nur gemeinsam mit dem Eigentümer des angrenzenden Grundstücks in Betracht kommen, der sich vor Beeinträchtigungen schützen will.

Gewerblich genutzt wird ein Grundstück, auf dem eine auf Gewinnerzielung gerichtete und auf Dauer angelegte Tätigkeit verrichtet wird, die nicht zur Urproduktion im Sinne des primären Bereichs gehört. Dem hier verwendeten Gewerbebegriff der Gewerbeordnung sind namentlich die Arbeiten in Industrie, Handel, Verkehr, im Gaststättenwesen und im Dienstleistungsbereich zuzuordnen. Nicht mit einbezogen sind freie Berufe (Rechtsanwälte, Ärzte, Architekten, Schauspieler, Journalisten) und die Urproduktion (Land- und Forstwirtschaft, Bergbau, Jagd und Fischerei) nebst eigener Verarbeitung und Verwertung (zum Begriff der Land- und Forstwirtschaft s. Anm. 2. zu § 30). Einen Grenzfall stellt die gartenbauliche Erzeugung dar. Erwirtschaftet der Gartenbaubetrieb durch unmittelbare Bodenertragsnutzung Einnahmen, zählt er zur Urproduktion; überwiegt bei einer Handelsgärtnerei jedoch die Verkaufstätigkeit, liegt eine gewerbliche Nutzung vor.

4. Bei den Störungen, vor denen die Einfriedung schützen soll, muß es sich nach *Nr. 1* um **unzumutbare Beeinträchtigungen** handeln, die von dem bebauten oder gewerblich genutzten Grundstück ausgehen.

4.1 Das Maß der Zumutbarkeit ergibt sich aus dem nachbarlichen Gemeinschaftsverhältnis. Abzustellen ist dabei auf das Empfinden eines verständigen Durchschnittsnachbarn, der über die konkrete Störung hinaus die Gesamtsituation zu gewichten und zu bewerten weiß (s. Anm. 2.4 zu § 1). Besondere persönliche Empfindlichkeiten haben zurückzustehen. Von Bedeutung sind die Intensität der Beeinträchtigungen, die Nutzung des betroffenen Nachbargrundstücks sowie der Gebietscharakter der näheren Umgebung. Nur befürchtete Störungen reichen nicht aus. Die Beeinträchtigungen müssen bereits vorliegen, so daß ihre Unzumutbarkeit bewertet werden kann. Hinsichtlich der Nutzung kann es darauf ankommen, ob die Freifläche des Nachbarn gärtnerisch besonders gestaltet oder nur mit Rasen versehen ist. In einem Dorfgebiet sind z. B. hinüberlaufende Hühner, falls sie sich nicht in zu großer Zahl und ständig verirren, eher hinzunehmen als Hunde und Katzen, die im Wohngebiet in fremde Gärten wechseln.

In die Abwägung widerstreitender Interessen hinsichtlich einer Einfriedung, die nicht ortsüblich ist, sind auch die städtebaulichen Nachteile einzubeziehen, die von einer „Vorbildwirkung" ausgehen können. Gemeint sind Verschlechterungen im Baugebiet, die in naher Zukunft dadurch drohen, daß nun weitere Einfriedungen verlangt werden könnten. Wer in einer „zaunlosen Siedlung" Wohnung nimmt, muß sich eher mit gewissen Beeinträchtigungen abfinden.

4.2 Die Beeinträchtigungen sind unabhängig davon beachtlich, ob der Eigentümer sie vorgenommen oder veranlaßt hat. Auf **Verschulden** kommt es nicht an. Entfällt nachträglich die Störungsquelle (z.B. Hunde oder Katzen werden abgeschafft), kann der Zaun auch beseitigt werden; bei gemeinsamer Einfriedung bedarf es dazu jedoch der Zustimmung des Nachbarn.

5. Die gewünschte Einfriedung muß **geeignet** sein, die unzumutbaren Beeinträchtigungen vom Nachbargrundstück fernzuhalten oder jedenfalls fühlbar zu mildern. Notfalls ist sie über das normale Maß hinaus zu verstärken oder zu erhöhen (§ 32 Abs. 3). Erweist sich keine Einfriedung als tauglich, bleiben dem Nachbarn nur die allgemeinen Abwehransprüche (z. B. nach §§ 823, 1004 BGB; Text im Anhang 1), um sich zu schützen.

6. Schließlich entsteht die Einfriedungspflicht nach *Nr. 2* nur für solche Einfriedungen, die auch nach öffentlichem Recht **zulässig** sind. Die Vorschrift stellt insofern klar, was bereits mit § 3 Abs. 1 als Vorrang des öffentlichen Rechts festgelegt ist.

Einfriedungen dürfen nur errichtet werden, wenn sie nicht gegen rechtsverbindliche Festsetzungen für die städtebauliche Ordnung in Bebauungsplänen und örtlichen Bauvorschriften verstoßen oder – außerhalb des Geltungsbereiches eines Bebauungsplanes – sich in die Eigenart der näheren Umgebung einfügen (§ 34 BauGB). Bei Einfriedungen, die nicht ortsüblich sind, kann dies rechtliche Probleme aufwerfen (s. oben Anm. 2.2).

Neben der materiellen kommt es unter Umständen auf die formelle Legalität an. Je nach Ausführung und Standort der Einfriedung kann die Zulässigkeit ihrer Errichtung von der Erteilung einer Baugenehmigung abhängen (s. Anm. 2. zu § 28). Der Eigentümer, der einfrieden soll, ist dann zur Einfriedung nur unter dem Vorbehalt verpflichtet, daß ihm die Baugenehmigung erteilt wird (zu weiteren Einfriedungsverboten nach öffentlichem Recht s. Vorbemerkung 2. vor § 28).

§ 32 Beschaffenheit

(1) ¹**Es kann nur die Errichtung einer ortsüblichen Einfriedung oder, wenn keine Ortsüblichkeit feststellbar ist, eines etwa 1,25 m hohen Zaunes aus Maschendraht verlangt werden.** ²**Können Nachbarn, die gemeinsam einzufrieden haben, sich nicht auf eine unter mehreren ortsüblichen Einfriedungen einigen, so ist ein Zaun der in Satz 1 bezeichneten Art zu errichten.**

(2) **Schreiben öffentlich-rechtliche Vorschriften eine andere Art der Einfriedung vor, so tritt diese an die Stelle der in Absatz 1 genannten Einfriedungsart.**

(3) **Bietet die Einfriedung gemäß Absatz 1 keinen angemessenen Schutz vor unzumutbaren Beeinträchtigungen, so hat auf Verlangen des Nachbarn derjenige, von dessen Grundstück die Beeinträchtigungen ausgehen, die Einfriedung im erforderlichen Umfang zu verstärken oder höher auszuführen.**

Erläuterung

1. Während das Vorstehende regelt, wer eine Einfriedung schuldet, wird hier bestimmt, in welcher Beschaffenheit sie verlangt werden kann. Der Umfang der Regelung ist allerdings in zweierlei Hinsicht begrenzt: Schreiben zum einen öffentlich-rechtliche Vorschriften eine bestimmte Art vor, haben sie Vorrang (s. Anm. 2.). Zum anderen präzisiert die Regelung nur das konkrete Einfriedungsverlangen. Wer aus eigenem Entschluß einfriedet, ohne dazu vom Nachbarn aufgefordert zu sein, kann abweichend von Absatz 1 einfrieden. Er hat dem Nachbarn lediglich die Absicht anzuzeigen, einfrieden zu wollen (§ 29 Abs. 2).

§ 32 Beschaffenheit

Generelle Regelungen über die Beschaffenheit von Einfriedungen können sich aber aus öffentlich-rechtlichen Vorschriften ergeben (s. Vorbemerkung 2. vor § 28). Muß jedoch auf Verlangen des Nachbarn eingefriedet werden, steht für beide der Inhalt des Einfriedungsverlangens kraft Gesetzes fest; hierüber läßt § 3 Abs. 1 keine Verfügung zu. Die Einfriedung, die geschuldet wird, hat sich im Rahmen der Ortsübung zu halten oder – falls keine konkrete Ortsübung festzustellen ist – aus 1,25 m hohem Maschendraht zu bestehen.

1.1 Ortsüblich i. S. v. *Absatz 1 Satz 1* ist eine Einfriedung, die nach Art und Höhe vergleichbaren Einfriedungen entspricht, die in der näheren Umgebung vorherrschend sind. Zum Vergleich ist nicht das gesamte Gemeindegebiet heranzuziehen, sondern nur der Bereich, dem das einzufriedende Grundstück angehört (s. i. ü. § 30 Anm. 1.2). Wie sich aber aus Satz 2 ergibt, können auch mehrere Einfriedungsformen „ortsüblich" sein. Dies wird dann der Fall sein, wenn bestimmte Einfriedungen mit einer gewissen Häufigkeit annähernd gleich oft vorkommen. In dieser Situation steht es dem verpflichteten Eigentümer frei, welche Art er aussucht. Die gewählte Ortsübung gibt ihm Höhe und Beschaffenheit seiner Einfriedung an.

1.2 Wenn an einer Grenze beide Nachbarn einzufrieden haben, wie sich dies aus § 28 Nrn. 4 und 5 ergibt, sollen sie sich nach *Satz 2* auf eine unter mehreren ortsüblichen Einfriedungen einigen. Schaffen sie dies nicht, gilt ein etwa 1,25 m hoher Zaun aus wetterbeständigem Maschendraht als ortsüblich; ihn haben sie gemeinsam zu setzen, zu bezahlen und zu unterhalten (§ 34 Abs. 2 Satz 1, § 35 Abs. 2).

1.3 Ist bei Inkrafttreten des Gesetzes (4. 7. 1996) eine Einfriedung vorhanden, die altem Recht entspricht, genießt sie **Bestandsschutz,** solange sie ihre Funktion erfüllt (s. § 28 Anm. 1.). Dies gilt auch für den Fall, daß sie nicht ortsüblich ist. Zwar besteht jetzt ein Anspruch auf Errichtung einer ortsüblichen Einfriedung, er bezieht sich aber nur auf Einfriedungen, die nach Inkrafttreten dieses Gesetzes verlangt werden. Altes Zivilrecht kannte solche Forderungen nicht, so daß sie auch nicht auf die neue Rechtslage übergeleitet werden konnten.

Beschaffenheit § 32

Einer nicht ortsüblichen Einfriedung, die nach dem 3. 7. 1996 (Verkündung des Gesetzes) errichtet worden ist, kann der auf § 1004 Abs. 1 BGB (Text im Anhang 1) i. V. m. § 32 Abs. 1 gestützte Anspruch auf Beseitigung oder Abänderung entgegengehalten werden (vgl. BGH NJW 1992, 2569). Das Verlangen darf aber nicht rechtsmißbräuchlich sein.

2. *Absatz 2* räumt dem **öffentlichen Recht** Vorrang ein, wie dies generell in § 3 Abs. 1 angeordnet ist. Festsetzungen über die städtebauliche Ordnung in Bebauungsplänen oder Ausweisungen in Gestaltungssatzungen der Gemeinde (s. Vorbemerkung 2. vor § 28) können nähere Regelungen über Einfriedungen und ihre Beschaffenheit enthalten (Jäger- oder Lattenzaun, Holz oder Metall etc.). Anstelle einer ortsüblichen ist dann die besonders vorgeschriebene Einfriedung zu errichten und zu unterhalten. Unter Umständen erfordert dies höhere Kosten als etwa das Aufstellen eines Maschendrahtzauns. Ein Grundstückseigentümer, der sich hierdurch in seinen Rechten verletzt fühlt, kann gerichtlich mit dem Normenkontrollantrag gemäß § 47 Abs. 1 VwGO vorgehen (s. § 3 Anm. 2.1).

3. *Absatz 3* ermöglicht ein gewisses Maß an **Immissionsschutz**. Kommt es trotz vorhandener Einfriedung zu Einwirkungen, die dem Nachbarn im Rahmen des nachbarlichen Gemeinschaftsverhältnisses nicht zugemutet werden können, hat der Störer für einen angemessenen Schutz zu sorgen. Er haftet dem Nachbarn gegenüber ungeachtet dessen, ob er die Einwirkung vornimmt, und unbeschadet vom Verschulden. Es ist auch bedeutungslos, wer von beiden die Einfriedung zu errichten hatte. Absatz 3 stellt insoweit eine besondere Regelung dar, als sie nicht das Verlangen des Nachbarn nach Einfriedung konkretisiert, sondern auf den tatsächlichen Zustand abhebt, der darin besteht, daß die geschuldete Einfriedung nicht ausreicht, um eine konkrete Beeinträchtigung vom Nachbargrundstück fernzuhalten. Der Sondercharakter dieser Vorschrift ergibt sich aus dem allgemein gehaltenen Wortlaut. Danach wird für das Verlangen nach Verbesserung nur auf den Wunsch des Eigentümers des betroffenen Nachbargrundstücks abgestellt, nicht darauf, ob das Verlangen nach Einfriedung (§ 28) auch von ihm stammt.

Diese Regelung ist in jeder Hinsicht sachgerecht. Wer als Eigentümer eines emittierenden Grundstücks ohnehin zur Einfriedung verpflichtet wird, schuldet – durch die besondere Situation bedingt – die verbesserte Ausführung gleich mit. Wenn er hingegen von seinem betroffenen Nachbarn die Errichtung an der gemeinsamen Grenze verlangt, hat er im Gegenzug seinen Anteil in Form einer sachgemäßen Verstärkung oder Erhöhung beizusteuern. Auch dies ist der besonderen Situation geschuldet. Nicht anders ist zu beurteilen, wenn er mit seinem Einfriedungsverlangen eine gemeinsame Einfriedungspflicht auslöst. Wenn er die fragliche Einfriedung jedoch nicht geschuldet, sondern aus eigenem Entschluß errichtet hat, kann für ihn auch keine Pflicht zur Verbesserung entstehen. Absatz 3 verweist auf „Einfriedungen gemäß Absatz 1" und meint damit Einfriedungen, die verlangt werden können. Inhalt und Ausmaß des Rechts, sein Grundstück außerhalb von Einfriedungspflichten frei nach Belieben einfrieden zu können, regelt dieses Gesetz nicht. Der allgemeine Rechtsschutz (z. B. § 1004 BGB, Text im Anhang 1) bleibt unberührt.

3.1 Für das Verlangen nach Verbesserung reicht nicht jede Störung aus; die Beeinträchtigung muß **unzumutbar** sein. Kleinere Belästigungen sollen zu ertragen sein; wann sie jedoch nicht mehr hinzunehmen sind, richtet sich im wesentlichen nach Kriterien, wie sie für das gleichlautende Tatbestandsmerkmal in § 31 Nr. 1 gelten. Auf die dortigen Ausführungen wird verwiesen (vgl. Anm. 4. ff. zu § 31).

3.2 Das Verlangen nach Verstärkung oder Erhöhung der Einfriedung ist nur berechtigt, wenn sich dadurch die Beeinträchtigung verhindern oder mindern läßt. Eine **Verstärkung** kann darin bestehen, daß Lücken im Zaun geschlossen werden, so daß Tiere nicht mehr hindurchschlüpfen können, oder daß der Zaun standsicher gemacht wird, damit er nicht umgestoßen werden kann. **Erhöhungen** kommen in Betracht, wenn z. B. Tiere hinüberfliegen oder -springen.

Eine Verstärkung kann auch darin bestehen, daß die Einfriedung zum Schutz vor Lärmeinwirkungen abgedichtet wird. Allerdings eignet sich die Vorschrift von Absatz 3 nicht als Anspruchsgrundlage für größere Immissionsschutzanlagen. Zwar könnten auch Lärmschutzwände gegenüber emittierenden Gewerbebetrieben die Funktion von Einfriedungen übernehmen, würden sie doch das Grundstück gegen störende Einwirkungen von außen abschirmen; aber die hier eröffneten Verbesserungsmöglichkeiten beziehen sich auf ortsübliche, zumeist nur 1,25 m hohe Einfriedungen. Wenn Schutzmaßnahmen so weit gehen sollen, daß sie nach der Verkehrsauffassung eine andere Einfriedung darstellen würden, lassen sie sich aus Absatz 3 nicht mehr rechtfertigen.

3.3 Ist bereits bei Errichtung der Einfriedung erkennbar, daß im Rahmen der Ortsübung nicht ausreichend Schutz vor unzumutbaren Beeinträchtigungen bestehen wird, kann sogleich eine Einfriedung gemäß Absatz 3 verlangt werden. Hat hingegen der Störer gegenüber seinem betroffenen Nachbarn einen Anspruch auf Einfriedung geltend gemacht, schreibt die Abfolge des Gesetzes vor, daß dieser erst die (ortsübliche) Einfriedung setzen muß, ehe er seinerseits den Störer auffordern kann, die Beschaffenheit der Einfriedung in dem erforderlichen Umfang nachzubessern. Eine frühzeitige Verständigung über die Ausführung der Einfriedung und die Verteilung der Kosten wird daher von Vorteil sein.

§ 33 Standort

[1]Wer zur Einfriedung allein verpflichtet ist, hat die Einfriedung auf seinem Grundstück zu errichten. [2]Haben Nachbarn gemeinsam einzufrieden, so ist die Einfriedung auf der gemeinsamen Grenze zu errichten.

Erläuterung

1. Die Wahl des Standorts einer Einfriedung steht in erster Linie der gemeinsamen Entscheidung beider Nachbarn zu. Ihre Vereinbarung hat Vorrang (§ 3 Abs. 1), sofern nicht das öffentliche Recht anderes vorschreibt (s. Vorbemerkung 2. zu § 28). Fehlt es an beidem, bestimmt sich das Nähere danach, ob die Einfriedungspflicht nach § 28 nur einen oder beide Grundstücksnachbarn trifft.

1.1 *Satz 1* stellt in Übereinstimmung mit den allgemeinen Vorschriften des BGB klar, daß der allein zur Einfriedung Verpflichtete die Einfriedung entlang der Grenze auf seinem eigenen Grundstück und nicht etwa auf der gemeinsamen Grundstücksgrenze zu errichten hat. Im Ge-

gensatz zu Regelungen in anderen Ländern braucht er mit der Einfriedung keinen Grenzabstand einzuhalten. Nichts anderes gilt auch gegenüber Flächen für die Landwirtschaft. Das sog. **Anwende-** oder **Schwengelrecht**, welches bei landwirtschaftlicher Nutzung ermöglichen soll, daß Zugtiere oder das äußere Rad eines Ackergeräts auf dem angrenzenden Grundstück laufen, besteht in Brandenburg nicht. Von der Sozialbindung des Eigentums (Art. 14 Abs. 2 GG) wird kein Dauerrecht dieser Art erfaßt. Ungeregelt ist ferner, welchem Grundstück etwaige Zaunpfosten zugekehrt sein müssen; als Teil der Einfriedung gehören sie jedenfalls auf das eigene Grundstück gesetzt.

1.2 Besteht eine gemeinsame Einfriedungspflicht der Nachbarn, so ist die Einfriedung nach *Satz 2* auf der Grundstücksgrenze vorzunehmen. Da die Pflicht aber nur durch das Verlangen mindestens eines Nachbarn ausgelöst wird, ist bei fehlendem Verlangen der Eigentümer zur Errichtung einer beliebigen Einfriedung auf das eigene Grundstück beschränkt. Wenn er zwar das Verlangen gestellt hat, der andere sich aber weigert, an der Errichtung der gemeinsam geschuldeten Einfriedung mitzuwirken oder die Errichtung auf der Grenze hinzunehmen, ist dieser zunächst vom Gericht auf Duldung zu verurteilen.

Die gemeinsame Einfriedung auf der Grenze stellt eine **gemeinsame Einrichtung** i. S. v. §§ 921, 922 BGB dar (Text im Anhang 1). Jeder Nachbar ist berechtigt, die Einfriedung zu nutzen, soweit die Beschaffenheit dies hergibt und dadurch die Mitbenutzung des anderen nicht beeinträchtigt wird.

Die Einfriedung des allein verpflichteten Nachbarn ist nicht deshalb auf die Grenze zu setzen, weil der Eigentümer des angrenzenden Grundstücks die Einfriedung gemäß § 32 Abs. 3 zu verstärken oder höher auszuführen hat. Die Verbesserung hat auf dem Nachbargrundstück zu erfolgen.

2. Handelt es sich bei der gemeinsamen auf der Grenze zu errichtenden Einfriedung um eine **bauliche Anlage**, so führt das nach bloßem Wortverständnis zwar zu einem Widerspruch mit § 4 Abs. 2 BbgBO, weil danach eine bauliche Anlage nicht auf mehreren Grundstücken errichtet werden darf. Hiervon könnte nach § 72 Abs. 1 BbgBO dispensiert werden, dessen bedarf es aber nicht. Die vorliegende Regelung ist als bewußte Abweichung von der BbgBO zu verstehen, beruht sie doch auf einer gewachsenen, weitverbreiteten Rechtsüberzeugung unter Grundstückseigentümern.

§ 34 Kosten der Errichtung

(1) Wer zur Einfriedung allein verpflichtet ist, hat die Kosten der Einfriedung zu tragen.

(2) ¹**Haben Nachbarn gemeinsam einzufrieden, so tragen sie die Kosten der Einfriedung je zur Hälfte.** ²**Ist bei gemeinsamer Einfriedung nur für eines der beiden Grundstücke eine Einfriedung nach § 32 Abs. 2 vorgeschrieben, so sind die Kosten einer Einfriedung nach § 32 Abs. 1 maßgebend; die Mehrkosten trägt der gemäß § 32 Abs. 2 verpflichtete Grundstückseigentümer.** ³**Die bei einer Einfriedung nach § 32 Abs. 3 gegenüber einer Einfriedung nach § 32 Abs. 1 oder 2 entstehenden Mehrkosten der Errichtung trägt der Nachbar, von dessen Grundstück die Beeinträchtigungen ausgehen.**

Erläuterung

1. Wie bei der Wahl des Standorts hat auch hinsichtlich der Verteilung der Kosten für die Einfriedung die schriftliche Vereinbarung der Nachbarn Vorrang (§ 3 Abs. 1). Fehlt diese, so folgt die Kostentragungspflicht kraft Gesetzes der Regelung über die Einfriedungsverpflichtung.

1.1 *Absatz 1* stellt klar, daß der allein zur Einfriedung Verpflichtete die Kosten in vollem Umfang allein zu tragen hat. Dies gilt auch für die Kosten, die auf Grund öffentlich-rechtlicher Vorschriften nach § 32 Abs. 2 für eine andere als die ortsübliche Einfriedung entstehen.

1.2 *Absatz 2* sieht in *Satz 1* die Teilung der Kosten vor, wenn beide Nachbarn einfriedungspflichtig sind. Ist einer von ihnen in Vorleistung getreten, steht ihm ein entsprechender Ausgleichsanspruch zu. Als Kosten sind die tatsächlichen Aufwendungen einschließlich etwaiger Eigenleistungen zu berechnen. Die Eigenleistungen werden nach den üblichen Kosten für ersparte Fremdleistungen bewertet und dürfen anteilig nicht höher bemessen werden, als der Aufwand für die Errichtung einer ortsüblichen Einfriedung betragen würde.

Ist eine aufwendigere als die nach § 32 Abs. 1 vorgesehene Art der Einfriedung in öffentlich-rechtlichen Vorschriften (§ 32 Abs. 2) nur für eines der beiden Grundstücke vorgeschrieben, so sind die dadurch entstehenden Mehrkosten allein dem Eigentümer des betroffenen Grundstücks anzulasten (*Satz 2*); ansonsten sind die (Gesamt-) Kosten gleichmäßig zu verteilen.

2. Der **Störer**, von dessen Grundstück unzumutbare Beeinträchtigungen ausgehen, hat den Mehraufwand zu tragen, der in Erfüllung des Verbesserungsverlangens seines Nachbarn nach § 32 Abs. 3 entsteht. Schuldet er ohnehin die Einfriedung, trifft ihn auch die volle Kostenlast. Hat er hingegen seinen Nachbarn zur ortsüblichen Einfriedung verpflichtet, muß dieser zwar die entsprechenden (Grund-)Kosten tragen, den Aufwand, der auf Verstärkung oder Erhöhung der Einfriedung entfällt, erhält er aber ersetzt. Im Falle beiderseitiger Einfriedungspflichten sind die entstandenen Mehrkosten vorweg von den Gesamtkosten abzuziehen, und der Rest ist zur Hälfte auf die betroffenen Nachbarn aufzuteilen.

§ 35 Benutzung und Kosten der Unterhaltung

(1) Wer zur Einfriedung allein verpflichtet ist, ist zur ausschließlichen Benutzung der Einfriedung berechtigt und hat die Kosten der Unterhaltung der Einfriedung zu tragen.

(2) Haben Nachbarn gemeinsam einzufrieden, so gilt für die gemeinsame Benutzung und Unterhaltung der Einfriedung auch dann die Regelung des § 922 des Bürgerlichen Gesetzbuchs, wenn die Einfriedung ganz auf einem der Grundstücke errichtet ist.

Erläuterung

1. Durchgängig wie schon zu den Standort- und Kostenbestimmungen (§§ 33, 34) geht das Gesetz auch an dieser Stelle von der Einfriedungsverpflichtung aus und regelt entlang ihrer Ausgestaltung das Recht der Benutzung und die Kosten der Unterhaltung für den Fall, daß abweichende Vereinbarungen der beteiligten Nachbarn nicht vorliegen (§ 3 Abs. 1).

1.1 Die Regelung in *Absatz 1* setzt voraus, daß dem zur Einfriedung allein Verpflichteten die **Unterhaltung** obliegt; ausdrücklich bestimmt wird, daß nur er die Unterhaltskosten zu tragen hat. Dafür steht ihm die Benutzung der Einfriedung allein zu. Die Regelung gilt auch für den Fall, daß die Einfriedung – insofern abweichend von § 33 Satz 1 – nicht ausschließlich auf dem eigenen Grundstück steht, sondern von der Grenzlinie geschnitten wird. Es handelt sich dann zwar um eine gemeinsame Einrichtung i. S. v. §§ 921, 922 BGB (Text im Anhang 1), kompetenzrechtlich ist dem Land aber eine eigenständige Regelung – wie sie hier vorliegt – nicht verwehrt, weil die Bestimmungen des Bundes nicht abschließend sind (s. Anm. 2.4 zu § 17).

Zu den **Unterhaltungskosten** zählen Lohnzahlungen für Arbeiten zum Schutz gegen Witterungseinflüsse sowie Aufwendungen für Reparaturen zur Beseitigung von Rissen und Beschädigungen.

Die alleinige Unterhaltspflicht erstreckt sich auch auf die Einfriedung, die gemäß § 32 Abs. 3 verbessert oder nach § 32 Abs. 2 in besonderer Ausführung errichtet worden ist. Da das Gesetz insoweit keine besondere Regelung enthält, muß es bei der allgemeinen Aussage von Absatz 1 verbleiben, was auch deshalb sinnvoll ist, weil dem Unterhaltsverpflichteten die alleinige Nutzung zukommt.

Die **Benutzung** der Einfriedung nach eigenem Belieben steht dem Eigentümer innerhalb des Rahmens frei, den das nachbarliche Gemeinschaftsverhältnis setzt (§ 1). Der Nachbar kann nach übermäßiger Inanspruchnahme, welche die Beschaffenheit der Einfriedung nicht zuließ, die Erneuerung verlangen. Er ist jedoch nicht befugt, die Einfriedung für eigene Bedürfnisse zu nutzen. Z. B. ist ihm ohne Zustimmung verwehrt, an ihr Haken oder Gestänge festzumachen, um Leinen zu ziehen oder Pflanzgitter zu befestigen.

1.2 Die Benutzung und Unterhaltung der Einfriedung, die **auf** der Grundstücksgrenze steht, ist bereits in § 922 BGB geregelt. Danach kann jeder Nachbar die Einfriedung im Ausmaß ihrer Beschaffenheit für eigene Bedürfnisse nutzen, sofern er dadurch nicht die Mitbenutzung des anderen beeinträchtigt. Der Nachbar hat bei Beeinträchtigung seines Mitbenutzungsrechts Abwehransprüche aus § 1004 BGB (Text im Anhang 1) und entsprechend § 1027 BGB (vgl. Bassenge in: Palandt, § 922 Rdnr. 4).

Die Unterhaltungskosten für die gemeinsame Einfriedung sind von beiden Nachbarn zu gleichen Teilen zu tragen. Das gilt auch bei Einfriedungen, die gemäß § 32 Abs. 3 verbessert oder in besonderer Ausführung nach § 32 Abs. 2 errichtet worden sind; die obigen Ausführungen (Anm. 1.1) gelten entsprechend.

Mit der Regelung in *Absatz 2* werden diese Rechtsfolgen auf den Fall erweitert, daß die gemeinsame Einfriedung entgegen § 33 Satz 2 – etwa auf Grund abweichender Vereinbarung – nicht auf der Grenze steht. Auch dann sollen die Nachbarn gemeinsam zur Benutzung der Einfriedung berechtigt und zu ihrer Unterhaltung verpflichtet sein. Das Nähere ergibt sich aus der Verweisung auf § 922 BGB (Text im Anhang 1).

2. Die Rechtslage hinsichtlich der Unterhaltung und Benutzung von **(Alt-)Einfriedungen** (vor dem Inkrafttreten des Gesetzes – 4. 7. 1996 – Errichtete) hängt zunächst davon ab, ob Vereinbarungen der beteiligten Nachbarn vorliegen. Diese behalten ihre Wirksamkeit (s. Anm. 1. zu § 61). Ansonsten gilt folgendes:

– Hinsichtlich der Einfriedung, die auf seinem Grundstück steht, hat der Eigentümer die alleinige Unterhaltungslast und das alleinige Benutzungsrecht. Das folgt aus der Sachherrschaft, die mit seinem Eigentum an der Einfriedung verbunden ist. Diese Rechtsposition gilt fort, egal ob es sich um eine Einfriedung handelt, die sein Nachbar jetzt allein oder mit ihm gemeinsam schulden würde. Dessen Recht nach Absatz 1 oder Absatz 2 kann erst nach dem 3. 7. 1996 (Verkündung des Gesetzes) entstehen, so daß die Überleitungsvorschrift in § 61 Abs. 1 nicht einzugreifen vermag.

– Steht die Einfriedung auf beiden Grundstücken, wird also von der Grenzlinie geschnitten, handelt es sich um eine gemeinsame Einrichtung i. S. v. §§ 921, 922 BGB (Text im Anhang 1). Danach sind die Eigentümer der angrenzenden Grundstücke zur gemeinsamen Benutzung berechtigt und tragen die Unterhaltungskosten zu gleichen Teilen – sofern sie keine andere Art der Nutzung oder der Kostenaufteilung ausgemacht haben. Der Umfang dieser Rechtsposition – gesetzlich oder vereinbart – bleibt vom Inkrafttreten des BbgNRG unberührt (s. Anm. 1.1. zu § 61).

– Lediglich der Anspruch auf Instandhaltung, den der Nachbar nach § 317 Abs. 2 ZGB stellen konnte, hängt nunmehr davon ab, ob er jetzt – müßte neu eingefriedet werden – die Einzäunung verlangen dürfte (s. i. e. Anm. 1.2 zu § 61).

Abschnitt 9
Grenzabstände für Pflanzen

Vorbemerkung

1. Das bürgerliche Recht des Bundes begrenzt die Befugnis des Eigentümer nicht, sein Grundstück nach Belieben zu bepflanzen. Lediglich der Grundsatz von Treu und Glauben (§ 242 BGB) setzt Schranken. Seine Anwendbarkeit reicht aber nach den Erfahrungen der Praxis nicht aus. Zwar können die beteiligten Nachbarn die Grenzabstände bei Anpflanzungen im Grenzbereich selbst festlegen – sofern das öffentliche Recht nichts anderes bestimmt. Aber für den Fall, daß kein Einvernehmen zustandekommt, erweisen sich die nachfolgenden Regelungen im Interesse des nachbarlichen Friedens als notwendig. Sie sind gemäß Art. 124 Satz 2 EGBGB statthaft.

Sie regeln jedoch nicht die im Zusammenhang mit Anpflanzungen möglichen Beeinträchtigungen durch Laub, Blütenstaub u. ä., die auf des Nachbarn Garten fallen, die Fenster mit einem Schmutzfilm überziehen oder die nachbarliche Regenrinne verstopfen können. Dafür bestehen Unterlassungs- und Beseitigungsansprüche nach § 1004 BGB (Text im Anhang 1; weiterführend Britz, DÖV 1996, 505 ff.).

2. Abzugrenzen ist ferner gegenüber **öffentlich-rechtlichen Vorschriften** (§ 3 Abs. 1), weil durch sie das Anpflanzen und Entfernen von Pflanzen auch geregelt wird:

§ 36 Grenzabstände für Wald

- Im Bebauungsplan können gemäß § 9 Abs. 1 Nr. 25 b BauGB Pflanzbindungen festgesetzt sein. Die Gemeinde kann den Eigentümer durch Bescheid verpflichten, sein Grundstück entsprechend dieser Festsetzung zu bepflanzen (§ 178 BauGB).
- Der Schutz rechtsverbindlich festgelegter Teile von Natur und Landschaft kann gem. § 18 Abs. 1 Satz 2 BNatSchG auf den gesamten Bestand von Bäumen, Hecken und anderen Landschaftsbestandteilen erstreckt werden. Dazu können nach § 24 Abs. 3 BbgNatSchG Rechtsverordnungen auf Landesebene und Satzungen der Gemeinden erlassen werden. Vorerst gilt landeseinheitlich die Baumschutzverordnung (DDR) vom 28. 5. 1981 (Text im Anhang 3) fort (§ 77 BbgNatSchG). Sie schreibt vor, daß bestimmte Bäume unter Schutz stehen und nur mit behördlicher Genehmigung beseitigt oder wesentlich verändert werden dürfen (s. i. e. Anm. 3.1 zu § 39).
- Für Pflanzungen an Straßen gelten – je nach Straßenart – § 11 Abs. 2 FStrG oder § 26 Abs. 2 BbgStrG mit der Anordnung, daß die Sicherheit und Leichtigkeit des Verkehrs nicht beeinträchtigt werden darf. Der Schutz der Alleen erfolgt nach § 31 BbgNatSchG und der von Streuobstbeständen durch § 32 Abs. 1 Nr. 4 BbgNatSchG.
- Die Bepflanzung des Straßenkörpers und der Nebenanlagen steht nach § 27 Abs. 1 Satz 1 BbgStrG dem Träger der Straßenbaulast zu.
- Wird ein Wald neu begründet oder verjüngt, sind gegenüber Nachbargrundstücken Grenzabstände einzuhalten (§ 13 LWaldG); siehe dazu anschließend § 36.
- Die nicht überbauten Flächen der bebauten Grundstücke sind zu bepflanzen oder gärtnerisch anzulegen, soweit diese Flächen nicht für eine andere zulässige Verwendung benötigt werden. Die Bauaufsichtsbehörde kann darüber Pflanzgebote erlassen (§ 9 Abs. 1 Satz 2 bis 4 BbgBO).

Im Umfang dieser Bindungen bleibt für die nachfolgenden Regelungen kein Raum.

§ 36 Grenzabstände für Wald

Auf Waldgrundstücken sind gegenüber Nachbargrundstücken zumindest die Grenzabstände für Wald bei Verjüngung nach Maßgabe des Waldgesetzes des Landes Brandenburg einzuhalten.

Grenzabstände für Wald § 36

Erläuterung

1. **§ 13 LWaldG** (Text im Anhang 2) sieht im öffentlichen Interesse vor, daß bei der Neubegründung (Erstaufforstung) oder Verjüngung von Wald an der Grenze zu Nachbargrundstücken Mindestabstände einzuhalten sind. Diese Regelung hat der Gesetzgeber zur Ausgestaltung privater Nachbarschaftsverhältnisse herangezogen, um Nachbarn unmittelbar auf Grenzabstände bei Einsetzen neuer Forstpflanzen in Waldungen festlegen zu können. Es handelt sich dabei um eine gleitende Verweisung, so daß das Forstrecht in der jeweils geltenden Fassung anzuwenden ist.

2. **Wald** im nachbarrechtlichen Sinne ist die mit Forstpflanzen (Waldbäumen und Waldsträuchern) bestockte Grundfläche. Waldblößen, Lichtungen und ähnliche mit dem Wald verbundene und ihm dienende Flächen gehören zum Waldgrundstück (zur forstrechtlichen – hier übertragbaren – Definition siehe § 2 LWaldG sowie den Gemeinsamen Runderlaß v. 25. 7. 1997, Abl. Bbg. S. 710). Einzelne Bäume oder Baumgruppen, die keinen flächenhaften Eindruck vermitteln, ergeben jedoch keinen Wald. Auch Parkanlagen und gärtnerisch mit Waldbäumen gestaltete, der Erholung der Bevölkerung dienende Flächen sind nicht gemeint (vgl. § 2 Abs. 4 LWaldG).

Auf Grundstücken, die mit Wald bepflanzt sind, müssen beim Einsetzen neuer Forstpflanzen je nach der Nutzungsart der angrenzenden Fläche die Mindestabstände eingehalten werden, die im Forstrecht bei Verjüngung von Waldungen zu beachten sind. Um Neupflanzungen handelt es sich auch, wenn sie als Ersatz einzelner abgängiger Bäume oder Sträucher gedacht sind. § 13 Abs. 1 LWaldG sieht die folgenden, auf dem eigenen Grundstück einzuhaltenden Entfernungen vor:

– gegenüber öffentlichen Verkehrsflächen (Straßen, Wegen, Plätzen) und Wirtschaftswegen 3 m
– gegenüber benachbarten Waldgrundstücken und Ödländereien 2 m
– gegenüber sonstigen Grundstücken 4 m

Auf die Wuchshöhe der neuen Forstpflanzen kommt es dabei nicht an.

3. Innerhalb dieser grundsätzlich freizuhaltenden Streifen ist **kleiner Bewuchs** statthaft (§ 13 Abs. 2 LWaldG). Dadurch wird ein natürlicher

Übergang ermöglicht. Es dürfen Gehölze gepflanzt werden, sofern ihre Wuchshöhen bei einem Abstand zur Grundstücksgrenze
- von 2 m nicht 4 m und
- von 1 m nicht 2 m

überschreiten können. Unter „Gehölzen" sind dabei Pflanzen zu verstehen, deren Stämme, Äste und Zweige verholzen. (Zur Berechnung des Abstandes siehe § 37 Abs. 1 Satz 2 und dort Anm. 1.3)

4. Eine von diesen Bestimmungen abweichende schriftliche Vereinbarung beteiligter Nachbarn unterliegt den Maßgaben von § 13 Abs. 3 LWaldG (Text im Anhang 2).

§ 37 Grenzabstände für Bäume, Sträucher und Hecken

(1) ¹**Mit Bäumen außerhalb des Waldes, Sträuchern und Hecken (Anpflanzungen) von über 2 m regelmäßiger Wuchshöhe ist ein solcher Abstand zum Nachbargrundstück einzuhalten, daß**

1. bei Obstbäumen ein Abstand von 2 m,

2. bei sonstigen Bäumen ein Abstand von 4 m und

3. im übrigen für jeden Teil der Anpflanzung der Abstand mindestens ein Drittel seiner Höhe über dem Erdboden

beträgt. ²**Der Abstand wird waagerecht und rechtwinklig zur Grenze gemessen.**

(2) Der doppelte Abstand ist gegenüber Grundstücken einzuhalten, die landwirtschaftlich oder erwerbsgärtnerisch genutzt oder zu diesem Zweck vorübergehend nicht genutzt werden.

Erläuterung

1. Die bestimmten Grenzabstände für Bäume, Sträucher und Hecken sind grundsätzlich auf **allen** Grundstücken unabhängig davon einzuhalten, ob sie in Baugebieten (Wohngebieten, Dorfgebieten, Gewerbegebieten u. ä.) oder außerhalb bebauter Ortsteile liegen. Geregelt werden folglich nicht nur Anpflanzungen im gärtnerisch genutzten Teil von Baugrundstücken, sondern z. B. auch auf dem Feldrain oder Dorfanger und in Feldgehölzen, wenn sie an Grundstücksgrenzen erfolgen sollen, sowie gegenüber Grundstücken, die landwirtschaftlich oder erwerbsgärtnerisch genutzt werden (zu den Ausnahmen siehe § 38).

Abweichend vom NachbG Bln lehnt sich die Vorschrift mehr an die schleswig-holsteinischen Regelungen an, um besonders bei kleineren Grundstücken eine bessere gärtnerische Nutzung und Gestaltung zu ermöglichen. Angesichts fortschreitender Verdichtung der Baugebiete dringen ökologische Gesichtspunkte stärker ins Bewußtsein und verlangen nach intensiverer Begrünung der Freiflächen. Der Gesetzgeber sah sich offenbar auch der Achtensklausel in Art. 39 Abs. 3 LV – Pflanzen werden als Lebewesen geachtet – verpflichtet, bringt doch der Verfassungstext den Eigenwert der Biosphäre deutlich zum Ausdruck (vgl. Balensiefen in: Simon/Franke/Sachs, § 8 Rdnr. 16).

Ferner hat sich der Gesetzgeber bemüht, eine Regelung zu schaffen, die einfach zu handhaben ist, weil sie für Obstbäume und sonstige Bäume jeweils klare Grenzabstände festlegt und nur für die übrigen Pflanzen auf die tatsächliche Wuchshöhe abstellt. Bewußt hat er auf eine in anderen Nachbarrechtsgesetzen anzutreffende Regelungstiefe – differenziert nach konkreten Bepflanzungsarten – verzichtet. Eine Überregulierung kann leicht zu kleinlichen Streitigkeiten über die exakte Einhaltung von Abständen führen.

1.1 Für Forstpflanzen in Waldungen gilt § 36. Für alle anderen Bäume sowie Sträucher und Hecken enthält *Absatz 1* die Grundaussage, daß bis zu einer regelmäßigen Wuchshöhe von 2 m **ohne bestimmten Abstand** zur Grenze gepflanzt werden darf (zu Anpflanzungen von Hecken *auf* der Grenze siehe § 38 Satz 1 Nr. 4). Aber auch Pflanzen, die in der Regel höher als 2 m werden, dürfen ohne bestimmten Abstand zur Grenze gesetzt werden, wenn bei ihnen das Zurückschneiden üblich ist. Diese Pflanzbefugnis ergibt sich aus § 39 Satz 2, weil danach der Pflanzeigentümer einem Beseitigungsverlangen durch Zurückschneiden auf die Höhe von 2 m begegnen kann. Der allgemeine Schutz der angrenzenden Flächen vor Verschattung sowie vor Eindringen von Wurzelwerk erfolgt in diesen Fällen erst bei einer Höhe von über 2 m.

Dem Eigentümer des Nachbargrundstücks steht jedoch im Einzelfall nach §§ 910 oder 1004 BGB (Text im Anhang 1) ein **Anspruch auf Be-**

seitigung herüberragender Zweige und eindringender Wurzeln zu (BGHZ 60, 235 f.). Voraussetzung ist, daß Wurzeln oder Zweige die Benutzung des Nachbargrundstücks beeinträchtigen. Die Einwirkung muß unzumutbar, zumindest jedoch nicht ohne weiteres zu dulden sein (OLG Köln NJW-RR 1989, 1177). Normaler Laub- und Nadelbefall stört in der Regel aber nicht (s. im übrigen Vorbemerkung 1. vor § 36). Der Pflanzeigentümer hat zu beweisen, daß keine Beeinträchtigung vorliegt (Bassenge in: Palandt, § 910 Rdnr. 3). Aus dem Zusammenwirken beider Regelungen – kein Mindestabstand, aber Schutz vor Beeinträchtigungen – ergibt sich eine auf den Einzelfall abgestellte Regelungsdichte, die flexibel genug erscheint, um der jeweiligen Grundstückssituation gerecht werden zu können.

Die Ermittlung der **regelmäßigen Wuchshöhe** erfolgt nicht anhand der konkreten Anpflanzung, sondern in bezug auf die Höhe, die bei gleichen Pflanzen üblich ist. Unklarheiten lassen sich durch Auskunft eines sachkundigen Gärtners beheben. Das Risiko, daß die Pflanze unvorhersehbar eine etwas größere Wuchshöhe erreicht als gemeinhin üblich, trägt – nach der Wertung des Gesetzes – der Eigentümer des Nachbargrundstücks.

Bei den Bäumen, die ohne Abstand zur Grundstücksgrenze gesetzt werden dürfen, werden es nur Zwergformen sein können. Der Pflanzeigentümer setzt sich sonst der Gefahr aus, daß sein Nachbar die Beseitigung verlangt (§ 39). Auch bei Sträuchern und Hecken sollte er sich vorher über das Wachstumsverhalten vergewissern, wenn er ohne Abstand pflanzen will. **Irrtum** und Unwissenheit schützen im nachhinein nicht.

1.2 Mit **Obstbäumen** und sonstigen **Bäumen**, die regelmäßig höher als 2 m wachsen und bei denen ein Zurückschneiden unüblich oder nicht möglich ist, hat der Eigentümer gegenüber dem Nachbargrundstück einen Abstand von 2 m bzw. 4 m einzuhalten (*Absatz 1 Nrn. 1 und 2*). Auf die erreichbare Wuchshöhe kommt es nicht an. Selbst einen mächtigen Baum hält der Gesetzgeber unter Berücksichtigung nachbarlicher Belange wegen seiner Wohlfahrtswirkung für zumutbar. Bäume sind von überragender Nützlichkeit. Sie beeinflussen positiv das Kleinklima, wirken als Sauerstofflieferant, Luftbefeuchter, Entgaser, Kühlaggregat,

Windbremser sowie Schallisolierer und bieten zudem einen ästhetischen Anblick (s. Britz, DÖV 1996, 505, 507). Den Beeinträchtigungen, die im Einzelfall dennoch das zumutbare Maß übersteigen, muß der Nachbar mit den Mitteln des allgemeinen bürgerlichen Rechts – in den Grenzen des öffentlichen Rechts – begegnen (s.o. Anm. 1.1 sowie Vorbemerkung 2. vor § 36).

Der Abstand von 2 m gilt auch für Obstbäume, die an Spaliervorrichtungen hochgezogen werden. Sie stellen trotz einer gewissen Geschlossenheit der Pflanzkörper keine Hecke dar, ist doch unter einer Hecke ein linienhafter Verbund von meist strauchartigen Gehölzen zu verstehen.

Mit **Sträuchern** (Ziersträuchern, Beerenobststräuchern) und **Hecken** (Schnitt- oder Formhecken, auch ungeschnittenen), die nicht nur regelmäßig, sondern auch tatsächlich höher als 2 m wachsen (sollen), ist nach *Nr. 3* ein Abstand zur Grenze einzuhalten, der von jedem Teil der Anpflanzung aus ein Drittel seiner Höhe ausmacht. Bei ihnen kommt es also weniger auf ihre Gesamthöhe, als auf ihre Wuchsbreite an. Z. B. darf ein Wacholderstrauch von seiner äußersten, grenznächsten Stelle aus keine geringere Entfernung zum Nachbargrundstück als 1 m haben, wenn diese Stelle eine Höhe von 3 m über dem Erdboden aufweist.

Die Grenzabstände gelten unabhängig davon,
– ob die Pflanzen vom Menschen gesetzt worden sind oder wild wachsen (§ 43),
– ob der Nachbar ihre Einhaltung verlangt oder die Höhenüberschreitung zunächst hinnimmt (§ 40).

1.3 Die **Berechnung des Abstandes** erfolgt nach *Satz 2* in der Weise, daß bei Bäumen von der Mitte des Stammes rechtwinklig und waagerecht zur Grenzlinie gemessen wird, und zwar an der Stelle, an welcher der Baum aus dem Boden austritt (Abbildung 1). Unerheblich ist daher, ob das Gelände ein Gefälle aufweist (Abbildung 2) oder der Baum schief zur Grenze hin steht (Abbildung 3). Hingegen wird bei Sträuchern und Hecken von jedem Punkt ihrer zum Nachbargrundstück hin zugewandten Umrißlinie waagerecht und rechtwinklig zur Grenzlinie gemessen (Abbildung 4).

§ 37 Grenzabstände für Bäume, Sträucher und Hecken

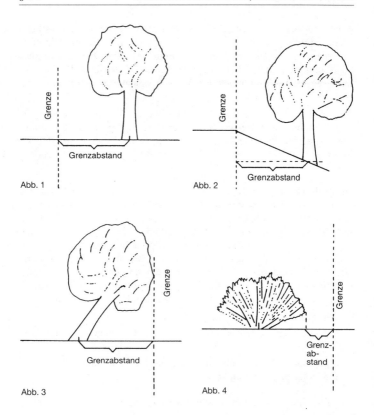

Abb. 1

Abb. 2

Abb. 3

Abb. 4

2. *Absatz 2* trägt dem besonderen Schutzbedürfnis von **Landwirten** und (Erwerbs-) Gärtnern Rechnung. Der Sinn der Vorschrift liegt darin, daß die wirtschaftliche Bestimmung des angrenzenden Grundstücks weder durch eine Schmälerung des Sonnenlichts noch durch das Eindringen von Wurzeln wesentlich beeinträchtigt wird. Die Privilegierung ist deshalb an eine bestimmte Form der Bodenbewirtschaftung und Bodennutzung geknüpft.

2.1 Die Vergünstigung kann danach **nicht zutreffen** bei
- Grundflächen, auf denen lediglich Wirtschaftsgebäude stehen,
- Flächen von geringer Ertragsfähigkeit, die nicht bestellt und nur gelegentlich als Weide genutzt werden können,
- Heide, Ödland und
- Lagerplätzen.
- Auch Aufstellorte zur Bienenhaltung werden in diesem Sinne nicht landwirtschaftlich genutzt.

Geschützt sind hingegen der Ackerbau, die Wiesen- und Weidewirtschaft, der Weinanbau sowie die gartenbauliche Erzeugung. Mit dem Begriff „erwerbsgärtnerisch", der den Erwerbsobstbau einschließt, wird gegenüber der kleingärtnerischen Nutzung abgegrenzt, die dadurch gekennzeichnet ist, daß der Anbau von Obst, Gemüse oder Blumen nicht zum Zwecke der Veräußerung mit dem Ziel erfolgt, davon den eigenen Lebensunterhalt zu bestreiten. Geschützt werden ferner die Baumschule und das Gewächshaus, auch wenn dieses nur der Abschirmung vor Umwelteinflüssen dient.

Unter Schutz bleiben stillgelegte Flächen, die kraft Gesetzes weiterhin als landwirtschaftlich genutzte Flächen gelten. Es handelt sich um Sachverhalte aus dem Bereich des **EG-Landwirtschaftsrechts**, nach denen der Landwirt für die Bewilligung landwirtschaftlicher Fördermaßnahmen Teile seiner landwirtschaftlich genutzten Grundstücke nicht mehr in bestimmter Weise oder gänzlich nicht mehr bewirtschaftet. Das nationale Recht unterstützt diese Programme mit Regelungen, die festlegen, daß sich die geänderte Betriebsführung nicht zu Lasten des Landwirts auswirken darf, wenn es in anderen Gesetzen auf die landwirtschaftliche Bodennutzung ankommt. Erfaßt werden durch
- Art. 5 des Gesetzes zur Änderung des Gesetzes über die Gemeinschaftsaufgabe „Verbesserung der Agrarstruktur und des Küstenschutzes" vom 21. 7. 1988 (BGBl. I S. 1053) sowie durch
- § 1 des Gesetzes zur Gleichstellung stillgelegter und landwirtschaftlich genutzter Flächen

§ 37 Grenzabstände für Bäume, Sträucher und Hecken

Subventionen aufgrund folgender Verordnungen (EWG) des Rates:
- Nr. 1094/88 vom 25. 4. 1988 zur Änderung der Verordnung (EWG) Nr. 797/85 und Nr. 1760/87 hinsichtlich der Stillegung von Ackerflächen und der Extensivierung und Umstellung der Erzeugung (ABl. EG Nr. L 106 S. 28),
- Nr. 1765/92 vom 30. 6. 1992 zur Einführung einer Stützungsregelung für Erzeuger bestimmter landwirtschaftlicher Kulturpflanzen (Abl. EG Nr. L 181 S. 12).

Die nach Maßgabe dieser Normen stillgelegten Flächen sind – auch für die Abstandsflächenvorschriften – weiterhin als landwirtschaftlich genutzte Grundstücke anzusehen.

2.2 Landwirtschaftliche oder gärtnerisch nutzbare Flächen verlieren nicht deshalb ihren besonderen Schutz, weil sie **vorübergehend** nicht bebaut werden oder stilliegen. Als noch vorübergehend kann eine einjährige Brache angesehen werden, wie sie früher mit der Dreifelderwirtschaft üblich war. Dem Eigentümer des angrenzenden Grundstücks ist es zumutbar, gegebenenfalls eine Vegetationsperiode abwarten zu müssen, ehe er seine Anpflanzungen im Grenzbereich unbeschadet von Beseitigungsansprüchen vornehmen kann. Ein längeres Zuwarten wird ihm allerdings im Lichte von Art. 14 Abs. 1 Satz 1 GG nicht abzuverlangen sein.

An Stelle von Absatz 1 Nrn. 1 bis 3 gelten im Schutzbereich von Absatz 2 die folgenden Abstände:

- bei Obstbäumen: 4 m
- bei sonstigen Bäumen: 8 m
- bei Sträuchern und Hecken zwei Drittel der Höhe über dem Erdboden jeder ihrer Teile.

§ 38 Ausnahmen von den Abstandsvorschriften

¹§ 37 gilt nicht für

1. Anpflanzungen, die hinter einer geschlossenen Einfriedung vorgenommen werden und diese nicht überragen; als geschlossen gilt auch eine Einfriedung, deren Bauteile breiter sind als die Zwischenräume;
2. Anpflanzungen auf öffentlichen Verkehrsflächen;
3. Anpflanzungen an den Grenzen zu öffentlichen Verkehrsflächen, zu öffentlichen Grünflächen und zu oberirdischen Gewässern von jeweils mehr als 4 m Breite;
4. Hecken, die nach § 33 auf der Grenze angepflanzt werden oder die das öffentliche Recht als Einfriedung vorschreibt.

²§ 37 gilt ferner nicht, wenn das öffentliche Recht andere Grenzabstände vorschreibt.

Erläuterung

1. In der für eine Gesetzgebung typischen Weise werden nach der Aufstellung von Regeln hier nun Ausnahmen zugelassen. Anpflanzungen, die hinter einer geschlossenen Einfriedung vorgenommen werden und diese nicht überragen, sind unbeschränkt zulässig, da sie den Nachbarn nicht stören können. Mit Anpflanzungen auf öffentlichen Verkehrsflächen ist im Interesse der Allgemeinheit kein Grenzabstand einzuhalten. Ebenso sind an den Grenzen zu öffentlichen Verkehrsflächen, zu öffentlichen Grünflächen und zu Gewässern keine Abstände einzuhalten, da ein überwiegendes Schutzbedürfnis des Nachbarn regelmäßig nicht vorliegt. Im übrigen haben öffentlich-rechtliche Abstandsbestimmungen über Anpflanzungen Vorrang.

1.1 Geschlossene Einfriedungen ermöglichen nach *Nr. 1* Anpflanzungen im Grenzbereich unabhängig davon, ob sie auf dem eigenen oder auf dem Nachbargrundstück stehen. Aus dem Wortlaut („hinter") folgt nicht sprachnotwendig, daß die Privilegierung nur demjenigen zustehen kann, der die Anpflanzung auf demselben Grundstück vornehmen will, auf dem auch die Einfriedung steht. Aus der Sicht des Nachbarn, um dessen Schutz es in § 37 geht, befindet sich die Anpflanzung stets hinter der Einfriedung, egal auf welcher Grundstücksseite sie errichtet ist. Zudem sprechen rechtssystematische Bedenken gegen die einengende Auslegung. Da es sich bei den Grenzabstandsregelungen um Vorschriften handelt, welche das Eigentum an Grundstücken zugunsten von Nachbarn bestimmten Beschränkungen unterwerfen (Art. 124 EGBGB), sind hierzu ergangene Ausnahmeregelungen im Zweifel als Maßnahmen zur Wiederherstellung der allgemeinen Eigentumsfreiheit (Art. 14 Abs. 1 Satz 1 GG) zu verstehen (im Ergebnis wie hier: Bauer/Hülbusch/Schlick/Rottmüller, § 46 Anm. 4 a; a. A. Birk, § 20 Anm. 1 m. w. N.).

Die Ausnahmeregelung in Nr. 1 kann nur bei (geschlossenen) Einfriedungen zur Geltung gelangen, die mehr als 2 m hoch sind, weil nach § 37 für Anpflanzungen mit einer regelmäßigen Wuchshöhe von nicht mehr als 2 m Höhe ohnehin kein bestimmter Abstand zur Grenze einzuhalten ist. Als geschlossene Einfriedungen kommen danach vor allem Mauern in Betracht, die keine Zwischenräume aufweisen. Auch Hecken, die als über 2 m hohe Einfriedungen errichtet sind, sowie Abschlußwände des Nachbargebäudes, die an oder auf der Grenze stehen, gehören hierzu. Enthält die Einfriedung jedoch Öffnungen, gilt sie trotzdem als geschlossen, wenn wie bei einem Lattenzaun die Zwischenräume schmaler sind, als die Latte breit ist. Keine Geschlossenheit weisen hingegen Maschendrahtzäune und sonstige Einrichtungen auf, durch die mehr Zweige hindurchragen können, als abgeschirmt werden.

Für die Rechtmäßigkeit der Anpflanzung kommt es nicht darauf an, ob die Einfriedung nach Beschaffenheit, Höhe oder Standort zulässig ist. Nr. 1 hebt nur auf ihr tatsächliches Vorhandensein ab. Die Pflanze, die hinter die Einfriedung gesetzt wird, darf die Höhe der Einfriedung nicht überschreiten. Wächst sie jedoch höher hinaus, ist sie auf Verlangen des Nachbarn zurückzuschneiden oder zu beseitigen (§§ 39, 40), wenn sie den Grenzabstand nach § 37 nicht einhält. Denkbar ist allerdings auch, falls dies rechtlich statthaft ist, daß der Pflanzeneigentümer die Einfriedung entsprechend erhöht.

Wird die Einfriedung **nachträglich entfernt**, gelten zwar von diesem Zeitpunkt an die Grenzabstände von § 37, aber auf die bereits „vorgenommene" Anpflanzung hat die Veränderung keine Auswirkung. Nach

Nr. 1 kommt es allein auf die im Zeitpunkt der Anpflanzung bestehenden Verhältnisse an. Bestandsschutz hinsichtlich der Wuchshöhe genießen diese Pflanzen jedoch nur in dem Maße, wie die Einfriedung hoch war. Wird allerdings die Anpflanzung erneuert oder in einer der Erneuerung gleichkommenden Weise ergänzt, sind für die Bemessung des Abstandes die dann bestehenden Verhältnisse im Grenzbereich maßgebend.

1.2 Für Anpflanzungen auf **öffentlichen Verkehrsflächen** erfolgen gemäß *Nr. 2* keine einschränkenden Regelungen. Sie richten sich nach öffentlichem Recht. § 27 Abs. 1 Satz 1 BbgStrG bestimmt, daß die Bepflanzung des Straßenkörpers und der Nebenanlagen dem Träger der Straßenbaulast zusteht. Mögliche Nachteile, die einem Anlieger durch die Straßenbepflanzung entstehen, sind als Folge der Situationsgebundenheit des Eigentums meistens hinzunehmen (§ 27 Abs. 2 BbgStrG).

Zu den öffentlichen Verkehrsflächen zählen vor allem Straßen, Rad- und Gehwege, Parkplätze, Rastplätze, Bahnhöfe, Gleisanlagen der Eisenbahnen und Flugplätze jeweils mit ihren Trenn-, Seiten-, Rand- und Sicherheitsstreifen sowie Fußgängerzonen. Auf eine behördliche Widmung zur Eröffnung der Verkehrsfläche für die Allgemeinheit kommt es nicht an. Auch tatsächlich öffentliche Straßen sind hiermit gemeint.

Aus der Gegenüberstellung in Nr. 3 ergibt sich jedoch, daß öffentliche Grünflächen und Böschungsbereiche an oberirdischen Gewässern hier nicht zu den Verkehrsflächen gehören mit der Folge, daß die Grenzabstandsbestimmungen auf sie Anwendung finden. Die im Gewässerrandstreifen erforderlichen Bepflanzungsmaßnahmen zum Uferschutz werden jedoch vorrangig nach öffentlichem Recht geregelt (s. § 84 BbgWG, § 30 Abs. 2 WHG).

1.3 Die Anpflanzungen an den Grenzen zu den der Öffentlichkeit zugänglichen Flächen gemäß *Nr. 3* beeinträchtigen in der Regel nicht. Sollten sie im Einzelfall doch die Sicherheit und Leichtigkeit des Straßenverkehrs gefährden, greifen öffentlich-rechtliche Vorschriften – je nach Straßenart § 11 Abs. 2 FStrG oder § 26 Abs. 2 BbgStrG – ein.

Zu den öffentlichen Verkehrsflächen zählen die in Anm. 1.2 genannten Einrichtungen. Als **öffentliche Grünflächen** sind begrünte, also mit

Pflanzen bewachsene Flächen anzusehen, die Möglichkeiten zur Erholung oder Besinnung in Form des Aufenthalts im Freien bieten. Gedacht ist vor allem an Parkanlagen, Friedhöfe und Spielplätze, wobei es auch hier nicht auf eine behördliche Widmung, sondern darauf ankommt, ob die Fläche tatsächlich im Gemeingebrauch steht. Mit **„oberirdischen Gewässern"** sind ständige oder zeitweilige Wasseransammlungen in einem Gewässerbett gemeint (s. § 4 Abs. 1 BbgWG). Private Gewässer gehören dazu.

Voraussetzung für die Befreiung von den Pflanzabstandsbestimmungen ist, daß die Flächen (bei den Gewässern gemessen nach dem Mittelwasserstand, s. § 27 Abs. 2 Nr. 3) mehr als 4 m breit sind. Anderenfalls kann der Weg, der Grünstreifen oder der Bach, der möglicherweise zwischen zwei Grundstücken liegt, nicht den natürlichen Pflanzabstand vermitteln, der bei unmittelbar angrenzender Nutzfläche geboten wäre.

1.4 Für **Hecken**, die als Einfriedung dienen sollen und entweder von den beteiligten Nachbarn gemeinsam auf die Grenze gepflanzt (§ 33 Satz 2) oder nach öffentlich-rechtlichen Bestimmungen (z.B. durch Festsetzungen im Bebauungsplan, s. Vorbemerkung 2. vor § 36) im Grenzbereich gesetzt werden müssen, wären Pflanzabstandsregelungen widersinnig. Deshalb gelten sie nach *Nr. 4* in diesen Fällen nicht. Da sie aber ohnehin erst bei Hecken mit einer Höhe von mehr als 2 m eingreifen würden (§ 37 Abs. 1 Nr. 3), ist der Anwendungsbereich dieser Ausnahmeregelung begrenzt.

1.5 Weitere Ausnahmen von den Abstandsvorschriften – unbeschadet nach Satz 2 – bestehen nicht. Es würde für den Rechtsanwender keine Bindung an Recht und Gesetz bedeuten (Art. 20 Abs. 3 GG), wenn er andere Ausnahmetatbestände durch analoge Rechtsanwendung von § 38 zuließe. Das gilt namentlich für Nachbargrundstücke, die im Hinblick auf ihre konkrete Nutzungsart keines Schutzes durch Grenzabstandsregelungen bedürften. Solche Situationen können vorübergehend sein und sich jederzeit verändern.

2. *Satz 2* stellt – in Ergänzung zu § 3 Abs. 1 – ausdrücklich klar, daß die öffentlich-rechtlichen Vorschriften (insbesondere zum Bau-, Straßen- und Wasserrecht), die Regelungen über Anpflanzungen enthalten (s. Vorbemerkung 2. vor § 36), Vorrang haben und damit die privatrechtlichen Verpflichtungen zur Einhaltung von Abständen verdrängen.

§ 39 Beseitigungsanspruch

[1]Wird der vorgeschriebene Mindestabstand nicht eingehalten, so kann der Nachbar die Beseitigung der Anpflanzung verlangen. [2]Der Eigentümer und der Nutzungsberechtigte des Grundstücks sind befugt, stattdessen die Anpflanzung auf ihrem Grundstück zurückzuschneiden, sofern auch auf diese Weise ein den Vorschriften dieses Gesetzes entsprechender Zustand hergestellt werden kann. [3]Eine Beseitigung oder Zurückschneidung kann nur verlangt werden, soweit pflanzenschützende Vorschriften nicht berührt werden.

Erläuterung

1. Wird mit Baum, Strauch oder Hecke der Mindestabstand nach § 36 oder § 37 Abs. 1 Nr. 1 bis 3, Abs. 2 nicht eingehalten, ohne daß eine Ausnahme nach § 38 vorliegt, steht dem Eigentümer des angrenzenden Grundstücks ein Anspruch auf Beseitigung der Pflanze zu (*Satz 1*). Andere Ansprüche – etwa nach § 910 oder § 1004 BGB (Text im Anhang 1) – bleiben hiervon unberührt (zu ihnen vgl. § 37 Anm. 1.1 sowie OLG Düsseldorf NJW 1986, 2648). Forderungen nach Beseitigung von Anpflanzungen, die bereits bei Inkrafttreten des Gesetzes (4. 7. 1996) vorhanden waren, beurteilen sich nach § 61 Abs. 2. Für Bäume und Sträucher, die *auf* der Grenze stehen, enthält § 923 Abs. 2 und 3 BGB eigene Regelungen (s. auch § 42 Anm. 3.).

1.1 Der Anspruch auf **Beseitigung** setzt keine konkrete Beeinträchtigung der Grundstückssituation voraus. Er geht damit weiter als die Rechte nach §§ 910, 1004 BGB (s. o.). Der (bloße) Verstoß gegen die Abstandsvorschriften genügt. Er stellt eine Negation der Nachbarschaftsordnung dar und rechtfertigt bereits aus sich heraus das Beseitigungsverlangen. Der Eigentümer der Anpflanzung haftet unabhängig von Vorsatz und Fahrlässigkeit, Unwissenheit oder Irrtum; Gründe, die die Unterschreitung des Pflanzabstandes rechtfertigen sollen, können nicht zur Entlastung führen.

1.2 Bei Pflanzen, die in der Regel höher als 2 m werden und bei denen ein Zurückschneiden unüblich ist, kann die Beseitigung im Rahmen von § 37 schon verlangt werden, bevor die tatsächliche Höhe von 2 m erreicht ist. Bei anderen Pflanzen, insbesondere bei Hecken und Sträuchern, muß dieses Maß erst überschritten sein, weil anderenfalls dem Pflanzeneigentümer die Möglichkeit nach Satz 2 genommen würde, die verlangte Beseitigung durch ein Zurückschneiden auf die Höhe von 2 m abwenden zu dürfen.

Das Beseitigungsverlangen ist auf keinen bestimmten Zeitraum im Jahr beschränkt. Im Einzelfall kann jedoch der nachbarschaftliche Grundsatz von § 1 Umfang und Zeitpunkt der Beseitigungspflicht bestimmen, im übrigen gilt das allgemeine Schikaneverbot nach § 226 BGB (Text im Anhang 1; zur Ausschlußfrist s. § 40). Der Nachbar kann, wie sich aus Satz 2 ergibt, statt der Beseitigung auch gleich das Zurückschneiden der Pflanze auf die abstandsgemäße Höhe verlangen. Er wird dies im Interesse des nachbarlichen Rechtsfriedens auch tun, wenn dies seinem Anliegen ausreichend entgegenkommt.

Weigert sich der Pflanzeneigentümer, dem berechtigten Verlangen nach Beseitigung (oder Zurückschneiden) zu entsprechen, kann der betroffene Nachbar nicht im Wege der Selbsthilfe die Maßnahmen eigenmächtig durchführen, sondern muß ihn auf Erfüllung seines Beseitigungsanspruchs verklagen.

2. *Satz 2* trägt dem Umstand Rechnung, daß ein gesetzlicher Zustand auch dadurch zu erreichen ist, daß Pflanzen zurückgeschnitten werden. Häufig wird bei Hecken und Sträuchern ein **Zurückschneiden** auf die statthafte Höhe eine völlige Beseitigung überflüssig machen. Dem Eigentümer der Pflanze steht in einem solchen Fall das Recht zu, die von ihm verlangte Beseitigung durch Zurückschneiden auf das gebotene Maß abzuwenden.

Die Befugnis steht auch den **Nutzungsberechtigten** zu. Damit sind – ausgehend von § 100 BGB – diejenigen gemeint, welche ein dingliches Nutzungsrecht besitzen (in Sonderheit Nießbraucher, § 1030 ff. BGB), sowie all jene, die ein obligatorisches Nutzung- und Gebrauchsrecht haben, wie vor allem Mieter und Pächter (§§ 535 ff., 581 ff. BGB).

3. *Satz 3* stellt – vorsorglich – erneut klar, daß **pflanzenschützende Vorschriften**, die im öffentlichen Recht vorhanden sind, Vorrang haben (s. § 3 Abs. 1). Nach Art. 111 EGBGB bleiben die landesrechtlichen Vorschriften, die im öffentlichen Interesse das Eigentum in Ansehung tatsächlicher Verfügungen beschränken und zu denen die Naturschutzvorschriften gehören, unberührt. Das Entfernen von Pflanzen kann vornehmlich in Baumschutzsatzungen oder -verordnungen geregelt sein (zur zivilrechtlichen Auswirkung von Baumschutzregelungen s. auch Otto, NJW 1989, 1783 ff. sowie OLG Düsseldorf, NJW 1989, 1807). Die Sicherung erfaßt dann Einzelbäume, Baumgruppen, Baumreihen, Hecken oder sonstige Gehölze (s. § 24 Abs. 2 Nr. 4 BbgNatSchG). Es ist üblich, Bäume in bestimmten Gebieten ab einem bestimmten Stammumfang, gemessen in einer bestimmten Höhe über dem Erdboden, zu schützen (zum Umfang der Gebietsbezogenheit s. BVerwG, Das Grundeigentum 1996, 871). Außer dem Erlaß einer Rechtsverordnung, etwa durch die untere Naturschutzbehörde (Landkreis, kreisfreie Stadt), können auch die Gemeinden und Ämter als Selbstverwaltungsangelegenheit den Schutz durch Satzung festsetzen (§ 24 Abs. 3 BbgNatSchG; zur generellen Zulässigkeit solcher Satzungen s. VGH Mannheim NJW 1997, 2128, 2129). Diese Satzungen sind Gesetze i. S. v. Art. 2 EGBGB. Es sollte also bei der jeweiligen Gemeinde- oder Amtsverwaltung nachgefragt werden, ob örtliche oder den gesamten Landkreis erfassende Baumschutzvorschriften vorhanden sind.

3.1 Landeseinheitlich gilt derzeit die **Baumschutzverordnung** der **DDR** vom 28. 5. 1981 (Text im Anhang 3), die als Landesrecht ausdrücklich in Kraft geblieben ist (§ 77 BbgNatSchG). Die von Schink (DÖV 1991, 7, 8) geäußerten Zweifel über ihre Fortgeltung in den neuen Ländern haben sich daher für Brandenburg erledigt. Zudem wird DDR-Recht, abgesehen von der Zuordnung zum Landes- oder Bundesrecht, nicht an formellen Anforderungen gemessen.

Der Geltungsbereich der Baumschutzverordnung endet dort, wo Schutzfestsetzungen nach § 24 Abs. 3 BbgNatSchG (s. o.) vorliegen. Das gilt auch dann, wenn diese den Stammumfang der Bäume, welcher den Schutzgegenstand festlegt, anders als 30 cm bestimmen. So begründet etwa ein Stammumfang von 45 cm noch einen ausreichenden Schutz des Baumbestandes.

Die Baumschutzverordnung des Landes hingegen sichert Bäume schon bei einem Stammumfang von mindestens 30 cm (gemessen in 1,3 m Höhe vom Erdboden). Eigentümer und Nutzungsberechtigte (s. Anm. 2.) haben die auf ihren Grundstücken stehenden Bäume zu erhalten, zu pflegen und schädigende Einwirkungen zu unterlassen (zur Baumkontrolle aus fachlicher Sicht vgl. Hötzel, NJW 1997, 1757 f. m. w. N.). Das Beseitigen bedarf der Genehmigung durch die untere Naturschutzbehörde (Landkreis, kreisfreie Stadt). Das Genehmigungsverfahren regelt sich nach § 6 dieser Verordnung.

Der **Schutz bestimmter Biotope** (wie Gebüsche und Baumbestände trockenwarmer Standorte, Streuobstbestände, Bruch-, Moor-, Au- und Hangwälder sowie sonstige Restbestockungen von natürlichen Waldgemeinschaften) erfolgt durch § 32 Abs. 1 Nr. 4, 5 BgbNatSchG. Diese Biotope dürfen nicht beseitigt, Ausnahmegenehmigungen können aber nach § 36 BbgNatSchG erteilt werden.

3.2 Der zivilrechtliche Anspruch auf Beseitigung oder Zurückschneiden, der auf pflanzenschützende Vorschriften öffentlich-rechtlicher Art trifft, muß deshalb nicht ins Leere gehen. Entweder kann der zur Beseitigung oder zum Zurückschneiden aufgeforderte Pflanzeneigentümer selbst bei der zuständigen Behörde (s. o. Anm. 3.1) eine **Ausnahmegenehmigung** begehren, oder der Nachbar, der sich durch die geschützte Pflanze betroffen fühlt, kann dort die Zustimmung zur Beseitigung (oder zum Zurückschneiden) beantragen. Die Antragsbefugnis billigt ihm die Rechtsprechung zu (s. OVG Lüneburg, NJW 1996, 3225 sowie de Witt in: Hoppenberg, Kap. E, Rdnr. 246 m. w. N.). Versagt die Behörde die Ausnahmegenehmigung, muß er nach erfolglosem Widerspruch zunächst Klage beim Verwaltungsgericht erheben (anschaulich VGH Mannheim NJW 1997, 2128), ehe er – falls er dort die Ausnahmegenehmigung erstritten hat – sein eigentliches Beseitigungsverlangen gegenüber dem Pflanzeneigentümer weiterverfolgen kann.

§ 40 Ausschluß des Beseitigungsanspruchs

¹Der Anspruch nach diesem Gesetz auf Beseitigung von Anpflanzungen, die die vorgeschriebenen Mindestabstände nicht einhalten, ist ausgeschlossen, wenn der Nachbar nicht bis zum Ablauf des zweiten auf das Anpflanzen folgenden Kalenderjahres Klage auf Beseitigung erhoben hat. ²Für Anpflanzungen, die zunächst die vorgeschriebenen Abstände einhalten, beginnt die Frist, wenn sie über die nach diesem Gesetz zulässige Höhe hinausgewachsen sind.

Erläuterung

1. Der Anspruch nach § 39 auf Beseitigung einer Anpflanzung, der den Anspruch auf Zurückschneiden mit umfaßt, ist im Interesse des Rechtsfriedens zeitlich begrenzt. Dies gilt auch für Pflanzen, die zunächst ohne bestimmte Entfernung zum Nachbargrundstück gesetzt werden durften, dann aber höher gewachsen sind, als dies nach den Mindestabstandsregeln in §§ 36, 37 statthaft ist.

1.1 Die **Frist beginnt** in der Regel mit dem Zeitpunkt der Anpflanzung. Soweit jedoch nach § 37 ohne einen bestimmten Abstand gepflanzt werden konnte, läuft die Frist erst dann an, wenn der nachbarrechtswidrige Zustand erreicht ist. Dies bedeutet, daß bei Bäumen, Sträuchern und Hecken, die zwar regelmäßig höher als 2 m wachsen, bei denen aber ein Zurückschneiden üblich ist, die Frist erst einsetzt, wenn die Wuchshöhe 2 m überschritten hat. Läßt sich jedoch schon beim Anpflanzen insbesondere junger Bäume erkennen, daß nach der Pflanzenart mit einer Höhe von über 2 m zu rechnen und ein Zurückschneiden nicht üblich ist, beginnt die Frist mit dem Tag der Anpflanzung.

Die Frist kann unter Umständen immer wieder neu einsetzen, z. B. wenn die Hecke zwar (auf Verlangen) zurückgeschnitten worden war, inzwischen aber über die zulässige Höhe wieder hinausgewachsen ist. Die Frist ist auf **zwei Jahre** seit Ablauf des Kalenderjahres bemessen, in dem die Anpflanzung vorgenommen bzw. die zulässige Höhe überschritten worden ist. Der Zeitraum läßt dem Nachbarn ausreichend Zeit, sich über Pflanzart oder Pflanzweise zu erkundigen und bei jungen Pflanzen das Wachstum während zweier Vegetationsperioden zu verfolgen. Dann aber muß er sich Klarheit darüber verschaffen, ob und inwieweit die Anpflanzung stehenbleiben kann. Der Nachbar hat daher, will er seine Abwehrrechte wahren, ständig darauf zu achten, von welcher Art die Anpflanzungen an der Grenze zu seinem Grundstück sind. Er kann verlangen, daß ihm hierüber Auskunft erteilt wird. Ändern sich während des Laufs der Frist die Eigentumsverhältnisse am Nachbargrundstück, hat das auf den Zeitpunkt des Fristendes keinen Einfluß. Der neue Eigentümer muß sich den Zeitraum anrechnen lassen, der schon verstrichen ist.

1.2 Mit Ablauf der Frist, die der Nachbar ohne sein Zutun hat verstreichen lassen, geht der Anspruch auf Beseitigung (oder Zurückschneiden) unter. Dem Betroffenen wird zugemutet, die Anpflanzung nun bis zu ihrem natürlichen Abgang hinzunehmen. Für Ersatzanpflanzungen gilt § 41. Unberührt bleiben aber Ansprüche auf Abschneiden von Ästen und Wurzeln nach §§ 910, 1004 BGB (s. § 37 Anm. 1.1). Sie verjähren erst in 30 Jahren (§ 195 BGB). Danach hat der Betroffene bei Anlage oder Gestaltung seines im Grenzüberwuchsbereich liegenden Gartens auf die vorgegebene, nun nicht mehr durch ihn veränderbare Situation der Grenzbepflanzung entsprechend Rücksicht zu nehmen (OLG Köln, Urt. v. 22. 5. 1996 – 11 U 6/96).

2. Das Verlangen nach Beseitigung oder Zurückschneiden ist – um die Frist zu wahren – durch **Klage** geltend zu machen. Die Klageschrift muß spätestens am 31. 12. des übernächsten Jahres bei dem Amtsgericht eingegangen sein, in dessen Bezirk das Nachbargrundstück liegt. Damit dieser späte Zeitpunkt aber noch ausreicht, muß die Zustellung an den Beklagten „demnächst" erfolgen können (§ 270 Abs. 3 ZPO). Dazu ist erforderlich, daß der Kläger einen Kostenvorschuß bei Gericht zahlt, den er alsbald nach Einreichung der Klageschrift zu entrichten hat.

§ 41 Ersatzanpflanzungen

[1]Werden für Anpflanzungen, bei denen der Anspruch auf Beseitigung nach § 40 ausgeschlossen ist, Ersatzanpflanzungen oder Nachpflanzungen vorgenommen, so sind die nach diesem Gesetz vorgeschriebenen Abstände einzuhalten. [2]Dies gilt nicht für die Ersetzung einzelner abgestorbener Heckenpflanzen einer geschlossenen Hecke.

Ersatzanpflanzungen § 41

Erläuterung

1. Der Nachbar muß nicht deshalb, weil er die Beseitigung vorhandener Anpflanzungen nicht mehr verlangen kann, auch deren **Auswechslung** hinnehmen. *Satz 1* stellt klar, daß Ersatzanpflanzungen den Bestimmungen über Neuanpflanzungen unterliegen, so daß die vorgeschriebenen Mindestabstände einzuhalten sind. Widrigenfalls steht dem Nachbarn ein Beseitigungsanspruch zu, für den eine neue Ausschlußfrist nach § 40 läuft.

Der Unterschied zwischen einer Ersatzanpflanzung und einer Nachpflanzung besteht darin, daß letztere die Auswechslung etwa eines Baumes in einer geschlossenen Obstanlage meint. Auch in diesem Fall soll das allmähliche Erneuern der Anlage nur mit dem gebotenen Abstand erfolgen dürfen.

2. Eine Ausnahme gilt nach *Satz 2* für die Ersetzung einzelner **Heckenpflanzen**. Um die Erhaltung einer geraden Hecke zu ermöglichen, wird gestattet, einzelne abgestorbene Pflanzen ohne Einhaltung der Abstandsvorschrift am alten Standort durch gleiche Pflanzen zu ersetzen. Mit der Einzelpflanze muß nicht sofort ein linienhafter Verbund erzielt werden; es genügt, daß die Jungpflanze dazu geeignet ist, die Geschlossenheit des Pflanzenkörpers wieder zu erlangen. Ist die Hecke jedoch bereits derart ausgedünnt, daß sie nur noch wie eine Aufreihung einzelner Pflanzen aussieht, würde ein Auswechseln höchstens den Dichtungsschluß eines kleinen Teilstücks ergeben können. Ein solches Erneuern stellt eine Nachpflanzung im Sinne von Satz 1 dar.

3. Die Anwendung der Vorschrift kommt über ihren Wortlaut hinaus auch für Anpflanzungen in Betracht, die aus der Zeit vor Inkrafttreten dieses Gesetzes (4. 7. 1996) stammen. Scheitert ein Beseitigungsanspruch an § 61 Abs. 2 (s. Anm. 2. zu § 61), ist § 41 auf neue Anpflanzungen, durch die die alten Pflanzen ersetzt werden sollen, **entsprechend anwendbar**. Die Vorschrift gibt einen allgemeinen Rechtsgedanken wieder, der im Hinblick auf seine Rechtsfolgen eine Gleichsetzung mit den „Alt-Anpflanzungen" rechtfertigt.

§ 42 Nachträgliche Grenzänderungen

Die Rechtmäßigkeit des Abstandes wird durch nachträgliche Grenzänderungen nicht berührt; § 41 gilt entsprechend.

Erläuterung

1. Um im Flurbereinigungsverfahren oder bei sonstigen nachträglichen Grenzänderungen nachbarliche Streitigkeiten zu vermeiden, stellt die Vorschrift sicher, daß die Pflanzen ohne Rücksicht auf die neuen Grenzabstände stehenbleiben dürfen. Wird aber später neu gepflanzt, müssen die vorgesehenen Abstände zur neuen Grenze eingehalten werden.

2. Die „**Rechtmäßigkeit**" erfaßt nicht nur die Anpflanzung (Baum, Strauch, Hecke), welche die in §§ 36, 37 festgelegten Abstände zur alten Grenze eingehalten hat, sondern auch die, deren Beseitigung der Nachbar nicht mehr verlangen kann, weil ihm der Abwehranspruch gemäß § 40 nicht mehr zusteht. Der Bestandsschutz, der nach Ausschluß des Beseitigungsanspruchs eintritt, bleibt auch in bezug auf die neue Grenzlinie gewahrt (wie hier: Bauer/Hülbusch/Schlick/Rottmüller, § 52 Anm. 2). Der Grund für die Grenzänderung (z. B. die Aufteilung eines Grundstücks) ist unerheblich. Maßgeblich kann jedoch nur eine Grenzänderung sein, die nach Inkrafttreten dieses Gesetzes (4. 7. 1996) erfolgt ist. Der Bestandsschutz früherer Anpflanzungen ist in § 61 Abs. 2 geregelt.

3. Der Verweis auf § 41 bedeutet, daß mit **Ersatzanpflanzungen** und Nachpflanzungen der Abstand zur neuen Grenzlinie einzuhalten ist, lediglich abgestorbene Heckenpflanzen dürfen am selben Ort ersetzt werden (im einzelnen Anm. 2. zu § 41). Steht allerdings ein Baum oder ein Strauch durch die Grenzänderung auf der Grenze, gilt § 923 BGB (Text im Anhang 1). Voraussetzung dafür ist, daß der Stamm an der Stelle, an der er aus dem Boden tritt, von der Grenze durchschnitten wird. Jeder Nachbar kann die Beseitigung dieses Baumes (oder Strauches) verlangen, soweit pflanzenschützende Vorschriften nicht berührt werden (s. Anm. 3. zu § 39).

§ 43 Wildwachsende Pflanzen

¹Die Vorschriften dieses Abschnitts gelten für wildwachsende Pflanzen entsprechend. ²Als Anpflanzen im Sinne des § 40 Satz 1 gilt die Erklärung des Grundstückseigentümers gegenüber dem Nachbarn, daß er die wildwachsende Pflanze nicht beseitigen wolle.

Erläuterung

1. Da bei Nachbarn unterschiedliche Auffassungen zu wildwachsenden Pflanzen bestehen können, werden die Abstandsvorschriften auch auf sogenannte „Unkräuter" ausgedehnt. Eine Klageverjährung nach § 40 kann nur einsetzen, wenn der Grundstückseigentümer zuvor erklärt hat, daß die entsprechenden Pflanzen Teil seiner Anbaukultur sind.

2. Mit **wildwachsenden Pflanzen** sind Bäume und Sträucher gemeint, die sich selbst ausgesät haben, also nicht durch menschliches Zutun vorhanden sind. Um auch bei „verwilderten" Gärten andauerndem nachbarlichen Streit über zu geringe Entfernungen vorzubeugen, ist der Nachbar gehalten, sich wie bei angelegten Pflanzen bald Klarheit darüber zu verschaffen, ob er auf Einhaltung der Mindestabstände Anspruch erhebt. Er hat ein Recht darauf zu erfahren, inwieweit die Pflanzen stehenbleiben sollen. Erklärt der Pflanzeneigentümer, er wolle sie nicht beseitigen, hat der Nachbar bis zum Ablauf des übernächsten Jahres Zeit, die Beseitigung klageweise geltend zu machen. Danach muß er den fehlenden Abstand hinnehmen, solange die Pflanze lebt. Der Nachbar kann sich auch, wie im Falle von § 40, damit begnügen, vom Pflanzeneigentümer das Zurückschneiden zu verlangen, wenn dies bei der betreffenden Pflanze eine übliche Form der gärtnerischen Gestaltung darstellen würde. Bleibt der Eigentümer eine Antwort schuldig, beginnt keine Klagefrist zu laufen; die Klage ist jederzeit möglich.

Der Nachbar ist zur Klage erst befugt, nachdem er den Eigentümer zur Erklärung aufgefordert hat. Im Streitfall über die Rechtzeitigkeit der Klage hat der Pflanzeneigentümer die **Beweislast** dafür, daß und wann er die Erklärung gegenüber dem Nachbarn abgegeben hat. Wer sich auf eine rechtsvernichtende Einwendung berufen will, muß auch die Richtigkeit seiner Angaben belegen können. Dem Nachbarn hingegen obliegt der Beweis, daß er den Eigentümer vorher zur Erklärung aufgefordert hat.

3. Die Vorschrift gilt nur für Bäume und Sträucher, weil für andere Pflanzen Mindestabstände nicht vorgesehen sind (§ 37 Abs. 1). Dem Nachbarn stehen gegen den Grundstückseigentümer, der sein Grundstück verunkrauten läßt, mit Hilfe von §§ 906, 1004 BGB (Texte im Anhang 1) Abwehrrechte zu, die aber nur in Ausnahmefällen greifen werden (vgl. den Überblick bei Alheit, Stichwort „Garten, verwildert" sowie Herrmann NJW 1997, 153, 156 ff.).

Abschnitt 10
Duldung von Leitungen

Vorbemerkung

Das Leitungsnotwegerecht regelt das zivile Bundesrecht nicht ausdrücklich. § 917 BGB (Text im Anhang 1) sieht lediglich ein Notwegerecht vor, wenn einem Grundstück eine Verbindung zur öffentlichen Straße fehlt. Es besteht jedoch ein praktisches Bedürfnis, auch für Versorgungsleitungen ein Notrecht einräumen zu können. Das Notleitungsrecht soll insbesondere der Baureifmachung sog. Hinterliegergrundstücke zugute kommen. Die Rechtsprechung (vgl. BGH NJW 1981, 1036, 1037 m. w. N.) hat zwar anerkannt, daß Inhalt eines Notwegerechts nach § 917 BGB auch die Befugnis sein kann, Versorgungsleitungen über ein fremdes Grundstück zu führen, um an das allgemeine Versorgungsnetz anschließen zu können. Sie dient aber nur zur Lückenfüllung insoweit, als entsprechende landesrechtliche Vorschriften fehlen (BGH NJW 1991, 176).

Das BbgNRG regelt die Voraussetzungen des Leitungsrechts weniger streng, als die Anforderungen in § 917 BGB besagen. Dort hängt die Duldung eines Notweges davon ab, ob der Weg für die „ordnungsmäßige Benutzung" des Grundstücks notwendig ist. Im Falle einer beabsichtigten Bebauung liegt eine ordnungsgemäße Nutzung aber nur dann vor, wenn die erforderliche Erschließung des Grundstücks bereits gesichert ist (§§ 30, 34, 35 BauGB). Setzt das Bauvorhaben einen eigenen oder einen rechtlich gesicherten fremden Zugang zu einer befahrbaren öffentlichen Verkehrsfläche voraus (vgl. § 4 Abs. 1 Nr. 2 BbgBO), wird mit einem nach § 917 BGB beanspruchten Notweg diese Voraussetzung nicht erfüllt (vgl. BVerwG BauR 1996, 841, 842 m. w. N.). Diese Rechtslage, deren Rechtfertigung in der Eingriffsschwere liegt, muß wegen der geringeren Belastung nicht zwangsläufig auch für das Notleitungsrecht gelten. Dem bauwilligen Eigentümer eines verbindungslosen Grundstücks steht deshalb grundsätzlich ein eigenständiges Leitungsrecht zu. Baurechtlich genügt, daß die Bebaubarkeit des Grundstücks gegeben ist. Bauvorhaben, die plangemäß sind, sich in die vorhandene Bebauung einfügen oder im Außenbereich zugelassen werden können (§§ 30, 34 oder 35 BauGB), sollen nicht daran scheitern, daß ihnen der unmittelbare Zugang zum Versorgungsnetz fehlt. Dieser Zugang wird von der städtebaulichen Ordnung nicht verlangt, ihn zu fordern, würde dem Grundsatz der Baufreiheit widerstreiten.

Die nachbarrechtlichen Vorschriften der DDR hatten in §§ 321, 322 ZGB Mitbenutzungsrechte an Grundstücken geregelt, die nach Artikel 233 § 5 Abs. 1 EGBGB als Recht an dem belasteten Grundstück fortgelten.

§ 44 Leitungen in Privatgrundstücken

(1) Der Eigentümer und die Nutzungsberechtigten eines Grundstücks müssen dulden, daß durch ihr Grundstück der Eigentümer und die Nutzungsberechtigten des Nachbargrundstücks auf eigene Kosten Versorgungs- und Abwasserleitungen hindurchführen, wenn
1. **das Vorhaben bauplanungsrechtlich zulässig,**
2. **der Anschluß an das Versorgungs- und Entwässerungsnetz anders nicht möglich und**
3. **die damit verbundene Beeinträchtigung nicht erheblich**

ist.

(2) ¹**Ist das betroffene Grundstück an das Versorgungs- und Entwässerungsnetz bereits angeschlossen und reichen die vorhandenen Leitungen aus, um die Versorgung oder Entwässerung der beiden Grundstücke durchzuführen, so beschränkt sich die Verpflichtung nach Absatz 1**

auf das Dulden des Anschlusses. ²Im Falle des Anschlusses ist zu den Herstellungskosten des Teils der Leitungen, der nach dem Anschluß mitbenutzt werden soll, ein angemessener Beitrag und auf Verlangen Sicherheit in Höhe des voraussichtlichen Beitrags zu leisten. ³In diesem Falle darf der Anschluß erst nach Leistung der Sicherheit vorgenommen werden.

(3) Bestehen mehrere Möglichkeiten der Durchführung, so ist die für das betroffene Grundstück schonendste zu wählen.

Erläuterung

1. Der zeitgemäße Städtebau und die Entwicklung neuer Techniken machen die Inanspruchnahme öffentlicher Versorgungsbetriebe fast unumgänglich. Oft wird das einzelne Grundstück aber nicht unmittelbar an den Hauptstrang angeschlossen werden können, so daß Versorgungs- und Abwasserleitungen durch ein angrenzendes Grundstück verlegt werden müssen. Dies hat der Nachbar grundsätzlich zu dulden. Die Pflicht zur Duldung setzt nach *Absatz 1* jedoch dreierlei voraus:

– Es muß sich um ein Vorhaben handeln, das der Errichtung, Änderung oder Nutzungsänderung einer baulichen Anlage dient, die nach dem im Baugesetzbuch geregelten Städtebaurecht zulässig ist.

– Die Inanspruchnahme des eigenen Grundstücks muß zur Herstellung des Anschlusses erforderlich sein.

– Es darf – auch mit Blick auf Art. 14 GG – zu keiner erheblichen Beeinträchtigung kommen.

Die Vorschrift orientiert sich an der hessischen Regelung in § 30 Hess.NRG.

1.1 Die Duldungspflicht erstreckt sich sowohl auf den, dem das betroffene Grundstück gehört (oder als Erbbauberechtigter dem Eigentümer gleichsteht, § 2 Abs. 2) als auch auf den, der es selbst nutzt (s. § 39 Anm. 2). Betroffen kann aber nur das **angrenzende** Grundstück sein, welches also geometrisch neben dem Grundstück liegt, für das die Leitung gedacht ist. Dies ergibt sich aus § 2 Abs. 1. Sonstige Grundstücke, die auf dem Weg zur Hauptleitung außerdem noch überquert werden müssen, sowie Straßen und Grünflächen (s. § 49) unterliegen nicht der hier geregelten Duldungsverpflichtung. Ihnen gegenüber muß auf eine entsprechende Anwendung des Notwegerechts nach § 917 BGB gedrungen werden (s. dazu allerdings die Vorbemerkung vor § 44).

1.2 Die Duldung bezieht sich auf

– **Versorgungsleitungen**, das sind Leitungen, die zur ordnungsgemäßen Nutzung des Bauvorhabens mit Wasser und Strom dienen. Auch Leitungen für den Kabelanschluß und das Telefon sind gemeint. Gasleitungen, die eine Fernheizung ermöglichen sollen, sind in § 51 gesondert geregelt. Die Zuleitung zu Öltanks fällt nicht hierunter, weil sie keinen Anschluß an ein Versorgungsnetz darstellt.

– **Abwasserleitungen**, damit sind Leitungen gemeint, die der ordnungsgemäßen Entsorgung von Brauch- und Schmutzwasser dienen. Die Entsorgung kann auch im Mischsystem zusammen mit dem Oberflächenwasser erfolgen.

1.3 Die **Voraussetzungen** für eine Duldung müssen in mehrfacher Hinsicht gegeben sein, um eine fremdnützige Hinnahme rechtfertigen zu können:

1.3.1 Das Bauvorhaben auf dem verbindungslosen Grundstück, für das die Leitung gedacht ist, muß nach *Nr. 1* in **bauplanungsrechtlicher** Hinsicht statthaft sein. Das beurteilt sich nach §§ 29 ff. BauGB je nachdem, ob das Vorhaben im Geltungsbereich eines Bebauungsplans (§ 30), innerhalb eines im Zusammenhang bebauten Ortsteils (§ 34) oder im Außenbereich (§ 35 BauGB) liegen soll. Auf die Einhaltung der bauordnungsrechtlichen Voraussetzungen kommt es nicht an, so daß weder die Bestimmungen über das Grundstück und seine Bebauung (§§ 4 ff. BbgBO) noch die über bauliche Anlagen (§§ 12 ff. BbgBO) zu prüfen sind.

Bei Zweifeln über die Bebaubarkeit kann ein planungsrechtlicher **Vorbescheid** beim zuständigen Bauaufsichtsamt eingeholt werden (§ 76 BbgBO). Eine negative Bescheidung, mit der die Unzulässigkeit der baulichen Nutzung des verbindungslosen Grundstücks festgestellt wird, bindet den Eigentümer (auch) gegenüber seinem Nachbarn, den er mit einer Leitung in Anspruch nehmen will. Dieser kann sich auf den

Verwaltungsakt zur Abwehr einer Duldungsverpflichtung berufen (§ 3 Abs. 1).

1.3.2 Abweichend von den Regelungen in Hessen muß nach *Nr. 2* die Inanspruchnahme des fremden Grundstücks zur beabsichtigten baulichen Nutzung des eigenen Grundstücks **notwendig** sein. Die bloße Zweckmäßigkeit des geplanten Trassenverlaufs oder die hohen Kosten eines anderweitigen Anschlusses an die Hauptleitung genügen zur Erfüllung der (2.) Voraussetzung nicht. Verlangt wird die Feststellung, daß ohne die gewünschte Durchleitung das allgemeine Versorgungsnetz nicht erreicht werden kann.

Liegt das verbindungslose Grundstück derart in zweiter Reihe, daß in der ersten Reihe zwei oder mehr Grundstücke angrenzen, kann der Berechtigte (s. Anm. 1.4) je nach den Gegebenheiten des Einzelfalls auswählen, welches dieser Grundstücke er in Anspruch nehmen will. Er hat dabei das Grundstück auszusuchen, das unter Berücksichtigung seiner Erfordernisse am wenigsten beeinträchtigt wird. Der Maßstab entspricht dem Kriterium von Absatz 3, daß stets die für das belastete Grundstück am geringsten behindernde Leitungsführung gewählt werden muß.

1.3.3 Ob die gewünschte Durchleitung, die in der Regel unterirdisch erfolgen wird, keine **erhebliche Beeinträchtigung** i. S. v. *Nr. 3* entstehen läßt, kann nur nach den konkreten Verhältnissen bestimmt werden. Im Streitfall ist die Beurteilung zwar tatrichterlicher Natur, sie hat aber von zutreffenden rechtlichen Gesichtspunkten auszugehen. Dazu gehört die Feststellung, daß die Duldungspflicht nicht erst dann entfallen soll, wenn die Beeinträchtigung unzumutbar ist, sondern schon, wenn sie sich bei wertender Betrachtung aus der Sicht eines verständigen Durchschnittsbenutzers (s. Anm. 2.4 zu § 1) als erheblich, also als wesentlich erweist. Es gelten die Maßstäbe von § 906 BGB (Text im Anhang 1). Gewisse, nur unwesentliche Beeinträchtigungen hat der betroffene Nachbar nach § 1 hinzunehmen. Hierzu im einzelnen:

– Überbaute Teile des fremden Grundstücks kommen für den Anschluß nicht in Betracht.
– Bei (z. T. noch) unbebauten Grundstücken wird eine erhebliche Beeinträchtigung gegeben sein, wenn der Nachbar in der zulässigen

Leitungen in Privatgrundstücken § 44

baulichen Nutzung seines Grundstücks behindert würde. Das ist der Fall, wenn für den Anschluß Teile des Grundstücks in Anspruch genommen werden sollen, deren **Bebaubarkeit** entweder im Bebauungsplan der Gemeinde festgesetzt ist oder die im Einzelfall nach §§ 34, 35 BauGB als bebaubar gelten. Ausnahmen bilden Abstandsflächen gegenüber den Grundstücksgrenzen nach § 6 BbgBO. In diesen Flächen sind nur untergeordnete Nebenanlagen statthaft. Die eigentlichen überbaubaren Flächen sind in Gebieten mit qualifizierten Bebauungsplänen (§ 30 Abs. 1 BauGB) durch die Festsetzung von Baulinien, Baugrenzen oder Baubautiefen bestimmt (vgl. § 23 Abs. 1 BauNVO), während sie sich in anderen Baugebieten aus dem Vergleich mit der vorhandenen Bebauung ergeben. In der Regel wird nur der Bereich nahe der Grundstücksgrenze (also in der Abstandsfläche von § 6 BbgBO) für die Leitungstrasse in Betracht kommen.
– Den bei Tiefbauarbeiten anfallenden **Erdaushub** darf der Berechtigte vorübergehend auf dem betroffenen Grundstück lagern, solange die Verlegearbeiten dauern. Nur in Ausnahmefällen wird diese Beeinträchtigung unverhältnismäßig sein.

Beeinträchtigungen, die erst nachträglich auftreten, regelt § 47.

1.4 Anspruchsberechtigt ist sowohl der Eigentümer (Erbbauberechtigte, § 2 Abs. 2) des verbindungslosen Grundstücks als auch der Nutzungsberechtigte, der z.B. als Mieter oder Pächter ein Gebäude errichten und nutzen will, für das er die erforderliche Erschließung mit Wasser und Energie benötigt. Seine Berechtigung folgt aus § 48 Abs. 2 Satz 1.

1.5 Die **Kosten** für die Verlegung der Leitung hat der Berechtigte (s. Anm. 1.4) zu tragen, der auch für die Unterhaltung aufkommen muß (siehe § 45).

2. Sind bereits entsprechende Leitungen auf seinem Grundstück vorhanden, kann der Nachbar nach *Absatz 2* den **Anschluß** daran verlangen, um eine weitere Leitung zu verhindern. Auf die Anschlußmöglichkeit darf er aber nur verweisen, wenn die vorhandene Leitung ausreicht, um die Versorgung oder Entwässerung beider Grundstücke durchzuführen. Voraussetzung ist auch hier, daß das Hauptnetz nicht anders zu erreichen ist und daß die mit dem Anschluß verbundenen Beeinträchtigungen nicht erheblich sind.

2.1 Der Berechtigte (s. Anm. 1.4) kann den Anschluß weder aus Gründen der Zweckmäßigkeit oder um Kosten zu sparen noch aus sonstigen Gründen verlangen (a. A. Bauer/Hülbusch/Schlick/Rottmüller, § 26 Anm. 6). Wenn der Nachbar – der zur Duldung nach Absatz 1 verpflichtet ist – seine eigene Leitung nicht belasten, sondern statt dessen eine zusätzliche hinnehmen will, wird seine Entscheidung durch § 903 BGB geschützt.

2.2 Die Kostenfrage stellt sich im Fall des Anschlusses unterschiedlich. Das Verbindungsstück zwischen seinem Grundstück und der Leitung auf dem Nachbargrundstück hat der Berechtigte (s. Anm. 1.4) allein zu bezahlen, während er für den Teil der Leitung des Nachbarn, den er nach dem Anschluß mitbenutzt, einen **Beitrag zu den Herstellungskosten** zu leisten hat. Geschuldet wird ein **angemessener** Beitrag, was bedeutet, daß neben den Aufwendungen für die ursprüngliche Herstellung und dem Umfang zwischenzeitlicher Abnutzung des jetzt gemeinsam genutzten Leitungsstücks auch zu berücksichtigen ist, wie vielen Personen auf der Nachbar- wie auf der eigenen Seite die Leitung nützt. Die Aufteilung hat im Verhältnis der Vorteile zu erfolgen, die die Angeschlossenen von dem gemeinsam genutzten Leitungsstück haben. Ob andere Maßstäbe angemessener sind, z. B. die Aufteilung nach Grundstücksgröße oder Zahl der Wohnungen, hängt vom Einzelfall ab, dürfte aber eher die Ausnahme sein.

Eine Kostenbeteiligung findet nur statt, wenn der Nachbar oder dessen Rechtsvorgänger die Herstellung auch bezahlt hat. Im Falle einer Herstellung durch Eigenleistung ist der damals übliche Stundenlohn zugrunde zu legen, der bei einer Fremdvergabe zu erbringen gewesen wäre. Fehlen Nachweise, muß eine Schätzung erfolgen. Hat indes die Gemeinde den Hausanschluß (das Stück zwischen Gebäude und öffentlicher Leitung in der Straße) bezahlt, entfällt der Kostenbeitrag.

In Höhe des voraussichtlichen Kostenbeitrages kann der Nachbar **Sicherheit** verlangen (siehe im einzelnen § 9 Anm. 6). Der Anschluß darf in diesem Fall erst nach Leistung der Sicherheit vorgenommen werden.

3. Der Nachbar ist zur Duldung nur einer solchen Leitung verpflichtet (*Absatz 3*), die für sein Grundstück die schonendste Streckenführung aufweist. Das Maß an Rücksichtnahme hängt von den Gegebenheiten im Einzelfall ab. Zumeist wird eine Trasse entlang der Grundstücksgrenze den Anforderungen genügen.

Die mit der Herstellung der Leitung zwangsläufig verbundenen Beeinträchtigungen (etwa durch das Ziehen von Gräben und ihr Verfüllen nach Verlegung der Rohre) hat er indes hinzunehmen (s. o. Anm. 1.3.3), ihm steht jedoch Schadensersatz nach Maßgabe von § 46 zu.

Der Pflicht, bei der Herstellung der Durchleitung die Interessen des Nachbarn tunlichst zu wahren, folgt das Gebot aus § 1020 BGB, die Leitung in ordnungsgemäßem Zustand zu halten (hierzu im einzelnen § 45).

4. Das Leitungsnotwegerecht gestattet kein eigenmächtiges Handeln. Leugnet der Nachbar das Recht, muß der Berechtigte (s. Anm. 1.4) erst einen Duldungstitel bei **Gericht** erwirken, ehe er mit den Arbeiten zur Verlegung der Leitung auf dem angrenzenden Grundstück beginnen darf.

5. Wie die konkrete befahrbare Zufahrt über ein anderes Grundstück, die nach öffentlichem Baurecht (§ 4 Abs. 1 Nr. 2 BbgBO) rechtlich gesichert sein muß, erfolgt die dingliche Sicherung der Duldungspflicht nach Absatz 1 durch Bestellung einer **Grunddienstbarkeit** gemäß § 1018 BGB. Dadurch erhält der Berechtigte (s. Anm. 1.4) die dauerhafte Sicherheit, daß er das Nachbargrundstück für die Leitungen und deren Nebenanlagen einschließlich erforderlicher Schutzstreifen nutzen darf. Denn an eine bloße Nutzungsvereinbarung mit dem Voreigentümer ist dessen Einzelrechtsnachfolger grundsätzlich nicht gebunden (s. OLG Düsseldorf NJW-RR 1991, 403, 404). Der Berechtigte, der nicht der Eigentümer des begünstigten Grundstücks ist, bedarf zur Bestellung der Grunddienstbarkeit dessen Einwilligung.

Wer die Durchleitung zu dulden hat, ist auch zur Mitwirkung bei der Bestellung der Grunddienstbarkeit verpflichtet. Beide Ansprüche sind einklagbar (vgl. i. ü. § 23 Anm. 1.3). Die durch die Bestellung der

Grunddienstbarkeit anfallenden Grundbuchkosten hat der Berechtigte zu tragen.

6. Unberührt von der Duldungspflicht nach Absatz 1 bleiben gemäß § 3 Abs. 1 **öffentlich-rechtliche Lasten**:

– Nach § 10 TelwegG können Fernmeldeleitungen durch den Luftraum von Grundstücken geführt werden (zum Wegerecht für Telekommunikationsnetze s. Schütz, NVwZ 1996, 1053 ff. sowie Hoeren, MMR 1998, 1, zur Nachverlegung von Lichtwellenleiterkabeln).

– Unternehmer dürfen nach § 116 BbgWG über fremde Grundstücke Wasser und Abwasser durchleiten.

– Im Bebauungsplan ist gemäß § 9 Abs. 1 Nr. 21 BauGB die Festsetzung einer mit einem Geh-, Fahr- oder Leitungsrecht zu belastenden Fläche zulässig, wenn und soweit es für die städtebauliche Entwicklung und Ordnung (§ 1 Abs. 3 BauGB) erforderlich ist (näheres bei Finkelnburg, BauR 1996, 303 ff.). Die Pflicht, Leitungen nach Satzungsrecht zu dulden, stellt weder in förmlicher Hinsicht noch nach ihrem Inhalt eine Enteignung im verfassungsrechtlichen Sinne (Art. 14 Abs. 3 GG) dar (BayVGH DÖV 1995, 337; zum Anspruch auf Beseitigung einer Kanalleitung s. BayVGH NJW 1996, 3163).

– Kunden und Anschlußnehmer haben jeweils nach § 8 der Verordnung über die allgemeinen Bedingungen für die Versorgung mit Wasser (AVB WasserV) vom 20. 6. 1980 (BGBl. I S. 750, 1067), der AVB Elektrizitätsversorgung vom 21. 6. 1979 (BGBl. I S. 684), der AVB Gas vom 21. 6. 1979 (BGBl. I S. 676) sowie der AVB Fernwärme vom 20. 6. 1980 (BGBl. I S. 742) für Zwecke der örtlichen Versorgung das Anbringen und die Verlegung von Leitungen über ihre im selben Versorgungsgebiet liegenden Grundstücke unentgeltlich zuzulassen (vgl. Thüringer OLG OLG-NL 1996, 135).

In der **DDR** waren Wasserversorgungsunternehmer befugt, die für die Leitungsführung benötigten Grundstücke zur Mitbenutzung in Anspruch zu nehmen (§ 40 Wassergesetz vom 2. 7. 1982, GBl. I S. 467; zu weiteren Mitbenutzungsrechten im staatlichen Interesse siehe ZGB, Autorenkollektiv, § 321 Anm. 4, sowie zur Fortgeltung der Rechte: Anlage 1 Kapitel V Sachgebiet D Abschnitt III Nrn. 14 bis 17 des Einigungsvertrags [BGBl. II 1990 S. 885, 1007 f.] – zum Beseitigungsanspruch hinsichtlich einer noch zu DDR-Zeiten verlegten Wasserleitung vgl. VG Meiningen LKV 1996, 422).

Die dingliche Sicherung der Leitungsrechte für Versorgungsunternehmer erfolgt durch beschränkt persönliche Dienstbarkeiten (§ 1090 BGB), deren Übertragbarkeit inzwischen wesentlich vereinfacht worden ist (s. Heller/Schulten, VIZ 1996, 503 m. w. N.). Für Leitungen, die schon am 3. 10. 1990 genutzt worden sind, besteht nach § 9 GBBerG bereits kraft Gesetzes eine beschränkt persönliche Dienstbarkeit (darüber Keller LKV 1997, 49 ff.).

§ 45 Unterhaltung

(1) ¹**Der Berechtigte hat die nach § 44 Abs. 1 verlegten Leitungen oder die nach § 44 Abs. 2 hergestellten Anschlußleitungen auf seine Kosten zu unterhalten.** ²**Zu den Unterhaltungskosten der Teile der Leitungen, die von ihm mitbenutzt werden, hat er einen angemessenen Beitrag zu leisten.**

(2) Zur Durchführung von Maßnahmen im Sinne des Absatzes 1 Satz 1 darf der Berechtigte oder der von ihm Beauftragte das betroffene Grundstück betreten.

Erläuterung

1. *Absatz 1* bestimmt, daß der Berechtigte (vgl. Anm. 1.4 bei § 44) die Unterhaltskosten der verlegten Leitungen oder Anschlußleitungen trägt und daß er im Falle eines Anschlusses auch zu den Unterhaltskosten der von ihm mitbenutzten Teile der Leitungen einen angemessenen Beitrag zu entrichten hat.

1.1 Zu dem **Unterhaltungsaufwand** nach *Satz 1* zählen insbesondere Reparaturkosten für schadhaft gewordene Leitungen und Kosten für die Nachrüstung vorhandener Leitungen zur besseren Absicherung vor vermeidbaren Unfällen. Ergeben sich nach der Verlegung der Leitungen erhebliche Beeinträchtigungen auf dem betroffenen Grundstück – etwa Schäden durch Rückstau – , so gehört es zur ordnungsgemäßen Unterhaltung, daß der Berechtigte auf seine Kosten Vorkehrungen trifft, um weitere Störungen zu verhindern (s. i. e. § 47).

1.2 Die Unterhaltungskosten gemeinsam genutzter Leitungen sind nach *Satz 2* gemeinsam zu tragen. Der **angemessene Beitrag**, den der Berechtigte z.B. nach durchgeführter Reparatur in Geld zu leisten hat, bemißt sich nach den Vorteilen, die das angeschlossene Grundstück durch seine Mitbenutzung erfährt. Bei Wasser- und Abwasserleitungen wird von einem durchschnittlichen Wasser- oder Abwasseranfall innerhalb etwa eines Jahres auszugehen sein, der für beide Grundstücke jeweils entstanden ist. Im Umfang dieses Verhältnisses hat sich der Berechtigte – abgesehen von besonderen Umständen im konkreten Einzelfall – an den Unterhaltungskosten zu beteiligen.

2. *Absatz 2* stellt klar, daß der Berechtigte für die Vornahme der erforderlichen Unterhaltungsmaßnahmen das duldungspflichtige Grundstück betreten darf. Ähnlich aber wie beim **Betretungsrecht** nach § 23 ist auch hier die Benutzung des angrenzenden Grundstücks so zügig und schonend wie möglich vorzunehmen und darf nicht zur Unzeit erfolgen (vgl. Anm. 3. zu § 23). Erfordern die Unterhaltungsarbeiten Tiefbauarbeiten, so darf der Erdaushub vorübergehend auf dem betroffenen Grundstück gelagert werden, wenn dies im Einzelfall zumutbar ist. Unter Umständen hat der Berechtigte Schadensersatz zu leisten (§ 46).

Verweigert der Eigentümer oder Nutzungsberechtigte (Mieter, Pächter) des betroffenen Grundstücks den Zutritt, ist er auf Duldung zu verklagen (s. Anm. 1.3 zu § 23).

§ 46 Schadensersatz und Anzeigepflicht

Für die Verpflichtungen zur Anzeige und zum Schadensersatz gelten § 8 Abs. 1 Satz 1 und § 15 entsprechend.

Erläuterung

1. Aus der Duldungspflicht von § 44 folgt die Verpflichtung des Berechtigten (vgl. Anm. 1.4 bei § 44) zum Ersatz des aus der Ausübung des Notleitungsrechts erwachsenen Schadens ohne Rücksicht auf Verschulden. Ferner muß der Berechtigte vor Beginn der Arbeiten rechtzeitig Anzeige erstatten und verlangte Sicherheit auch leisten. Die Anzeige soll es dem zur Duldung Verpflichteten unter Umständen ermöglichen, sein Anschlußrecht nach § 48 Abs. 2 rechtzeitig geltend machen zu können.

2. Aus der Verweisung auf § 8 Abs. 1 Satz 1 ergibt sich, daß mindestens zwei Monate vor Beginn der Arbeiten dem Eigentümer und dem in seinem Nutzungsrecht berührten unmittelbaren Besitzer des betroffenen Grundstücks die näheren Einzelheiten **anzuzeigen** sind. Die Anzeigepflicht bezieht sich auf Art und Umfang der beabsichtigten Arbeiten sowohl zur erstmaligen Verlegung von Leitungen als auch auf die, welche zur Durchführung der Unterhaltung nach § 45 erforderlich sind. Bei Gefahr im Verzuge (z. B. Rohrbruch) darf der Berechtigte zu Notstandsmaßnahmen nach § 904 BGB (Text im Anhang 1) greifen.

Die Anzeige hat stets gegenüber dem Eigentümer des betroffenen Grundstücks zu erfolgen; die Ersatzmöglichkeit nach § 8 Abs. 2, nach der die Mitteilung an den unmittelbaren Besitzer genügt, ist nicht gegeben, weil dazu die entsprechende Verweisung fehlt. Derart gravierende Eingriffe in die Substanz des Eigentums, wie sie hier geregelt sind, können nicht ohne Kenntnis des Rechtsträgers vorgenommen werden (s. i. ü. Anm. 1. f. zu § 8).

3. Aus dem Verweis auf § 15 folgt zunächst, daß der bei Ausübung des Leitungsrechts entstandene **Schaden** vom Berechtigten ohne Rücksicht auf Verschulden dem betroffenen Eigentümer oder Nutzungsberechtigten zu **ersetzen** ist.

Zum Ausgleich kommen sowohl Schäden anläßlich der (erstmaligen) Verlegung von Leitungen als auch solche in Folge späterer Wartungs- (Unterhaltungs-) Arbeiten. Zu ersetzen sind unter Umständen Nutzungsbeschränkungen (etwa der Ausfall einer Garagennutzung), Sachbeschädigungen (etwa an Bäumen, Sträuchern, Fußwegen, Einfriedungen) oder Schäden an gemeinsam genutzten Leitungen (etwa Rohrbrüche), die nachweislich durch Zuführung von Stoffen aus dem begünstigten Grundstück entstanden sind (s. i. ü. Anm. 1. und 2. zu § 15).

4. Der Verweis auf § 15 ergibt ferner, daß der Berechtigte **Sicherheitsleistung** zu erbringen hat, wenn dies der betroffene Eigentümer

§§ 46, 47 Nachträgliche erhebliche Beeinträchtigung

(Erbbauberechtigte, § 2 Abs. 2) oder Nutzungsberechtigte in Höhe des voraussichtlichen Schadensbetrages verlangt. Der mögliche Schaden (s. o. Anm. 3.) muß jedoch hinreichend wahrscheinlich sein; bloße Vermutungen, daß etwa aus dem Betrieb der Leitungen Beeinträchtigungen entstehen könnten, genügen nicht.

Vor Erbringung der geforderten Sicherheitsleistung darf der Berechtigte mit den Arbeiten nicht beginnen (näheres bei § 9 Anm. 6.).

§ 47 Nachträgliche erhebliche Beeinträchtigung

(1) ¹**Führen die nach § 44 Abs. 1 verlegten Leitungen oder die nach § 44 Abs. 2 hergestellten Anschlußleitungen nachträglich zu einer erheblichen Beeinträchtigung, so können der Eigentümer und die Nutzungsberechtigten des betroffenen Grundstücks von dem Berechtigten verlangen, daß er seine Leitungen beseitigt und die Beseitigung der Teile der Leitungen, die gemeinschaftlich genutzt werden, duldet.** ²**Dieses Recht entfällt, wenn der Berechtigte die Beeinträchtigung so herabmindert, daß sie nicht mehr erheblich ist.**

(2) **Der Schaden, der durch die Maßnahmen nach Absatz 1 auf dem betroffenen Grundstück entsteht, ist zu ersetzen.**

Erläuterung

1. Die Regelung entspricht § 10 des Telegraphenwegegesetzes. Sie ermöglicht ein angemessenes Reagieren auf wesentliche Störungen, die im nachhinein passieren. Die Folgeschäden gehen zu Lasten des Berechtigten (vgl. Anm. 1.4 zu § 44).

1.1 Die Vorschrift hat vorrangig den Fall im Auge, daß nachträglich Umstände eintreten, die – wären sie zu Beginn gesehen worden – ein Leitungsrecht nicht hätten entstehen lassen oder einen anderen Trassenverlauf ergeben hätten. Zu denken ist an veränderte Bebauungsmöglichkeiten auf dem belasteten Grundstück durch neu geschaffenes Baurecht oder an statthafte Erweiterungsbauten, denen die verlegte Leitung (oder Anschlußleitung) jetzt im Wege ist. Auch solche Veränderungen sind beachtlich, die bei Verlegung der Leitung vorhersehbar waren. Sie können aber dann, wenn der betroffene Eigentümer oder Nutzungsberechtigte ihnen nicht angemessen Rechnung getragen hatte, zu einer nach § 1 nur eingeschränkten Abwendungsbefugnis führen.

Das Verlangen nach *Absatz 1 Satz 1* setzt **Beeinträchtigungen** voraus, die **erheblich** sind, also schon das Leitungsrecht nach § 44 Abs. 1 Nr. 3 nicht zum Entstehen gebracht hätten (s. dazu Anm. 1.3.3 bei § 44). Die Beeinträchtigung braucht nicht unzumutbar zu sein. Es kommt z. B. nicht darauf an, ob für die Durchführung des Bauvorhabens, das durch die Leitung behindert wird, eine zwingende Notwendigkeit besteht. Grundsätzlich ist jede Beschränkung der Baufreiheit erheblich. Es gilt jedoch der Grundsatz von § 1. Danach können gewisse Beeinträchtigungen unter Einbeziehung des Gebots gegenseitiger Rücksichtnahme und bei wertender Betrachtung noch als hinnehmbar erscheinen, die, würden sie isoliert gewürdigt, schon als erheblich einzuschätzen wären.

1.2 Das Beseitigungsverlangen kann der Eigentümer oder der Nutzungsberechtigte (s. § 39 Anm. 2) des betroffenen Grundstücks geltend machen, je nach dem, bei wem die Beeinträchtigung fühlbar wird. Das Verlangen ist, solange es nicht schikanös erfolgt (s. § 226 BGB, Text im Anhang 1) und sich in den Grenzen von § 1 (vgl. § 1 Anm. 1) hält, auch dann statthaft, wenn der Berechtigte durch den Verlust der Leitung die bisherige Nutzung seines Grundstücks aufgeben muß, weil die notwendige Ver- oder Entsorgung nicht mehr möglich ist. Die Einräumung des Leitungsrechts nach § 44 ist im Lichte von § 47 mit einem **Widerrufsvorbehalt** versehen. Diese Risikoverteilung, die zu Lasten des Inhabers des Leitungsrechts geht, folgt aus der Situationsgebundenheit der Grundstücksverhältnisse.

1.3 Der Inhaber des Leitungsrechts kann das Beseitigungsverlangen zu Fall bringen, indem er die Beeinträchtigung so herabmindert, daß sie nicht mehr wesentlich ist (*Satz 2*). Häufig wird sich eine Verlegung der Leitung an weniger störender Stelle oder – wo eine Mitbenutzung im Streit ist – ein eigenständiger Trassenverlauf im geeigneten Teil des betroffenen Grundstücks anbieten. Für solche Maßnahmen müssen aber die Voraussetzungen von § 44 erfüllt sein, weil es der Sache nach um eine Neuverlegung geht.

Der Eigentümer (bzw. der Nutzungsberechtigte) des betroffenen Grundstücks muß die störende Leitung hinnehmen, wenn er das berechtigte Angebot seines Nachbarn ablehnt, einen die Beeinträchtigung erheblich vermindernden Leitungsverlauf zuzulassen.

1.4 Die **Beweislast** liegt im Streitfall beim Eigentümer oder Nutzungsberechtigten des betroffenen Grundstücks, soweit es um das Vorliegen der behaupteten erheblichen Beeinträchtigung geht, und beim Inhaber des Leitungsrechts, soweit es sich um die Eignung der angebotenen Maßnahme handelt, durch die die Beeinträchtigung herabgemindert werden soll.

1.5 Die **Kosten** der Beseitigung und die für Maßnahmen, durch die die erhebliche Beeinträchtigung behoben wird, trägt grundsätzlich der Inhaber des Leitungsrechts. Das Gesetz regelt die finanziellen Auswirkungen zwar nicht ausdrücklich, aber den Vorschriften über die Unterhaltungskosten in § 45 Abs. 1 ist die allgemeine Wertung zu entnehmen, daß der Inhaber des Leitungsrechts für einen ordnungsgemäßen Zustand auf dem betroffenen Grundstück zu sorgen hat. Lediglich für die Beseitigung der Teile der Leitung, die der Eigentümer oder Nutzungsberechtigte des betroffenen Grundstücks selbst (mit-)benutzt, hat dieser aufzukommen, weil es sich insofern um keine allein im Interesse des Nachbarn verlegte Leitung handelt.

Aus dem Interessenprinzip folgt auch, daß der Inhaber des bisherigen Leitungsrechts die Kosten für die **Grundbuchberichtigung** zu tragen hat, welche deshalb veranlaßt wird, weil wegen des Wegfalls der Belastung des betroffenen Grundstücks mit einer fremdnützigen Leitung die eingetragene Grunddienstbarkeit gelöscht werden kann. Der Eigentümer des belasteten Grundstücks soll auch im nachhinein nicht mit Folgekosten belegt werden, die dadurch entstehen, daß er zur Duldung von Leitungen durch sein Grundstück verpflichtet worden war.

2. Der Inhaber des Leitungsrechts, der die von ihm verlegte Leitung zu beseitigen hat oder sonstige Abhilfemaßnahmen trifft, muß nach *Absatz 2* den **Schaden ersetzen**, der bei Durchführung dieser Arbeiten entsteht. Die Pflicht setzt ohne Rücksicht darauf ein, ob Verschulden vorliegt. Sie entspricht dem Schadensersatzanspruch, der nach § 46 im Zusammenhang mit Verlegungsarbeiten besteht (s. hierzu Anm. 3. bei § 46).

§ 48 Anschlußrecht des Duldungspflichtigen

(1) ¹**Der Eigentümer und die Nutzungsberechtigten eines Grundstücks, das gemäß § 44 Abs. 1 in Anspruch genommen ist, sind berechtigt, ihrerseits an die verlegten Leitungen anzuschließen, wenn diese ausreichen, um die Versorgung oder Entwässerung der beiden Grundstücke durchzuführen.** ²**§ 44 Abs. 2 Satz 2 und § 45 Abs. 1 gelten entsprechend.**

(2) ¹**Soll ein auf dem betroffenen Grundstück errichtetes oder noch zu erstellendes Gebäude an die Leitungen angeschlossen werden, die der Eigentümer oder die Nutzungsberechtigten des Nachbargrundstücks nach § 44 Abs. 1 durch das Grundstück hindurchführen wollen, so können der Eigentümer und die Nutzungsberechtigten des betroffenen Grundstücks verlangen, daß die Leitungen in einer ihrem Vorhaben Rechnung tragenden und technisch vertretbaren Weise verlegt werden.** ²**Die durch dieses Verlangen entstehenden Mehrkosten sind zu erstatten.** ³**In Höhe der voraussichtlich erwachsenden Mehrkosten ist auf Verlangen binnen zwei Wochen Vorschuß zu leisten; der Anspruch nach Satz 1 erlischt, wenn der Vorschuß nicht fristgerecht geleistet wird.**

Erläuterung

1. Als Ausdruck konkreter Nachbarschaftshilfe ist das Recht zu verstehen, daß der Eigentümer (Nutzungsberechtigte) des Grundstücks, durch das Leitungen gelegt worden sind, daran anschließen darf. Für den Fall, daß die Leitungen nach § 44 erst verlegt werden sollen, wird dem Eigentümer (Nutzungsberechtigten, s. § 39 Anm. 2) ein noch weitergehendes Recht eingeräumt: Im Interesse der Kostenersparnis, aber auch zur Minderung der Belastung, kann er eine Leitungs(aus)führung verlangen, die beiden Nachbarn zugute kommt. Die dadurch entstehenden Mehrkosten hat er allerdings zu erstatten.

1.1 *Absatz 1* regelt in *Satz 1* den Fall, daß auf dem betroffenen Grundstück **nachträglich** eine Situation eintritt, die es als sinnvoll erscheinen läßt, daß die bereits verlegte Leitung für ein weiteres Vorhaben mitgenutzt

§ 48 Anschlußrecht des Duldungspflichtigen

wird. Die Voraussetzung für dieses Anschlußrecht liegt im technischen Bereich, die im Streitfall durch Sachverständige zu klären ist. Es geht um die Frage, ob die vorhandene Leitung nach Querschnitt und Beschaffenheit ausreicht, um die Versorgung vornehmlich mit Wasser und Gas (s. Anm. 1.2 bei § 44) oder die Entwässerung für beide Grundstücke durchführen zu können. Ist das der Fall, hat der Inhaber des Leitungsrechts die Mitnutzung und die Durchführung der darauf gerichteten Anschlußarbeiten zu dulden. Weder der Eigentümer (Erbbauberechtigte, § 2 Abs. 2) noch der Nutzungsberechtigte des betroffenen Grundstücks sind jedoch verpflichtet, die sich ihnen bietende Anschlußmöglichkeit wahrzunehmen. Sie können auch eine selbständige Leitung legen.

1.2 Der Verweis in *Satz 2* auf § 44 Abs. 2 Satz 2 besagt, daß der Eigentümer (oder Nutzungsberechtigte) des betroffenen Grundstücks dem Inhaber des Leitungsrechts einen angemessenen **Beitrag** zu den **Herstellungskosten** und auf Verlangen auch Sicherheit in Höhe dieses Beitrages zu leisten hat. Zur Höhe des Betrages und zu den Einzelheiten der Sicherheitsleistung gelten die gleichen Erwägungen wie für die Regelung in der Bezugsnorm (vgl. deshalb Anm. 2.2 zu § 44).

Der Verweis auf § 45 Abs. 1 ergibt, daß der Eigentümer (oder Nutzungsberechtigte) des betroffenen Grundstücks die Anschlußleitung zwischen seinem Gebäude und der Leitung zum Nachbargrundstück selbst zu unterhalten und für den Teil der Leitung, der von ihm nun mitgenutzt wird, einen angemessenen **Beitrag** zu den **Unterhaltungskosten** aufzubringen hat (vgl. i. e. Anm. 1.1 und 1.2 zu § 45).

2. Die Regelung in *Absatz 2* betrifft die Situation, daß der Eigentümer oder Nutzungsberechtigte des betroffenen Grundstücks anläßlich der Anzeige eines Notleitungsrechts durch seinen Nachbarn zu der Überzeugung gelangt, daß es sinnvoller sei, die Leitung sogleich zu beider Nutzen zu führen oder zu ertüchtigen, soweit dieser technische Aufwand zumutbar ist. Der Nachbar, der solch berechtigten Bedürfnissen nicht entsprechen will, verliert das Recht zur Ausübung seines Notleitungsrechts.

2.1 Das Verlangen gemäß *Satz 1* nach einer bestimmten Trassenführung oder einer verbesserten technischen Ausstattung ist allenfalls solange statthaft, bis die vorgesehene Leitung verlegt ist. Nach Abschluß der Arbeiten kann sich das Anschlußrecht des Duldungspflichtigen nur noch aus Absatz 1 ergeben. Im übrigen hängt es von den Umständen des Einzelfalles ab, bis wann der Nachbar das Verlangen nach Anpassung zu berücksichtigen hat. Sofern eine Angleichung trotz schon begonnener Arbeiten technisch möglich ist, ohne daß es zu einer Neuverlegung kommen muß, ist eine Umplanung zumutbar. Dem Anpassungswunsch des Duldungspflichtigen ist weitestgehend zu entsprechen.

2.2 Es versteht sich, daß nach *Satz 2* die **Mehrkosten** vom Duldungspflichtigen zu tragen sind. Es geht um den Unterschiedsbetrag im Verhältnis zu dem Aufwand für eine Leitung, die nur den Bedürfnissen des Inhabers des Leitungsrechts genügen müßte. Ferner hat der Duldungspflichtige im Interesse einer zügigen Abwicklung der Angelegenheit nach *Satz 3* auf Verlangen einen **Vorschuß** innerhalb von zwei Wochen nach Aufforderung in Höhe der voraussichtlichen Mehrkosten zu zahlen. Der Geldbetrag muß spätestens an dem Tage beim Inhaber des Leitungsrechts persönlich oder auf seinem Konto eingegangen sein, der dem Tag der vorletzten Woche entspricht, an dem die Aufforderung beim Duldungspflichtigen eingegangen ist. Zur Fristenberechnung im einzelnen gelten die Vorschriften in §§ 186 ff. BGB. Versäumt der Duldungspflichtige den Zahlungstermin, verliert er sein Anpassungsrecht nach Absatz 2 und ist auf die Möglichkeiten aus Absatz 1 angewiesen. Die Regelungen in Satz 2 und 3 sind den Bestimmungen in § 17 Abs. 3 nachgebildet (s. hierzu Anm. 3. zu § 17).

§ 49 Leitungen in öffentlichen Straßen

Die §§ 44 bis 48 gelten nicht für die Verlegung von Leitungen in öffentlichen Straßen und in öffentlichen Grünflächen.

Erläuterung

1. Die Zweckbestimmung von Straße und Grünanlage hat den Gesetzgeber veranlaßt, für diese Grundstücke kein Leitungsnotwegerecht zuzulassen. Es soll im Belieben des Eigentümers der Straßen- oder Grünfläche bleiben, ob er die Verlegung von Leitungen gestattet. Läßt er eine Durchleitung zu, soll er die näheren Einzelheiten selbst bestimmen können. Vor allem muß er die Herstellungs- und Unterhaltungsarbeiten frei regeln können, damit die Funktion von Straße oder Grünfläche als öffentliche Einrichtung nicht beeinträchtigt wird. Es liegt im öffentlichen Interesse, daß hier zivilrechtliche Duldungspflichten zurückzustehen haben.

2. Mit **öffentlichen Straßen** sind alle Arten von Verkehrsflächen gemeint, die der Allgemeinheit zur Fortbewegung dienen (hierzu i. e. Anm. 1.2 bei § 38). Als **öffentliche Grünflächen** sind vor allem Parkanlagen, Friedhöfe und Spielplätze anzusehen (vgl. i. e. Anm. 1.3 zu § 38). Ihre Zugänglichkeit für den Gemeingebrauch läßt ein Duldungsrecht nach § 44 Abs. 1 nicht zu.

§ 50 Entschädigung

(1) [1]**Für die Duldung der Rechtsausübung nach § 44 ist der Nachbar durch eine Geldrente zu entschädigen.** [2]**Die Rente ist jährlich im voraus zu entrichten.**

(2) [1]**Die Höhe der Rente ist nach Billigkeit zu bemessen.** [2]**Dabei sind die dem Berechtigten durch die Ausübung des Rechts zugute kommenden Einsparungen und der Umfang der Belästigung des Nachbarn angemessen zu berücksichtigen.**

Erläuterung

1. Ähnlich wie beim Hammerschlags- und Leiterrecht (§ 24) legt das Gesetz aus Billigkeitserwägungen dem Berechtigten eine Entschädigungspflicht für die Inanspruchnahme des Nachbargrundstücks nach § 44 auf. Die Entschädigung ist in Form einer jährlich im voraus zu entrichtenden Geldrente zu zahlen, sofern nicht die Beteiligten etwas anderes vereinbart haben (§ 3 Abs. 1).

1.1 Die **Geldrente** steht dem Eigentümer (§ 2 Abs. 1) bzw. dem Erbbauberechtigten (§ 2 Abs. 2) des betroffenen Grundstücks zu. Da sie die Schwere des Eingriffs in fremdes Eigentum mindern soll, kann sie dem Nutzungsberechtigten, falls er die Leitung dulden muß, nicht zugute kommen.

Zur Zahlung ist der Inhaber des Leitungsrechts verpflichtet, das kann der Eigentümer (Erbbauberechtigte) oder der Nutzungsberechtigte des angeschlossenen Grundstücks sein (s. Anm. 1.4 zu § 44).

Entschädigung § 50

1.2 Die Rente ist sowohl für die Leitung zu zahlen, die der Berechtigte gelegt hat (§ 44 Abs. 1), als auch für die bestehende Leitung, die er gemäß § 44 Abs. 2 mitbenutzt. Der Betrag wird erstmalig fällig bei Abschluß der Herstellungsarbeiten, mit denen die Leitung i.S.v. § 44 Abs. 1 „hindurchgeführt" ist, oder – im Falle von § 44 Abs. 2 – mit Anschluß an die Leitung, die auf dem belasteten Grundstück bereits vorhanden ist. Danach muß der Geldbetrag für das nächste Jahr jeweils bis zum 31. Dezember des Vorjahres beim Eigentümer (Erbbauberechtigten) des betroffenen Grundstücks eingegangen sein. Entfällt im Laufe dieser Zeit die Inanspruchnahme des Grundstücks, entsteht mit dem Tage, an dem die Arbeiten zur Beseitigung der Leitung beendet sind, ein Erstattungsanspruch in Höhe der für die verbleibende Zeit zuviel gezahlten Entschädigung.

2. Der Begriff der **Billigkeit** in *Absatz 2* hebt auf die Verhältnisse im Einzelfall ab. Das sonst übliche starre Recht soll mit Hilfe von Erwägungen, die sich an Treu und Glauben ausrichten, gemildert werden. Anders als für die Bemessung der Notwegerente gem. § 917 Abs. 2 BGB (Text im Anhang 1) wird auf Vor- und Nachteile und nicht nur auf die dem Nachbarn auferlegte Eigentumsbeschränkung abgehoben (zur Notwegerente s. BGH NJW 1991, 564 f.).

2.1 Die Höhe der Rente richtet sich zunächst nach den **Vorteilen**, die das Leitungsnotwegerecht dem Berechtigten bringt. Hat er z.B. den Bau einer Kleinkläranlage auf seinem Grundstück erspart, weil er eine Abwasserleitung zum allgemeinen Leitungsnetz über das angrenzende Grundstück verlegen konnte, können die fiktiven Baukosten im Umfang ihrer jährlichen Abschreibung angesetzt werden. Bei Anschluß an die Fernheizung (s. § 51) können die für den Einbau von Feuerungsanlagen zum Betrieb mit Kohle oder Öl ersparten Aufwendungen berücksichtigt werden. Die Vorteile, die eine Wasser- oder Stromleitung erbringt, werden sich jedoch kaum quantifizieren lassen, weil ohne ausreichende, hygienisch unbedenkliche Wasserzufuhr oder ohne Stromanschluß ein Bauvorhaben nicht zu verwirklichen sein wird.

Liegen die Einsparungen in mehrfacher Hinsicht vor, erhöht sich die Rente. Die Einsparungen sind jedoch nicht in ihrem vollen Umfang zu berücksichtigen, sondern können nur „angemessen" den Grundrentenbetrag (s. nachfolgend Anm. 2.4) beitragsmäßig erhöhen.

2.2 Bei den **Belästigungen**, die bei der Bemessung der Rente zu berücksichtigen sind, kommt es nur auf dauernde Beeinträchtigungen, nicht auf die Störungen an, die vorübergehend im Zusammenhang mit der Leitungsverlegung entstehen (zutr. Bauer/Hülbusch/Schlick/Rottmüller, § 32 Anm. 4). Die Rente stellt eine Dauerleistung dar, so daß einmalige Umstände keine Auswirkung auf ihre Höhe haben können. Welche Belästigungen im Einzelfall zu berücksichtigen sind, läßt sich nicht festlegen. Da bei erheblichen Beeinträchtigungen gemäß § 44 Abs. 1 Nr. 3 kein Leitungsnotwegerecht entstehen kann, bleiben nur unwesentliche Belästigungen übrig, die auf die Rentenhöhe eher geringen Einfluß haben werden.

2.3 Bei der Beurteilung von Vor- und Nachteilen ist auf die tatsächlichen Verhältnisse im Zeitpunkt der Entstehung der Duldungspflicht abzustellen; nachträgliche Änderungen werden nur beachtlich, wenn sich dadurch der Umfang der Duldungspflicht ändert.

2.4 Mangels Einsparung oder Nachteils kann die Rente nicht entfallen. Sie ist stets nach billigem Ermessen festzusetzen. Liegen keine greifbaren Anhaltspunkte vor, kann auf die Regelung in § 24 Abs. 1 zurückgegriffen werden. Danach ist eine Nutzungsentschädigung in Höhe der **ortsüblichen Miete** für einen dem benutzten Grundstücksteil vergleichbaren **Lagerplatz** zu zahlen. Im Streitfall können sich die Nachbarn auch mit einer Schätzung durch das Gericht gem. § 287 ZPO einverstanden erklären. Das OLG Hamm (NJW-RR 1992, 723, 724) hatte im Jahre 1991 in einem solchen Fall die Beeinträchtigung auf jährlich 60,- DM für jede Leitung geschätzt.

§ 51 Anschluß an Fernheizungen

Die Vorschriften dieses Abschnitts gelten entsprechend für den Anschluß eines Grundstücks an eine Fernheizung, sofern derjenige, der sein Grundstück anschließen will, einem Anschlußzwang unterliegt.

Dachtraufe und Abwässer § 51

Erläuterung

1. Nach § 15 der Gemeindeordnung und § 14 der Landkreisordnung haben die Gemeinden und Landkreise die Möglichkeit, durch Satzung den Anschluß an überörtliche Einrichtungen, wie z. B. an eine Fernheizung, zwingend vorzuschreiben. Ein solcher Anschluß wird unter Umständen ohne Inanspruchnahme eines fremden Grundstücks nicht möglich sein. Die Vorschrift bestimmt deshalb für solche Fälle, daß die Rechte und Pflichten, die nach diesem (10.) Abschnitt im Zusammenhang mit der Einräumung eines bürgerlich-rechtlichen Leitungsnotwegerechts bestehen, entsprechend gelten. Sie erfaßt aber nach dem engen Regelungsbereich des Gesetzes (s. § 2 Abs. 1) nur die unmittelbar angrenzenden Grundstücke.

2. Für den Eigentümer des Grundstücks, das nach der Satzung einem Anschluß- und Benutzungszwang unterliegt, besteht ein Anspruch auf Durchleitung über die dazwischen liegenden Grundstücke von der Hauptleitung bis zum eigenen Grundstück. Bereits nach der Satzung werden die Eigentümer der betroffenen Grundstücke zur Duldung der Vorkehrungen verpflichtet sein. Die Leitung über das unmittelbar angrenzende Grundstück hat der Berechtigte (s. Anm. 1.4 zu § 44), wenn nicht Spezialregelungen bestehen, zu unterhalten (§ 45) und dem Duldungspflichtigen für den Anschluß mit dessen eigener Fernheizung zur Mitbenutzung freizugeben (§ 48). Die Pflicht zur Rentenzahlung (§ 50) trifft ihn ebenfalls.

Abschnitt 11

Dachtraufe und Abwässer

Vorbemerkung

Ein Traufrecht mit dem Inhalt, Wasser von der eigenen Dachtraufe derart ablaufen zu lassen, daß es auf das Nachbargrundstück gelangen kann, besteht nach Bundesrecht nicht. § 903 BGB gewährt kein Traufrecht. In der DDR galt es nach § 356 DBO zu verhindern, daß Niederschlagswasser auf öffentliche Verkehrsflächen oder Nachbargrundstücke übertritt. Auch § 44 BbgBO begnügt sich mit der generellen Anordnung, daß Anlagen für die Beseitigung von Niederschlagswasser so zu gestalten sind, daß unzumutbare Belästigungen nicht entstehen. Dieses allgemeine baurechtliche Gebot, das die Rechtsbeziehungen zwischen den Nachbarn nicht unmittelbar regelt (s. Einleitung Nr. 1. und 2.1), wird nachfolgend durch striktere Vorschriften ergänzt. Zugleich wird der Schutz des Nachbarn vor übertretendem Abwasser erweitert.

§ 52 Niederschlagswasser

(1) Der Eigentümer und die Nutzungsberechtigten eines Grundstücks müssen ihre baulichen Anlagen so einrichten, daß

1. Niederschlagswasser nicht auf das Nachbargrundstück tropft oder auf dieses abgeleitet wird und

2. Niederschlagswasser, das auf das eigene Grundstück tropft oder abgeleitet ist, nicht auf das Nachbargrundstück übertritt.

(2) Absatz 1 findet keine Anwendung auf freistehende Mauern entlang öffentlicher Straßen und öffentlicher Grünflächen.

Erläuterung

1. Gemäß *Absatz 1* ist es ohne besonderen Rechtsgrund (§ 53) nicht zulässig, daß Niederschlagswasser vom Dach einer baulichen Anlage auf das Grundstück des Nachbarn tropft oder daß von der Leitung, die über dem Boden endet, Niederschlagswasser auf das Nachbargrundstück ausgestoßen wird. Ebensowenig darf Niederschlagswasser, das auf den Boden abgetropft oder abgeleitet worden ist und sich dort gesammelt hat, auf das angrenzende Grundstück übertreten. Ein Traufrecht in dem Sinne, Traufwasser auf das Nachbargrundstück ableiten zu dürfen, kann nur vertraglich begründet werden (§ 3 Abs. 1). Bei Inkrafttreten des Gesetzes (4. 7. 1996) bestehende rechtswirksame Vereinbarungen bleiben zwar bestehen, sind inhaltlich aber nach § 53 Abs. 1 modifiziert.

1.1 Unter **baulichen Anlagen** sind entsprechend der Begriffsbestimmung in § 2 Abs. 1 BbgBO Anlagen zu verstehen, die mit dem Erdboden verbunden und aus Bauprodukten hergestellt sind. Gemeint sind vorrangig Gebäude, überdachte Stellplätze für Kraftfahrzeuge und Gerüste (für freistehende Mauern siehe auch Absatz 2).

Niederschlagswasser **§ 52**

Niederschlagswasser i. S. dieser Vorschrift ist nicht das Regen- oder Schneewasser, das unmittelbar auf den Boden des eigenen oder angrenzenden Grundstücks fällt, sondern nur solches, das zuvor auf eine bauliche Anlage aufgetroffen war, um dann entweder
– unmittelbar auf das Nachbargrundstück überzutreten, sei es, daß es vom Dach abtropft, sei es, daß es gesammelt dorthin abfließt (Nr. 1), oder um
– zunächst zwar auf den eigenen Boden zu gelangen, danach aber auf das Nachbargrundstück abzulaufen (Nr. 2).

Bauliche Anlagen müssen folglich mit Abfluß- oder Sammeleinrichtungen versehen sein, wenn sonst Niederschlagswasser von der baulichen Anlage auf das Nachbargrundstück übertreten könnte. Für Niederschlagswasser, das nicht von Dachflächen abfließt, gilt § 55.

1.2 Traufwasser, das von einem **dritten Grundstück** herstammt, muß auf dem eigenen Grundstück von dem angrenzenden (tiefergelegenen) Grundstück abgehalten werden, wenn es auf dem dritten Grundstück zunächst auf die dort vorhandene bauliche Anlage niedergegangen ist, um danach auf die eigene bauliche Anlage abgeflossen zu sein. Dies kann z. B. bei Reihenhäusern der Fall sein. Fällt das Wasser jedoch direkt auf den Boden des dritten Grundstücks, ist der Grundstückseigentümer nicht verpflichtet zu verhindern, daß das auf sein Grundstück übertretende Wasser auf das Nachbargrundstück weiterfließen kann. Insofern bleibt es bei dem Grundsatz, daß Niederschlagswasser nicht zum Schutz des Nachbarn aufgefangen werden muß, das unmittelbar auf den Boden – sei es auf Rasen, Wege oder Terassen – gelangt.

1.3 Die **Pflichten** nach dieser Vorschrift treffen den Eigentümer (Erbbauberechtigten, § 2 Abs. 2) und den Nutzungsberechtigten (s. § 39 Anm. 2) je nachdem, wer für den Zustand der baulichen Anlage verantwortlich ist. Wie den Pflichten zu entsprechen ist, bleibt freigestellt. Neben der Entwässerung über Leitungen kommt das Anlegen von Sickergruben in Betracht, sofern das Bauordnungsrecht dies zuläßt. Unter Umständen muß eine Leitung über ein angrenzendes Grundstück gelegt werden, um in die öffentliche Kanalisation zu gelangen. Dazu wird es auf die Einräumung des Leitungsnotwegerechts nach § 44 dieses Gesetzes ankommen. Bei einer als Einfriedung gedachten Mauer, die an der

Grenze zum Nachbargrundstück errichtet wird, ist die Krone derart abzuschrägen, daß das Niederschlagswasser nur auf die Seite zum eigenen Grundstück hin abfallen kann (zu den Ausnahmen gegenüber Straßen und Grünflächen s. Anm. 2.).

1.4 Anspruch auf den ordnungsgemäßen Zustand hat der Eigentümer (Erbbauberechtigte, § 2 Abs. 2) des angrenzenden Grundstücks. Die Regelung in Absatz 1 stellt ein Schutzgesetz i. S. v. § 823 Abs. 2 BGB dar (Text im Anhang 1), weil der Ersatz von Schaden, der durch übertretendes Traufwasser entstanden ist, in ihrem Schutzzweck liegt. Über einen Schadensersatzanspruch hinaus, der allerdings Verschulden voraussetzt, kann ein Abwehranspruch nach § 1004 BGB (Text im Anhang 1) mit dem Ziel in Betracht kommen, daß die rechtswidrigen Beeinträchtigungen unterbleiben. Hierbei ist unerheblich, ob das Übertreten von Niederschlagswasser auf Sorglosigkeit beruht. Der Anspruch kann seit Inkrafttreten des Gesetzes (4. 7. 1996) geltend gemacht werden. Der Gesetzgeber hat keine Übergangsfrist vorgesehen. Zwar weisen viele Altbauten noch keine Regenrinnen auf, aber seit der Wiedergeltung des BGB in Brandenburg (3. 10. 1990) ist hinlänglich Zeit verstrichen, um einen geordneten Zustand zu schaffen. Ein Anspruch auf eine konkrete Gestaltung der baulichen Anlage zur Verhinderung, daß Wasser von der Dachtraufe auf das eigene Grundstück abläuft, besteht nicht (s.o. Anm. 1.3).

2. *Absatz 2* normiert ein Traufrecht gegenüber öffentlichen Straßen (gemeint sind auch Wege) und entlang von Grünflächen (zur Begriffsbestimmung s. Anm. 1.3 bei § 38), soweit es sich um freistehende Mauern (Umfassungsmauern) handelt. Der Widmungszweck von Straße und Grünfläche sowie baugestalterische Erwägungen lassen es vertretbar oder gar zweckmäßig erscheinen, daß Niederschlagswasser in diesen Fällen frei ablaufen darf. Der Eigentümer wird allerdings hierdurch nicht seiner allgemeinen Verkehrssicherungspflicht enthoben, die dadurch ausgelöst werden kann, daß von der Mauer abtropfendes Wasser im Winter zu einer verstärkten Eisbildung auf der angrenzenden Straße führt.

§ 53 Anbringen von Sammel- und Abflußeinrichtungen

(1) ¹Der Eigentümer und die Nutzungsberechtigten eines Grundstücks, die aus besonderem Rechtsgrund verpflichtet sind, das von den baulichen Anlagen eines Nachbargrundstücks tropfende oder abgeleitete oder von dem Nachbargrundstück übertretende Niederschlagswasser aufzunehmen, sind berechtigt, auf eigene Kosten besondere Sammel- und Abflußeinrichtungen an der baulichen Anlage des traufberechtigten Nachbarn anzubringen, wenn die damit verbundene Beeinträchtigung nicht erheblich ist. ²Sie haben diese Einrichtungen zu unterhalten.

(2) Für die Verpflichtungen zur Anzeige und zum Schadensersatz gelten die §§ 8 und 15 entsprechend.

Erläuterung

1. Wer aus besonderem Rechtsgrund zur Duldung der Traufe des Nachbarn verpflichtet ist, erhält durch *Absatz 1* die Befugnis, Sammel- und Abflußeinrichtungen – namentlich Dachrinnen und Fallrohre – an der baulichen Anlage (s. Anm. 1.1 zu § 52) des Nachbarn anzubringen, etwa um die nachteilige Wirkung der Traufe aufzuheben, die durch Eindringen von Feuchtigkeit in das eigene Mauerwerk entstehen kann. Allerdings darf mit solchen Maßnahmen für den traufberechtigten Nachbarn keine erhebliche Beeinträchtigung verbunden sein.

1.1 Bei der Verpflichtung aus **besonderem Rechtsgrund** kann es sich um Verträge oder (im Grundbuch eingetragene) Grunddienstbarkeiten (nach §§ 1018 ff. oder §§ 1090 ff. BGB) handeln, die auch vor Inkrafttreten des Gesetzes (4. 7. 1996) abgeschlossen oder bestellt gewesen sein können. Besonders in alten Ortslagen kommt es vor, daß Niederschlagswasser von mehreren Häusern über ein gemeinsames Fallrohr abgeleitet wird. Der Betroffene erhält hier – etwa anläßlich von Umbaumaßnahmen – die Möglichkeit, für getrennte Abflüsse zu sorgen. Die Regelung in Absatz 1 modifiziert insofern die ursprüngliche zivilrechtliche Vereinbarung.

1.2 Die Sammel- und Abflußeinrichtungen dürfen nach *Satz 1* nur an der baulichen Anlage des traufberechtigten Nachbarn, nicht auf seinem Grund und Boden angebracht werden. Der Bau z. B. einer Sickergrube auf dessen Grundstück ist nicht gestattet. Erlaubt ist die Anbringung auch nur solcher Einrichtungen, die **geeignet** sind, das Traufwasser von dem eigenen Grundstück abzuhalten. Der Eingriff in das fremde Eigentum muß zweckmäßig sein, eine Notwendigkeit wird aber nicht verlangt. Deshalb kann auch Niederschlagswasser, das auf dem eigenen Grundstück zu keiner Beeinträchtigung führt, mit den vorgesehenen Einrichtungen am Übertreten gehindert werden.

Allerdings darf mit diesen Maßnahmen keine erhebliche – also mehr als nur unwesentliche – **Beeinträchtigung** verbunden sein. Sammel- und Abflußeinrichtungen müssen nach den anerkannten Regeln der Bautechnik – so, wie es üblich ist – angebracht werden. Handelt es sich bei der baulichen Anlage um ein denkmalgeschütztes Gebäude, ist hierauf Rücksicht zu nehmen. Statt eines Zinkrohres kann z. B. ein Kupferrohr erforderlich sein. Unter Umständen wird eine Verlegung von Rinnen und Rohren aus baugestalterischen Gründen derart stören können, daß das Erscheinungsbild eines Hauses erheblich beeinträchtigt würde und das Anbringen daher zu unterbleiben hat.

Die mit dem Anbringen zusammenhängenden Beeinträchtigungen hat der traufberechtigte Nachbar hinzunehmen.

1.3 Die **Kosten** für die Maßnahme trägt der zur Aufnahme des Niederschlagswassers Verpflichtete. Das ist je nach der Ausgestaltung des besonderen Rechtsgrundes der Eigentümer (Erbbauberechtigte, § 2 Abs. 2) oder der Nutzungsberechtigte (Mieter, Pächter oder sonstige Nutzungsbefugte) des belasteten Grundstücks.

1.4 Der traufberechtigte Nachbar hat die Arbeiten zum Anbringen der Sammel- und Abflußeinrichtungen zu **dulden**. Will er dies nicht zulassen, muß er zunächst erfolgreich auf Duldung zivilgerichtlich verurteilt werden. Die Vorschrift räumt dem Gegner kein Selbsthilferecht ein (vgl. i. ü. Anm. 1.3 zu § 23).

1.5 Die **Unterhaltung** dieser Einrichtung obliegt nach *Satz 2* dem, der das Niederschlagswasser bisher aufnehmen mußte (s. o. Anm. 1.3). Dazu gehört, daß der Betreffende für die Reparaturen an den Leitungen verantwortlich ist, die dabei anfallenden Kosten trägt und den ord-

Abwässer §§ 53, 54

nungsgemäßen Zustand sicherstellt. Unter Umständen hat er auf eigene Kosten angefallenes Laub aus der Regenrinne zu entfernen und verstopfte Ablaufrohre reinigen zu lassen. Die Arbeiten kann er auch selbst vornehmen. Verweigert ihm jedoch der Nachbar den Zutritt, ist er insofern seiner Unterhaltungspflicht ledig.

2. Der Verweis in *Absatz 2* auf §§ 8 und 15 besagt, daß die Arbeiten erst vorgenommen werden dürfen, nachdem sie vorher fristgerecht angezeigt worden sind und auf Verlangen des traufberechtigten Nachbarn Sicherheit für zu erwartende Schäden geleistet worden ist. Die Pflicht zur Anzeige bezieht sich auch auf die Unterhaltungsarbeiten gemäß Abs. 1 Satz 2. Ferner ist der Schaden zu ersetzen, der bei Ausführung der Maßnahmen entstanden ist (zum Inhalt und Umfang der Anzeigepflicht i. e. s. Anm. 1. ff. zu § 8; wegen des Schadensersatzes und des Verlangens nach Sicherheitsleistung s. Anm. 1. ff. zu § 15).

§ 54 Abwässer

Der Eigentümer und die Nutzungsberechtigten eines Grundstücks dürfen ihre baulichen Anlagen nicht so einrichten, daß Abwässer und andere Flüssigkeiten auf das Nachbargrundstück übertreten.

Erläuterung

1. Die Vorschrift erfaßt nur Abwässer und sonstige Flüssigkeiten, die von der eigenen baulichen Anlage stammen. Sie dürfen nicht auf das Nachbargrundstück übertreten können. Schmutzwasser, das im Freien etwa bei Säuberungsarbeiten anfällt, wird nicht geregelt. Das Verbot umfaßt sowohl das Ableiten als auch das bloße Fließenlassen. Es richtet sich nicht nur an den Eigentümer (Erbbauberechtigten, § 2 Abs. 2), sondern auch gegen den Nutzungsberechtigten (§ 39 Anm. 2) des Grundstücks.

Unter **Abwasser** ist nur das Schmutzwasser i. S. v. § 64 Abs. 1 BbgWG zu verstehen. Hiernach handelt es sich um Wasser, das durch häuslichen, gewerblichen, landwirtschaftlichen oder sonstigen Gebrauch in seinen Eigenschaften verändert ist. Dazu gehören auch die aus Anlagen zum Behandeln, Lagern und Ablagern von Abfällen und Futtermitteln austretenden und gesammelten Flüssigkeiten. Dagegen ist das von Niederschlägen aus dem Bereich von bebauten oder befestigten Flächen gesammelt abfließende Wasser (Niederschlagswasser) nicht gemeint. Es gehört zwar zum Abwasser i. S. des BbgWG, wird hier aber nicht miterfaßt, weil dafür besondere Regelungen in §§ 52 und 53 vorliegen.

Die Vorschrift verpflichtet besonders bei der Abwasserbeseitigung durch Behandlung in der **Kleinkläranlage** mit anschließender Untergrundverrieselung dazu, die Kleinkläranlage in Ordnung zu halten. Durch Verseifen oder Verstopfen darf es zu keinem unkontrollierten Austritt von Abwasser und Abfließen auf das Nachbargrundstück kommen.

Mit **„anderen Flüssigkeiten"**, die aus der baulichen Anlage auf das angrenzende Grundstück gelangen können, sind insbesondere Gülle (aus Ställen) und Öl (aus Lagerbehältern im Gebäude) gemeint.

2. Die Vorschrift bietet dem Eigentümer (Erbbauberechtigten, § 2 Abs. 2) des Nachbargrundstücks Schutz vor übertretendem Abwasser. Den Anspruch kann er sowohl nach Maßgabe von § 823 Abs. 2 BGB als auch nach § 1004 BGB geltend machen. Insofern bestehen die gleichen Erwägungen wie zu § 52 (s. deshalb dort Anm. 1.4).

Abschnitt 12

Wild abfließendes Wasser

Vorbemerkung

Der hohe Wert der Schutzgüter „Wasser" und „Grundwasser" hat den brandenburgischen Gesetzgeber veranlaßt, über die öffentlich-rechtlichen Bestimmungen im Bundes- und Landeswasserrecht hinaus Regelungen im privaten Nachbarrecht zu treffen, damit konkretisierte Rücksichtnahmepflichten – auch im öffentlichen Interesse – unmittelbar zwischen den Nachbarn gelten. Die bisher vorhandene privatrechtliche Nutzungs- und Haftungsordnung ist in bezug auf die Gewässer lückenhaft gewesen, und die Regeln des allgemeinen Nachbarrechts in §§ 906 ff. BGB sind auf wasserwirtschaftliche Sachverhalte nur teilweise anwendbar.

Die nachfolgenden Bestimmungen lehnen sich an die im wesentlichen dem Gemeinen Recht folgenden Vorschriften von §§ 21 ff. Hess.NRG und §§ 39 Nds.NRG an.

§ 55 Abfluß und Zufluß

(1) Wild abfließendes Wasser ist oberirdisch außerhalb eines Bettes abfließendes Quell- oder Niederschlagswasser.

(2) Der Eigentümer und die Nutzungsberechtigten eines Grundstücks dürfen nicht
1. den Abfluß wild abfließenden Wassers auf Nachbargrundstücke verstärken und
2. den Zufluß wild abfließenden Wassers von Nachbargrundstücken auf ihr Grundstück hindern,
wenn dadurch die Nachbargrundstücke erheblich beeinträchtigt werden.

(3) Der Eigentümer und die Nutzungsberechtigten eines Grundstücks dürfen den Abfluß von Niederschlagswasser von ihrem Grundstück auf Nachbargrundstücke mindern oder unterbinden.

Erläuterung

1. Mit ihrer Regelung über die Veränderungen des Wasserablaufs und die Pflichten zur Aufnahme von Wasser präzisiert die Vorschrift die Bestimmungen zum Wassernachbarrecht in § 102 BbgWG (Text im Anhang 4), deren Absätze 1 und 2 privatrechtlichen Charakter tragen (s. zur vergleichbaren Rechtslage in NRW: BGH NJW 1991, 2770, 2771 m. w. N.). Die Besonderheit besteht darin, daß hier zwar nur das Verhältnis zwischen Nachbarn angrenzender Grundstücke erfaßt wird. Gleichzeitig werden aber die Nutzungsberechtigten in die Regelung mit einbezogen. Jedoch findet eine Konkretisierung der Nachbarrechte lediglich für bestimmtes Wasser statt. Die Begriffsbestimmung in *Absatz 1* beschränkt nämlich den Anwendungsbereich auf solches Wasser,

– das Quellen entspringt und außerhalb eines Gewässerbettes über das natürliche Gefälle abfließt, oder

– das als Regen niederfällt und frei abfließt.

Nicht hierher gehört Abwasser (s. insoweit § 54), Niederschlagswasser von Dachflächen (s. dazu § 52) sowie sonstiges Wasser, das nicht aus Quellen wild abfließt (s. insofern § 102 Abs. 4 BbgWG). Auch die Einschwemmung von Bodenbestandteilen und deren Ablagerung auf dem Nachbargrundstück wird nicht erfaßt, wie etwa Schlamm, welcher derart mit Wasser vermischt ist, daß dies über eine bloße Verschmutzung des abfließenden Wassers hinausgeht. Für den Fall gilt § 903 BGB (Text im Anhang 1; vgl. BGH NJW 1980, 2580, 2581).

2. Die Verbote in *Absatz 2* regeln den Wildwasserabfluß, der als natürlicher Vorgang jedes Grundstück treffen kann.

2.1 Der **Oberlieger** darf nach *Nr. 1* nicht den natürlichen Ablauf des Wassers in der Weise verändern, daß die Fließgeschwindigkeit erhöht und dadurch das Eigentum des Unterliegers erheblich beeinträchtigt wird. Unter das Verbot fällt jedoch nicht die Veränderung des Wasserablaufs infolge veränderter wirtschaftlicher Nutzung des Grundstücks. So gehört die mit dem Übergang von der Wiesen- zur Ackernutzung verbundene Änderung des Wasserabflusses zur natürlichen Eigenart eines landwirtschaftlichen Grundstücks und stellt keine unzulässige Veränderung dar (vgl. BGH NJW 1991, 2770 ff. sowie Breuer Rdnr. 746). Eine verbotene „Verstärkung" liegt erst in einer zielgerichteten künstlichen Einwirkung auf den natürlichen Ablauf des den Geländeverhältnissen folgenden Wassers.

Mit Oberlieger ist der Eigentümer (Erbbauberechtigte, § 2 Abs. 2) oder der Nutzungsberechtigte (s. § 39 Anm. 2) des Grundstücks gemeint, welches an ein tiefergelegenes Grundstück unmittelbar angrenzt (§ 2 Abs. 1). Der Schutz kommt nur dem Eigentümer (Erbbauberechtigten), dem das Nachbargrundstück gehört, nicht auch dem Nutzungsberechtigten zugute.

2.2 Dem **Unterlieger** ist es nach *Nr. 2* untersagt, den freien Zulauf wild abfließenden Wassers an seiner Grenze zum Oberlieger so zu beeinflussen, daß ein Rückstau entstehen und dies den Oberlieger erheblich beeinträchtigen kann. Die Beachtung des Verbots hängt allerdings im Anwendungsbereich des § 102 Abs. 2 Satz 2 BbgWG (s. o. Anm. 1.) davon ab, daß der Oberlieger Schadensersatz leistet, wenn die Weiterführung des Wassers auf dem Nachbargrundstück nicht oder nur deshalb mit erheblichem Aufwand möglich ist, weil er die natürlichen Verhältnisse auf seinem Grundstück durch (bauliche) Anlagen verändert hat. Diese Pflicht zum Schadensersatz, die gegenüber allen Nachbarn besteht, deren Grundstücke von der Einwirkung erfaßt werden, betrifft erst recht das Grundstück, das unmittelbar angrenzt.

Mit Unterlieger sind hier der Eigentümer bzw. Erbbauberechtigte sowie der Nutzungsberechtigte des angrenzenden Grundstücks gemeint.

2.3 Erhebliche Beeinträchtigungen drohen, wenn der künstliche Eingriff in den natürlichen Abfluß des Wassers negative Auswirkungen auf die Nutzungsmöglichkeit des betroffenen Grundstücks haben kann. Als belästigender Nachteil ist z. B. anzusehen, daß als Folge eine andere Bewirtschaftung oder Bepflanzung vorgenommen werden müßte.

2.4 Der **Anspruch** auf freien Wildwasserablauf gemäß Nr. 1 oder 2 kann gegen den Ober- bzw. Unterlieger sowohl nach Maßgabe von § 823 Abs. 2 BGB als auch nach § 1004 BGB (Text im Anhang 1) geltend gemacht werden. Insofern bestehen die gleichen Erwägungen wie zu § 52 (s. dort Anm. 1.4).

2.5 Die Nachbarn dürfen jedoch bezüglich des Wildwasserabflusses von den vorstehenden Bestimmungen abweichende Vereinbarungen treffen (§ 3 Abs. 1). Wenn sie diese durch eine Grunddienstbarkeit absichern (vgl. Anm. 1.3 zu § 6), binden sie damit auch den Erwerber ihrer Grundstücke. An bloße Nutzungsvereinbarungen der Voreigentümer müssen sich sonst deren Einzelrechtsnachfolger grundsätzlich nicht halten (s. OLG Düsseldorf NJW-RR 1991, 403 f.).

3. Der Oberlieger (s.o. Anm. 2.1) darf nach *Absatz 3* den Abfluß von Niederschlagswasser auf das angrenzende Grundstück jederzeit mindern (also die Fließgeschwindigkeit verringern) oder ganz **unterbinden**. Er darf folglich das Regenwasser für seine Bedürfnisse auffangen und verwerten sowie Quellwasser, wo sein wilder Abfluß Schwierigkeiten bereitet, in Gräben oder Kanälen gesammelt weiterleiten. Ihm hat

der Gesetzgeber das sog. **bessere Recht** eingeräumt. Dieses berechtigt
– verpflichtet ihn aber grundsätzlich nicht – zu verhindern, daß das auf
seinem Grundstück anfallende Niederschlagswasser auf das tieferliegende Nachbargrundstück wild abfließt (vgl. BGH NJW 1991,
2770 ff.). Lediglich als Folge von Naturereignissen kann eine Duldung
zur Wiederherstellung des früheren Zustandes entstehen (s. § 56).

Die Eingriffe in den Wasserablauf sind jedoch nur im Rahmen des öffentlich-rechtlichen Wasserrechts statthaft. Die Wasserbehörde kann
aus Gründen des Allgemeinwohls Anordnungen treffen (s. § 102 Abs. 3
BbgWG, Text im Anhang 4).

§ 56 Wiederherstellung des früheren Zustands

**(1) Haben Naturereignisse den Abfluß wild abfließenden Wassers
von einem Grundstück auf ein Nachbargrundstück verstärkt oder
den Zufluß wild abfließenden Wassers von einem Nachbargrundstück auf ein Grundstück gemindert oder unterbunden und wird
dadurch das Nachbargrundstück erheblich beeinträchtigt, so müssen der Eigentümer und die Nutzungsberechtigten des Grundstücks die Wiederherstellung des früheren Zustands durch den Eigentümer und die Nutzungsberechtigten des beeinträchtigten
Nachbargrundstücks dulden.**

**(2) [1]Die Wiederherstellung muß binnen drei Jahren vom Ende des
Jahres ab, in dem die Veränderung eingetreten ist, durchgeführt
werden. [2]Während der Dauer eines Rechtsstreits über die Verpflichtung zur Duldung der Wiederherstellung ist der Lauf der
Frist für die Prozeßbeteiligten gehemmt.**

Erläuterung

1. Während § 55 künstliche Veränderungen des Wasserablaufs zum Gegenstand hat, geht es hier um Einwirkungen auf das Nachbargrundstück,
die auf Naturereignisse zurückzuführen sind. Gedacht ist an Geschehnisse
in der Natur, die unberechenbar und außergewöhnlich sind, wie etwa Unwetter oder Erdbeben. Bei dem „beeinträchtigten Nachbargrundstück"
handelt es sich im ersten – den Abfluß betreffenden – Fall um das des Un-

Wiederherstellung des früheren Zustands § 56

terliegers und im zweiten – den Zufluß regelnden – Fall um das des Oberliegers (zu diesen s. Anm. 2.1 und 2.2 bei § 55).

1.1 Der Anspruch nach *Absatz 1* auf Wiederherstellung des früheren Zustandes auf dem vom Naturereignis betroffenen Grundstück bezieht sich nur auf außerhalb eines Bettes abfließendes Quell- oder Niederschlagswasser (s. § 55 Abs. 1). Die Umstände, die den natürlichen Ab- oder Zufluß nachhaltig verändert haben, können ein Erdrutsch oder eine Anschwemmung sein, die der Ober- bzw. Unterlieger als unabwendbarer Zufall nicht zu vertreten hat. Dadurch muß es auf dem jeweiligen Nachbargrundstück zu erheblichen Beeinträchtigungen gekommen sein (zu diesen s. Anm. 2.3 bei § 55).

1.2 Berechtigt, die Wiederherstellung des ursprünglichen Zustandes auf dem betroffenen Grundstück vorzunehmen, ist sowohl der Eigentümer (Erbbauberechtigte, § 2 Abs. 2) als auch der Nutzungsberechtigte (s. § 39 Anm. 2) des beeinträchtigten Nachbargrundstücks. **Verpflichtet**, die notwendigen Arbeiten zu dulden, sind neben dem Eigentümer (Erbbauberechtigten) auch die Nutzungsbefugten des betroffenen Grundstücks. Sie sind jedoch nicht verpflichtet, die Arbeit vorzunehmen, an ihnen mitzuwirken oder die dabei anfallenden Kosten ganz oder anteilig zu tragen. Die Aufwendungen gehen allein zu Lasten des jeweiligen Nachbarn.

2. Die Abhilfe muß nach *Absatz 2* bis zum Ende des vierten Jahres nach Abschluß der Veränderung am Wasserlauf durchgeführt sein. Danach entfällt die Verpflichtung, die Arbeiten zu dulden. Auch Arbeiten, die bis dahin nicht abgeschlossen sind, darf der Verpflichtete untersagen. Hat er sich jedoch geweigert, die rechtzeitig nach § 58 angezeigten Bauarbeiten hinzunehmen, so daß er auf Duldung verklagt werden mußte, wird der Lauf der Frist von der Klageerhebung bis zum Eintritt der Rechtskraft oder Erledigung des Verfahrens auf sonstige Weise gehemmt. Diese Zeit wird in die Frist nicht eingerechnet, § 205 BGB.

Im Falle einer Klagerücknahme bleibt die bis dahin abgelaufene Zeit für die Berechnung der „Dauer des Rechtsstreits" beachtlich, obwohl der Rechtsstreit im Rechtssinn als nicht anhängig geworden anzusehen ist (§ 269 Abs. 3 ZPO). Satz 2 hebt nur auf den tatsächlichen verstrichenen Zeitraum seit der Klageerhebung (zu ihr s. § 22 Anm. 1) ab.

Das Nähere zur Ausübung des Rechts auf Abhilfe regeln die nachfolgenden Vorschriften.

§ 57 Schadensersatz

Schaden, der bei Ausübung des Rechts nach § 56 Abs. 1 auf dem betroffenen Grundstück entsteht, ist zu ersetzen; § 15 gilt entsprechend.

Erläuterung

Die Pflicht zur **Sicherheitsleistung** und zum **Schadensersatz**, die durch den Verweis auf § 15 bei Wiederherstellung des früheren Zustandes nach § 56 entsteht, folgt der Systematik des Gesetzes, wonach bei duldungspflichtigen Eingriffen in das Eigentums- oder Besitzrecht Ausgleichsansprüche entstehen. Die Pflichten treffen den Eigentümer (Erbbauberechtigten, § 2 Abs. 2) oder den Nutzungsberechtigten, der die Arbeiten zur Abhilfe der Beeinträchtigungen vornimmt. Die Schadensersatzpflicht setzt kein Verschulden voraus. In Notfällen entfällt gem. § 59 die Pflicht zur Sicherheitsleistung. Die Ansprüche stehen sowohl dem Eigentümer des betroffenen Grundstücks als auch dem Nutzungsberechtigten zu, je nachdem, wer die fraglichen Bauarbeiten tatsächlich hinnehmen muß(te) (vgl. zu den Einzelheiten über Sicherheitsleistung und Schadensersatz: Anm. 1. ff. bei § 15).

§ 58 Anzeigepflicht

Die Absicht, das Recht nach § 56 Abs. 1 auszuüben, ist zwei Wochen vor Beginn der Bauarbeiten anzuzeigen; § 8 gilt entsprechend.

Erläuterung

Bevor mit Wiederherstellungsarbeiten auf dem vom Naturereignis betroffenen Grundstück begonnen werden darf, ist grundsätzlich allen, die zur Duldung verpflichtet werden sollen, die Absicht anzuzeigen. Zu unterrichten sind der Eigentümer (Erbbauberechtigte, § 2 Abs. 2) und unter Umständen auch der Nutzungsberechtigte des betroffenen Grundstücks, soweit ihn die Arbeiten in seinem Besitzstand berühren könnten. Ist die Anzeige an den Eigentümer nicht oder nur besonders erschwert möglich, genügt gemäß § 8 Abs. 2 die Ersatzanzeige bei dem Nutzungsberechtigten. Anders aber als nach § 8 Abs. 1 Satz 1 beträgt die Frist hier nur zwei Wochen, und in Notfällen entfällt die Anzeigepflicht (s. § 59). Wegen weiterer Einzelheiten wird auf die Anm. 1. ff. zu § 8 verwiesen.

§ 59 Wegfall der Verpflichtung zur Sicherheitsleistung und zur Anzeige

Ist die Ausübung des Rechts nach § 56 Abs. 1 zur Abwendung einer gegenwärtigen erheblichen Gefahr erforderlich, so entfällt die Verpflichtung zur Sicherheitsleistung und zur Anzeige.

Erläuterung

In Notfällen, wenn z. B. Naturereignisse den wilden Abfluß von Wasser sintflutartig verstärken, kann rasche Abhilfe geboten sein, um Schaden vom Nachbargrundstück abzuwenden oder zumindest zu begrenzen. Unbeschadet von Notstandsmaßnahmen, die nach Maßgabe von § 904 BGB (Text im Anhang 1) statthaft sind, kann in solchen Situationen billigerweise nicht erwartet werden, daß vor Beginn der Rettungs- oder Sicherungsarbeiten die Absicht gemäß § 58 angezeigt oder erst die Zahlung von Sicherheitsleistung gemäß § 57 i. V. m. § 15 Satz 2 erfolgen muß. Unter solchen Umständen bilden die Nachbarn eine Art Schicksalsgemeinschaft, die sie zur außerordentlichen Hilfegewährung verpflichtet.

Maßnahmen zur Wiederherstellung des früheren Zustandes sind dann „erforderlich", wenn sie wegen einer Sachlage geboten sind, die mit hinreichender Wahrscheinlichkeit die erkennbare objektive Möglichkeit des Eintritts eines (weiteren) erheblichen Schadens in sich birgt.

§ 60 Veränderung des Grundwasserspiegels

(1) Der Eigentümer und die Nutzungsberechtigten eines Grundstücks dürfen auf dessen Untergrund mit physikalischen oder chemischen Mitteln nicht in einer Weise einwirken, daß der Grundwasserspiegel steigt oder sinkt und dadurch auf einem Nachbargrundstück erhebliche Beeinträchtigungen hervorgerufen werden.

(2) Erlaubnisse nach öffentlich-rechtlichen Vorschriften bleiben hiervon unberührt.

§ 60 Veränderung des Grundwasserspiegels

Erläuterung

1. Die Regeln des allgemeinen Nachbarrechts nach §§ 906 BGB (Text im Anhang 1) reichen nicht aus, um zivilrechtlich vor nachteiligen Einwirkungen auf den Grundwasserstand beim Nachbarn zu schützen (vgl. Breuer Rdnr. 741 ff.). Da das Grundwasser vom Herrschaftsrecht des Grundeigentümers nicht erfaßt wird (s. § 1 Abs. 4 BbgWG), kann dem Eigentümer nach *Absatz 1* ohne weiteres untersagt werden, daß er durch Einwirkung auf den Untergrund seines Grundstücks den Grundwasserfluß zu Lasten seines (unmittelbaren) Nachbarn verändert.

1.1 Mit **„Grundwasser"** ist nach der Definition in § 4 Abs. 4 BbgWG das Wasser zu verstehen, das natürliche Hohlräume der Erde ausfüllt und allein der Schwerkraft unterliegt. Mit **„physikalischen** oder **chemischen Mitteln"** sind vor allem Einwirkungen auf das Erdreich gemeint, die etwa in Form von Pressen des Bodens oder Einleitung von Schadstoffen den Grundwasserspiegel beeinflussen. Das Pressen des Bodens kann die Folge einer Aufschüttung, Errichtung eines hohen Gebäudes oder einer anderen baulichen Maßnahme sein (s. Hoof/Keil, Hess.NRG, Vorbem. 2. zu § 20).

1.2 „Erhebliche **Beeinträchtigungen"** können für das Nachbargrundstück etwa dadurch entstehen, daß das Grundwasser zum Steigen gebracht wird, in das benachbarte Wohnhaus eindringt und Schaden hervorruft. Durch ein Absinken des Grundwassers kann der Brunnen im Nachbargarten versiegen. Das Steigen oder Absinken des Grundwassers kann auch eine Änderung der Bepflanzung erforderlich machen, was als belästigender Nachteil nicht hingenommen werden muß.

1.3 Der Eigentümer des Nachbargrundstücks (§ 2 Abs. 1) hat nach § 1004 BGB Anspruch auf Unterlassung der Störung und Ersatz von Schäden gemäß § 823 Abs. 2 BGB (Text im Anhang 1). Ihn trifft allerdings die Beweislast dafür, daß die Schädigung von einer übermäßigen Einwirkung auf den Untergrund des angrenzenden Grundstücks herrührt.

2. Die öffentlich-rechtlichen Benutzungsordnungen für das Grundwasser, vgl. § 3 Abs. 1 Nr. 5 und § 3 Abs. 2 Nr. 1 WHG, bleiben unbe-

Übergangsvorschriften §§ 60, 61

rührt, ihnen gebührt nach *Absatz 2* der Vorrang (vgl. hierzu i. e. Breuer Rdnrn. 126 ff. und 135). Priorität behalten auch die zwingenden öffentlich-rechtlichen Vorschriften und bestandskräftigen Verwaltungsakte, die bereits nach § 3 Abs. 1 die privaten Nachbarrechte verdrängen können.

Abschnitt 13
Übergangs- und Schlußvorschriften

Vorbemerkung

Wie bei jedem Gesetz, welches Sachverhalte neu regelt, werden im Schlußabschnitt vorhandene Rechte und Pflichten der geänderten Rechtslage angepaßt. Zugleich wird bereichsspezifisch Recht bereinigt, um den Normenbestand auf das Notwendige zu beschränken.

§ 61 Übergangsvorschriften

(1) Der Umfang von Rechten, die bei Inkrafttreten dieses Gesetzes bestehen, richtet sich unbeschadet der Vorschrift des Absatzes 2 nach diesem Gesetz.

(2) Der Anspruch auf Beseitigung von Pflanzen, die bei Inkrafttreten des Gesetzes vorhanden sind und deren Grenzabstände den Vorschriften dieses Gesetzes nicht entsprechen, ist ausgeschlossen, wenn

1. der Nachbar nicht innerhalb eines Jahres nach Inkrafttreten dieses Gesetzes Klage auf Beseitigung erhoben hat oder

2. die Pflanzen dem bisherigen Recht entsprechen.

(3) Ansprüche auf Zahlung auf Grund dieses Gesetzes bestehen nur, wenn das den Anspruch begründende Ereignis nach Inkrafttreten dieses Gesetzes eingetreten ist; anderenfalls behält es bei dem bisherigen Recht sein Bewenden.

Erläuterung

1. Damit sich die nachbarrechtlichen Beziehungen möglichst einheitlich gestalten können, ist in *Absatz 1* vorgesehen, daß sich der Umfang der bei

§ 61 Übergangsvorschriften

Inkrafttreten des Gesetzes (4. 7. 1996) bestehenden Rechte nach dem neuen Gesetz bestimmt. Von der Überleitung werden jedoch die zulässig getroffenen Vereinbarungen über beliebige nachbarrechtliche Befugnisse nicht erfaßt, da auch hier der Grundsatz gilt, daß das Landes-Nachbarrecht dispositiv ist (§ 3 Abs. 1). Eine vor Inkrafttreten abgeschlossene rechtmäßige Vereinbarung läßt daher das BbgNRG ebenso nachrangig sein, wie eine danach erfolgte Übereinkunft. Wenn allerdings die alte Vereinbarung unvollständig ist oder bewußt Lücken aufweist, kann das vorliegende Gesetz zur Ergänzung den näheren Umfang bestimmen.

1.1 Bei den Rechten nach **bisherigem Recht** muß es sich um Ansprüche und Berechtigungen handeln, die nach der Kompetenzordnung des Grundgesetzes in die Gesetzgebungshoheit des Landes fallen. Recht der ehemaligen DDR, welches gem. Art. 8 EV Bundesrecht geworden ist, kann sich nicht an Brandenburger Recht ausrichten. Das gilt namentlich für die Mitbenutzungsrechte gem. §§ 321, 322 ZGB. Nach diesen Bestimmungen konnte ein Nachbargrundstück z. B. zum Lagern von Baumaterial, Aufstellen von Gerüsten sowie im Rahmen von Wege- und Überfahrtrechten mitbenutzt werden oder der Nachbar war verpflichtet, bestimmte Anpflanzungen nicht vorzunehmen. Diese Rechte, soweit der Nachbar ihrer Begründung zugestimmt hatte, gelten nach Art. 233 § 5 EGBGB als Bundesrecht fort.

1.2 Recht i. S. v. Absatz 1 kann jedoch der Anspruch auf Instandhaltung der **Einzäunung** nach § 317 Abs. 2 ZGB sein, der dem Nachbarn zustand, in dessen berechtigtem Interesse die Einfriedung erfolgt war (vgl. dazu auch Vorbem. 1. vor § 28). Der Umfang dieses Rechts hängt nunmehr davon ab, daß der Nachbar – im Falle einer Neueinfriedung – die Einfriedung nach §§ 28 ff. verlangen könnte. Denn wer zur Einfriedung allein verpflichtet ist, hat auch die Unterhaltung zu erfüllen (s. Anm. 1.1 zu § 35). Handelt es sich jedoch für den Nachbarn bei dem fraglichen Zaun um die Einfriedung an seiner rechten Grundstücksseite (s. § 28 Nr. 1), steht ihm ein Anspruch auf Instandhaltung gegenüber dem Eigentümer des angrenzenden Grundstücks nicht mehr zu (vgl. zum Altbestand i. ü. Rdnr. 2. zu § 35).

Übergangsvorschriften § 61

2. *Absatz 2* enthält einen Vorbehalt für die bei Inkrafttreten des Gesetzes vorhandenen und ihm nicht entsprechenden Abstände für Pflanzen. Soweit sie mit dem bisherigen Recht übereingestimmt haben, sollen sie erhalten bleiben. Sind sie rechtswidrig gewesen, kann der Nachbar innerhalb eines Jahres nach Inkrafttreten dieses Gesetzes Klage auf Beseitigung erheben. Eine vergleichbare Vorschrift für das Fenster- und Lichtrecht stellt § 22 Abs. 2 dar (s. dort Anm. 2.). Für Bäume und Sträucher, die auf der Grenze stehen (s. Anm. 3. zu § 42), enthält § 923 Abs. 2 und 3 BGB eigene Regelungen.

2.1 Die Regelung hier bezieht sich auf alle Arten der Anpflanzungen, die in § 37 Abs. 1 bestimmt sind: Bäume, Sträucher und Hecken. Auf den Standort in Stadt und Land kommt es nicht an, so daß auch Feldraine, Dorfanger und Feldgehölze erfaßt werden, sofern ihre Pflanzen im Bereich einer Grundstücksgrenze stehen. Die maßgeblichen Grenzabstände ergeben sich für Wald aus § 36 und für die übrigen Anpflanzungen aus § 37. Sind sie unterschritten, hängt der Bestandsschutz der Pflanze vorrangig davon ab, ob beim Anpflanzen gegen seinerzeit geltendes Recht verstoßen worden ist. Hat die damalige Rechtslage keine Grenzabstände vorgesehen, liegt ein „Entsprechen" i. S. v. *Nr. 2* vor. Hierzu im einzelnen:

Das **Allgemeine Landrecht** für die Preußischen Staaten vom 5. 2. 1794 (zur begrenzten Fortgeltung s. Anm. 2.2 bei § 62) bestimmte im Ersten Teil Achten Titel § 174, daß der Nachbar gegenüber einer vorhandenen Hecke „anderthalb Fuß" (etwa 0,5 m) von der gemeinsamen Grenze „zurücktreten" mußte, wenn er selbst eine neue lebende Hecke anlegen wollte.

Das **ZGB** kannte keine verbindlichen Pflanzabstände. In der DDR galten zwar zur Regelung nachbarlicher Beziehungen innerhalb von Kleingartenanlagen des Verbandes der Kleingärtner, Siedler und Kleintierzüchter (VKSK) entsprechende Bestimmungen nach den vom Verband beschlossenen Kleingartenordnungen (s. die Übersicht bei Kaiser/Zierholz S. 26). Sie verpflichteten aber nur die Mitglieder des Verbandes und waren kein Recht im hier maßgeblichen Sinne, weil sie den Tatbestand der Rechtsnorm in der Bedeutung von Art. 2 EGBGB nicht erfüllten.

„Bisheriges Recht" i. S. v. Abs. 2 enthält jedoch **§ 13 LWaldG** (Text im Anhang 2); denn dieses Gesetz ist bereits seit dem 12. 7. 1991 in Kraft. Auch kommunales **Satzungsrecht**, wie Bebauungs- oder Grünordnungspläne, können konkrete Pflanzabstandsbestimmungen enthalten, die schon vor Verkündung des BbgNRG zu beachten waren.

In der Mehrzahl der Fälle wird allerdings die damalige Rechtslage keine Grenzabstände vorgesehen haben, so daß für diese Pflanzen Bestandsschutz besteht.

2.2 Bei einem Verstoß gegen altes Recht bleibt dem betroffenen Nachbarn nur bis zum **4. 7. 1997** Zeit, die Beseitigung durchzusetzen (**Nr. 1**). Bis dahin muß er eine entsprechende Klage eingereicht haben (s. i. e. Anm. 1. zu § 22); versäumt er die Frist, erlangt die Pflanze, die stört, Bestandsschutz. Unberührt bleiben allerdings die Rechte aus § 910 BGB (Text im Anhang 1), die vor dem Eindringen von Wurzeln und dem Hinüberragen von Zweigen schützen.

Der Beseitigungsanspruch richtet sich nach § 39 (s. i. e. dort Anm. 1.1 und 1.2). Er kann dadurch abgewendet werden, daß der Pflanzabstand durch Zurückschneiden auf die statthafte Höhe hergestellt wird (s. Anm. 2. zu § 39). Ebenso greifen die pflanzenschützenden Vorschriften des öffentlichen Rechts ein (zu ihnen s. Anm. 3 ff. bei § 39).

2.3 Für eine Anpflanzung, die Bestandsschutz genießt, weil ein Beseitigungsverlangen keinen Erfolg haben kann, dürfen **Ersatz-** oder **Nachpflanzungen** nur vorgenommen werden, wenn sie die jetzt vorgeschriebenen Abstände einhalten. Lediglich einzelne abgestorbene Teile einer geschlossenen Hecke dürfen ersetzt werden. § 41 gilt entsprechend (s. dort Anm. 3.).

3. *Absatz 3* entspricht dem Grundsatz, der besagt, einem Gesetz keine rückwirkende Kraft beizulegen, sondern Ansprüche nur zu gewähren, wenn das den Anspruch auslösende Ereignis nach Inkrafttreten des Gesetzes eingetreten ist. Gedacht ist vor allem an Schadensersatzansprüche, die erst dann entstehen sollen, wenn das schädigende Ereignis, an das das Gesetz eine Ersatzpflicht knüpft, nach dem 4. 7. 1996, dem Tag des Inkrafttretens, erfolgt ist. Gleiches gilt für den Vergütungsanspruch nach § 9, der nur entsteht, wenn der Anbau an die Nachbarwand noch nicht im Rohbau fertig war, als das Gesetz in Kraft trat. Auch die Vergütungsansprüche nach § 13 Abs. 4 oder § 24 für die vorübergehende Inanspruchnahme des Nachbargrundstücks sind nur begründet, wenn die Nutzung noch am 4. 7. 1996 angedauert hat. Eine Entschädigung nach § 50 für die Duldung einer fremden Leitung durch das eigene Grundstück entsteht allerdings nicht mit Inkrafttreten dieses Gesetzes, obwohl die Leitung bereits verlegt war. Dieser Entschädigungsanspruch dient dazu, die jetzt durch § 44 auferlegte Duldungspflicht auszugleichen. Ein nach bisherigem Recht begründetes Notleitungsrecht ist hinsichtlich seiner Rechtsfolgen nach jenem Recht zu beurteilen (s. o. Anm. 1.1).

§ 62 Inkrafttreten, Außerkrafttreten

(1) Dieses Gesetz tritt am Tage nach der Verkündung in Kraft.

(2) Gleichzeitig treten, soweit sie als Landesrecht fortgelten,

1. **die §§ 316 bis 322 des Zivilgesetzbuchs der Deutschen Demokratischen Republik vom 19. Juni 1975 (GBl. I Nr. 27 S. 465),**
2. **Erster Teil, Achter Titel §§ 125 bis 131, 133, 137 bis 140, 142 bis 144, 146 bis 148, 152, 153, 155, 156, 162 bis 167, 169 bis 174, 185, 186, Zweiundzwanzigster Titel §§ 55 bis 62 des Allgemeinen Landrechts für die Preußischen Staaten vom 5. Februar 1794,**

außer Kraft.

Erläuterung

1. *Absatz 1* enthält die übliche Bekanntmachungsanordnung. Da das Gesetz im Gesetz- und Verordnungsblatt für das Land Brandenburg I 1996, S. 226, am 3. 7. 1996 verkündet worden ist, konnte es am 4. 7. 1996 in Kraft treten.

2. Mit den Regelungen in *Absatz 2* wird Recht der DDR und preußisches Recht im Interesse der Rechtsbereinigung aufgehoben, wobei der Gesetzgeber jeweils offen gelassen hat, ob die genannten Vorschriften zum Normenbestand des in Brandenburg fortgeltenden Rechts gehört haben. Auf eine solche Bewertung kam es nicht an. Im Streitfall liegt es bei den Gerichten, darüber zu befinden.

2.1 Die nachbarlichen Vorschriften im **ZGB** – die nach *Nr. 1* nicht mehr gelten – sind, ähnlich wie im BGB, nicht umfangreich gewesen. Während jedoch die wenigen Regelungen in §§ 903 ff. BGB (Texte im Anhang 1) bewußt unvollständig sind, weil ergänzendes, ausfüllendes Nachbarrecht der Länder möglich ist (Art. 124 EGBGB), hatte die DDR die Regelungen von Streitigkeiten bewußt der Generalklausel in § 316 ZGB überlassen und ihr nur einige Konkretisierungen hinzugefügt. Die grundsätzliche Orientierung in

– § 316 ZGB hat der Brandenburger Gesetzgeber mit ihren wesentlichen Aussagen in § 1 übernommen. Auch
– § 317 ZGB, der die Pflicht zur Einzäunung von Grundstücken geregelt hatte, gehörte zunächst zum fortgeltenden Landesrecht nach der Wiedervereinigung Deutschlands (Art. 9 EV).

Die übrigen Vorschriften zur Gestaltung nachbarlicher Beziehungen im ZGB sind jedoch durch den Einigungsvertrag nicht als Landesrecht übergeleitet gewesen:

– § 318 ZGB – Kennzeichnung von Grundstücksgrenzen – hat wegen der bundesgesetzlichen Regelung in §§ 919, 920 BGB nicht fortgelten können,
– § 319 ZGB – Überhang – betrifft Normbereiche, die durch § 910 BGB geregelt sind,
– § 320 ZGB – Überbau – ist wegen § 912 BGB nicht Landesrecht geworden, und die
– §§ 321, 322 ZGB regeln Mitbenutzungsrechte, die nach Art. 233 § 5 Abs. 1 EGBGB an dem jeweils belasteten Grundstück fortbestehen. Insofern gilt Bundesrecht. Neue Mitbenutzungsrechte dieser Art können nicht entstehen.

Demnach beschränkt sich der eigentliche Regelungsumfang von Nr. 1 auf §§ 316, 317 ZGB, die als zunächst fortgeltendes Landesrecht nunmehr seit dem 4. 7. 1996 in Brandenburg aufgehoben sind (zur Überleitung wie hier: Wilke DtZ 1996, 294 ff.).

2.2 Bei den nachbarrechtlichen Regelungen des **Allgemeinen Landrechts** für die Preußischen Staaten (preuß. ALR), die in *Nr. 2* aufgezählt sind, hat es sich zunächst um Brandenburger Recht gehandelt. Das folgt allerdings nicht aus Art. 123 GG, weil danach Rechtsnormen aus der Zeit vor dem Zusammentritt des ersten Deutschen Bundestages nur in dem Gebiet fortgelten können, in dem das Grundgesetz zu diesem Zeitpunkt gegolten hat (Jarass/Pieroth, Art. 123 Anm. 1), sondern daraus, daß es zum übergeleiteten Recht nach Art. 9 EV gehörte. Fortgeltendes Recht kann zwar nur Recht sein, was in der DDR am 2. 10. 1990 noch in Kraft war. Aber die DDR hatte nicht alles alte Partikularrecht, das vor ihrer Gründung auf ehemals preußischem Gebiet gegolten hatte, aufgehoben. Mit ihrer Neuordnung des Zivil- und Verfahrensrechts durch Erlaß von ZGB und ZPO ging zwar eine umfangreiche Rechtsbereinigung einher, aber das preuß. ALR vom 5. 2. 1794 gehörte nicht namentlich zu den Normen, die mit dem Inkrafttreten des ZGB in der DDR am 1. 1. 1976 aufgehoben worden sind (vgl. § 15 Abs. 2 Abschnitt I EGZGB). Ausdrücklich wurden u. a. nur das EGBGB vom 18. 8. 1896 und landesrechtliche Vorschriften aufgehoben, die zur Ausführung des BGB erlassen worden waren, nicht aber die Landesgesetze, die bei Erlaß des EGBGB in Kraft geblieben sind. Allerdings wird eingewandt, daß eine besondere Aufhebung unterblieben sei, weil das preuß. ALR in der DDR bereits als gegenstandslos angesehen gewesen sei (so insbes. Rellermeyer NJ 1996, 409, 410 m. w. N. zum Streitstand, ferner Horst DWW 1993, 213, 218). Dem steht jedoch die Gerichtspraxis der DDR aus der Zeit vor dem Inkrafttreten des ZGB entgegen, die von der grundsätzlichen Weitergeltung des preuß. ALR als subsidiäres Recht ausdrücklich ausgegangen war (vgl. Stadtgericht Berlin NJ 1973, 298 und BG Halle NJ 1968, 30 ff. m. zust. Anm. v. Göldner unter Hinweis auf das OG der DDR).

Für eine Fortgeltung partikulären Landesrechts, welches schon vor Inkrafttreten des BGB galt, spricht auch § 13 Abs. 2 EGZGB. Danach sind Rechtsvorschriften, die dem ZGB entgegenstehende Regelungen enthielten, nur in ihrer Anwendung suspendiert gewesen (Ausführungen des OG der DDR in NJ 1976, 181 f. zum Nachbarrecht deuten ebenfalls in diese Richtung). Soweit indes für ein Außerkrafttreten alter Landesrechte auf die Präambel zum ZGB verwiesen wird, nach der das Zivilrecht in den Prozeß der Gestaltung der entwickelten sozialistischen Gesellschaft eingeordnet gewesen sei (vgl. Wilke DtZ 1996, 294, 295), wird außer Betracht gelassen, daß die Grundsätze des sozialistischen Zivilrechts nicht allein im ZGB zum Ausdruck kamen, sondern auch für Zivilrechtsnormen außerhalb des ZGB gelten sollten (s. Autorenkollektiv, Vorbem. zum Ersten Teil, S. 25). Gegen eine stillschweigende Außerkraftsetzung des preuß. ALR spricht entscheidend die Normenklarheit, mit der nach § 15 Abs. 2 EGZGB in einer Auflistung von 51 Positionen zivilrechtliche Bestimmungen des ehemaligen Reichs- und Landesrechts aufgehoben worden waren. Eine Rechtsbereinigung von dieser Tiefe läßt keinen denkbaren Raum für eine darüber hinausgehende Erweiterung auf ungeschriebene Tatbestände.

2.3 Auf die Bereinigung sonstigen **alten Rechts,** welches in Brandenburg als Lokal- oder Provinzrecht möglicherweise noch fortgilt, wie z. B. das Niederlausitzer Recht, sächsisches Recht im Fläming oder märkisches Provinzialrecht, hat der Gesetzgeber hier verzichtet. Das soll, nachdem zunächst mit dem Ersten Brandenburgischen Rechtsbereinigungsgesetz vom 3. 9. 1997, GVBl. I S. 104, das von der DDR gesetzte Recht bereinigt worden ist, in einem zweiten Rechtsbereinigungsgesetz erfolgen, an dessen Erlaß gearbeitet wird.

Anhang 1

Bürgerliches Gesetzbuch (BGB)

vom 18. August 1896 (RGBl. S. 195)
mit nachfolgenden Änderungen

– Auszug –

§ 226

Die Ausübung eines Rechtes ist unzulässig, wenn sie nur den Zweck haben kann, einem anderen Schaden zuzufügen.

§ 228

Wer eine fremde Sache beschädigt oder zerstört, um eine durch sie drohende Gefahr von sich oder einem anderen abzuwenden, handelt nicht widerrechtlich, wenn die Beschädigung oder die Zerstörung zur Abwendung der Gefahr erforderlich ist und der Schaden nicht außer Verhältnis zu der Gefahr steht. Hat der Handelnde die Gefahr verschuldet, so ist er zum Schadensersatz verpflichtet.

§ 232

(1) Wer Sicherheit zu leisten hat, kann dies bewirken durch Hinterlegung von Geld oder Wertpapieren, durch Verpfändung von Forderungen, die in das Reichsschuldbuch oder in das Staatsschuldbuch eines Bundesstaats eingetragen sind, durch Verpfändung beweglicher Sachen, durch Bestellung von Schiffshypotheken an Schiffen oder Schiffsbauwerken, die in einem deutschen Schiffsregister oder Schiffsbauregister eingetragen sind, durch Bestellung von Hypotheken an inländischen Grundstücken, durch Verpfändung von Forderungen, für die eine Hypothek an einem inländischen Grundstück besteht, oder durch Verpfändung von Grundschulden oder Rentenschulden an inländischen Grundstücken.

(2) Kann die Sicherheit nicht in dieser Weise geleistet werden, so ist die Stellung eines tauglichen Bürgen zulässig.

§ 242

Der Schuldner ist verpflichtet, die Leistung so zu bewirken, wie Treu und Glauben mit Rücksicht auf die Verkehrssitte es erfordern.

§ 823

(1) Wer vorsätzlich oder fahrlässig das Leben, den Körper, die Gesundheit, die Freiheit, das Eigentum oder ein sonstiges Recht eines anderen widerrechtlich verletzt, ist dem anderen zum Ersatz des daraus entstehenden Schadens verpflichtet.

(2) Die gleiche Verpflichtung trifft denjenigen, welcher gegen ein den Schutz eines anderen bezweckendes Gesetz verstößt. Ist nach dem Inhalt des Gesetzes ein Verstoß gegen dieses auch ohne Verschulden möglich, so tritt die Ersatzpflicht nur im Falle des Verschuldens ein.

§ 903

Der Eigentümer einer Sache kann, soweit nicht das Gesetz oder Rechte Dritter entgegenstehen, mit der Sache nach Belieben verfahren und andere von jeder Einwirkung ausschließen. Der Eigentümer eines Tieres hat bei der Ausübung seiner Befugnisse die besonderen Vorschriften zum Schutz der Tiere zu beachten.

§ 904

Der Eigentümer einer Sache ist nicht berechtigt, die Einwirkung eines anderen auf die Sache zu verbieten, wenn die Einwirkung zur Abwendung einer gegenwärtigen Gefahr notwendig und der drohende Schaden gegenüber dem aus der Einwirkung dem Eigentümer entstehenden Schaden unverhältnismäßig groß ist. Der Eigentümer kann Ersatz des ihm entstehenden Schadens verlangen.

§ 905

Das Recht des Eigentümers eines Grundstücks erstreckt sich auf den Raum über der Oberfläche und auf den Erdkörper unter der Oberfläche. Der Eigentümer kann jedoch Einwirkungen nicht verbieten, die in solcher Höhe oder Tiefe vorgenommen werden, daß er an der Ausschließung kein Interesse hat.

§ 906

(1) Der Eigentümer eines Grundstücks kann die Zuführung von Gasen, Dämpfen, Gerüchen, Rauch, Ruß, Wärme, Geräusch, Erschütterungen und ähnliche von einem anderen Grundstück ausgehende Einwirkungen insoweit nicht verbieten, als die Einwirkung die Benutzung seines Grundstücks nicht oder nur unwesentlich beeinträchtigt. Eine unwesentliche Beeinträchtigung liegt in der Regel vor, wenn die in Gesetzen oder Rechtsverordnungen festgelegten Grenz- oder Richtwerte von den nach diesen Vorschriften ermittelten und bewerteten Einwirkungen nicht überschritten werden. Gleiches gilt für Werte in allgemeinen Verwaltungsvorschriften, die nach § 48 des Bundes-Immissionsschutzgesetzes erlassen worden sind und den Stand der Technik wiedergeben.

(2) Das gleiche gilt insoweit, als eine wesentliche Beeinträchtigung durch eine ortsübliche Benutzung des anderen Grundstücks herbeigeführt wird und nicht durch Maßnahmen verhindert werden kann, die Benutzern dieser Art wirtschaftlich zumutbar sind. Hat der Eigentümer hiernach eine Einwirkung zu dulden, so kann er von dem Benutzer des anderen Grundstücks einen angemessenen Ausgleich in Geld verlangen, wenn die Einwirkung eine ortsübliche Benutzung seines Grundstücks oder dessen Ertrag über das zumutbare Maß hinaus beeinträchtigt.

(3) Die Zuführung durch eine besondere Leitung ist unzulässig.

§ 907

(1) Der Eigentümer eines Grundstücks kann verlangen, daß auf den Nachbargrundstücken nicht Anlagen hergestellt oder gehalten werden, von denen mit Sicherheit vorauszusehen ist, daß ihr Bestand oder ihre Benutzung eine unzulässige Einwirkung auf sein Grundstück zur Folge hat. Genügt eine Anlage den landesgesetzlichen Vorschriften, die einen bestimmten Abstand von der Grenze oder sonstige Schutzmaßregeln vorschreiben, so kann die Beseitigung der Anlage erst verlangt werden, wenn die unzulässige Einwirkung tatsächlich hervortritt.

(2) Bäume und Sträucher gehören nicht zu den Anlagen im Sinne dieser Vorschriften.

§ 908

Droht einem Grundstück die Gefahr, daß es durch den Einsturz eines Gebäudes oder eines anderen Werkes, das mit einem Nachbargrundstück verbunden ist, oder durch die Ablösung von Teilen des Gebäudes oder des Werkes beschädigt wird, so kann der Eigentümer von demjenigen, welcher nach dem § 836 Abs. 1 oder den §§ 837, 838 für den eintretenden Schaden verantwortlich sein würde, verlangen, daß er die zur Abwendung der Gefahr erforderliche Vorkehrung trifft.

§ 909

Ein Grundstück darf nicht in der Weise vertieft werden, daß der Boden des Nachbargrundstücks die erforderliche Stütze verliert, es sei denn, daß für eine genügende anderweitige Befestigung gesorgt ist.

§ 910

(1) Der Eigentümer eines Grundstücks kann Wurzeln eines Baumes oder eines Strauches, die von einem Nachbargrundstück eingedrungen sind, abschneiden und behalten. Das gleiche gilt von herüberragenden Zweigen, wenn der Eigentümer dem Besitzer des Nachbargrundstücks eine angemessene Frist zur Beseitigung bestimmt hat und die Beseitigung nicht innerhalb der Frist erfolgt.

(2) Dem Eigentümer steht dieses Recht nicht zu, wenn die Wurzeln oder die Zweige die Benutzung des Grundstücks nicht beeinträchtigen.

§ 911

Früchte, die von einem Baum oder einem Strauch auf ein Nachbargrundstück hinüberfallen, gelten als Früchte dieses Grundstücks. Diese Vorschrift findet keine Anwendung, wenn das Nachbargrundstück dem öffentlichen Gebrauch dient.

§ 912

(1) Hat der Eigentümer eines Grundstücks bei der Errichtung eines Gebäudes über die Grenze gebaut, ohne daß ihm Vorsatz oder grobe Fahrlässigkeit zur Last fällt, so hat der Nachbar den Überbau zu dulden, es sei denn, daß er vor oder sofort nach der Grenzüberschreitung Widerspruch erhoben hat.

(2) Der Nachbar ist durch eine Geldrente zu entschädigen. Für die Höhe der Rente ist die Zeit der Grenzüberschreitung maßgebend.

§ 913

(1) Die Rente für den Überbau ist dem jeweiligen Eigentümer des Nachbargrundstücks von dem jeweiligen Eigentümer des anderen Grundstücks zu entrichten.

(2) Die Rente ist jährlich im voraus zu entrichten.

§ 914

(1) Das Recht auf die Rente geht allen Rechten an dem belasteten Grundstück, auch den älteren, vor. Es erlischt mit der Beseitigung des Überbaus.

(2) Das Recht wird nicht in das Grundbuch eingetragen. Zum Verzicht auf das Recht sowie zur Feststellung der Höhe der Rente durch Vertrag ist die Eintragung erforderlich.

(3) Im übrigen finden die Vorschriften Anwendung, die für eine zugunsten des jeweiligen Eigentümers eines Grundstücks bestehende Reallast gelten.

§ 915

(1) Der Rentenberechtigte kann jederzeit verlangen, daß der Rentenpflichtige ihm gegen Übertragung des Eigentums an dem überbauten Teil des Grundstücks den Wert ersetzt, den dieser Teil zur Zeit der Grenzüberschreitung gehabt hat. Macht er von dieser Befugnis Gebrauch, so bestimmen sich die Rechte und Verpflichtungen beider Teile nach den Vorschriften über den Kauf.

(2) Für die Zeit bis zur Übertragung des Eigentums ist die Rente fortzuentrichten.

§ 916

Wird durch den Überbau ein Erbbaurecht oder eine Dienstbarkeit an dem Nachbargrundstück beeinträchtigt, so finden zugunsten des Berechtigten die Vorschriften der §§ 912 bis 914 entsprechende Anwendung.

§ 917

(1) Fehlt einem Grundstück die zur ordnungsmäßigen Benutzung notwendige Verbindung mit einem öffentlichen Weg, so kann der Eigentümer von den Nachbarn verlangen, daß sie bis zur Hebung des Mangels die Benutzung ihrer Grundstücke zur Herstellung der erforderlichen Verbindung dulden. Die Richtung des Notwegs und der Umfang des Benutzungsrechts werden erforderlichenfalls durch Urteil bestimmt.

(2) Die Nachbarn, über deren Grundstücke der Notweg führt, sind durch eine Geldrente zu entschädigen. Die Vorschriften des § 912 Abs. 2 Satz 2 und der §§ 913, 914, 916 finden entsprechende Anwendung.

§ 918

(1) Die Verpflichtung zur Duldung des Notwegs tritt nicht ein, wenn die bisherige Verbindung des Grundstücks mit dem öffentlichen Weg durch eine willkürliche Handlung des Eigentümers aufgehoben wird.

(2) Wird infolge der Veräußerung eines Teils des Grundstücks der veräußerte oder der zurückbehaltene Teil von der Verbindung mit dem öffentlichen Weg abgeschnitten, so hat der Eigentümer desjenigen Teils, über welchen die Verbindung bisher stattgefunden hat, den Notweg zu dulden. Der Veräußerung eines Teils steht die Veräußerung eines von mehreren demselben Eigentümer gehörenden Grundstücken gleich.

§ 919

(1) Der Eigentümer eines Grundstücks kann von dem Eigentümer eines Nachbargrundstücks verlangen, daß dieser zur Errichtung fester Grenzzeichen und, wenn ein Grenzzeichen verrückt oder unkenntlich geworden ist, zur Wiederherstellung mitwirkt.

(2) Die Art der Abmarkung und das Verfahren bestimmen sich nach den Landesgesetzen; enthalten diese keine Vorschriften, so entscheidet die Ortsüblichkeit.

(3) Die Kosten der Abmarkung sind von den Beteiligten zu gleichen Teilen zu tragen, sofern nicht aus einem zwischen ihnen bestehenden Rechtsverhältnis sich ein anderes ergibt.

§ 920

(1) Läßt sich im Falle einer Grenzverwirrung die richtige Grenze nicht ermitteln, so ist für die Abgrenzung der Besitzstand maßgebend. Kann der Besitzstand nicht festgestellt werden, so ist jedem der Grundstücke ein gleich großes Stück der streitigen Fläche zuzuteilen.

(2) Soweit eine diesen Vorschriften entsprechende Bestimmung der Grenze zu einem Ergebnis führt, das mit den ermittelten Umständen, insbesondere mit der feststehenden Größe der Grundstücke, nicht übereinstimmt, ist die Grenze so zu ziehen, wie es unter Berücksichtigung dieser Umstände der Billigkeit entspricht.

§ 921

Werden zwei Grundstücke durch einen Zwischenraum, Rain, Winkel, einen Graben, eine Mauer, Hecke, Planke oder eine andere Einrichtung, die zum Vorteil beider Grundstücke dient, voneinander geschieden, so wird vermutet, daß die Eigentümer der Grundstücke zur Benutzung der Einrichtung gemeinschaftlich berechtigt seien, sofern nicht äußere Merkmale darauf hinweisen, daß die Einrichtung einem der Nachbarn allein gehört.

§ 922

Sind die Nachbarn zur Benutzung einer der im § 921 bezeichneten Einrichtungen gemeinschaftlich berechtigt, so kann jeder sie zu dem Zweck, der sich aus ihrer Beschaffenheit ergibt, insoweit benutzen, als nicht die Mitbenutzung des anderen beeinträchtigt wird. Die Unterhaltungskosten sind von den Nachbarn zu gleichen Teilen zu tragen. Solange einer der Nachbarn an dem Fortbestand der Einrichtung ein Interesse hat, darf sie nicht ohne seine Zustimmung beseitigt oder geändert werden. Im übrigen bestimmt sich das Rechtsverhältnis zwischen den Nachbarn nach den Vorschriften über die Gemeinschaft.

§ 923

(1) Steht auf der Grenze ein Baum, so gebühren die Früchte und, wenn der Baum gefällt wird, auch der Baum den Nachbarn zu gleichen Teilen.

(2) Jeder der Nachbarn kann die Beseitigung des Baumes verlangen. Die Kosten der Beseitigung fallen den Nachbarn zu gleichen Teilen zur Last. Der Nachbar, der die Beseitigung verlangt, hat jedoch die Kosten allein zu tragen, wenn der andere auf sein Recht an dem Baum verzichtet; er erwirbt in diesem Fall mit der Trennung das Alleineigentum. Der Anspruch auf die Beseitigung ist ausgeschlossen, wenn der Baum als Grenzzeichen dient und den Umständen nach nicht durch ein anderes zweckmäßiges Grenzzeichen ersetzt werden kann.

(3) Diese Vorschriften gelten auch für einen auf der Grenze stehenden Strauch.

§ 924

Die Ansprüche, die sich aus den §§ 907 bis 909, 915, dem § 917 Abs. 1, dem § 918 Abs. 2, den §§ 919, 920 und dem § 923 Abs. 2 ergeben, unterliegen nicht der Verjährung.

§ 1004

(1) Wird das Eigentum in anderer Weise als durch Entziehung oder Vorenthaltung des Besitzes beeinträchtigt, so kann der Eigentümer von dem Störer die Beseitigung der Beeinträchtigung verlangen. Sind weitere Beeinträchtigungen zu besorgen, so kann der Eigentümer auf Unterlassung klagen.

(2) Der Anspruch ist ausgeschlossen, wenn der Eigentümer zur Duldung verpflichtet ist.

Anhang 2

Waldgesetz des Landes Brandenburg (LWaldG)
vom 17. Juni 1991 (GVBl. S. 213)

– Auszug –

§ 12 Schutz benachbarter Waldbestände

Der Waldbesitzer hat bei der Bewirtschaftung seines Waldes auf die Bewirtschaftung benachbarter Grundstücke Rücksicht zu nehmen, soweit dies im Rahmen einer ordnungsgemäßen Forstwirtschaft möglich und zumutbar ist. In der Nähe der Grenzen haben die Waldbesitzer ihre forstbetrieblichen Maßnahmen aufeinander abzustimmen.

§ 13 Grenzabstände für Wald

(1)   Wird ein Wald neu begründet oder verjüngt, so sind gegenüber Nachbargrundstücken folgende Mindestabstände einzuhalten:

1. gegenüber öffentlichen Verkehrsflächen und Wirtschaftswegen   3 m,
2. gegenüber sonstigen Grundstücken
   bei Neubegründung   6 m,
   bei Verjüngung   4 m,
3. gegenüber Waldgrundstücken und Ödländereien   2 m.

(2)   Der gemäß Absatz 1 freizuhaltende Streifen kann bepflanzt werden:

1. bis auf einen Abstand von 2 m mit Gehölzen bis 4 m Höhe,
2. bis zu einem Abstand von 1 m mit Gehölzen bis 2 m natürlicher Wuchshöhe.

(3)   Durch schriftlichen Vertrag, in dem die Katasterbezeichnungen der Grundstücke anzugeben sind, kann ein von Absatz 1 oder 2 abweichender Abstand des Baumwuches von der Grenze, jedoch kein geringerer Abstand als 1,5 m für einen in dem Vertrag festzulegenden Zeitraum vereinbart werden. Wird ein Grundstück, auf das sich eine solche Vereinbarung bezieht, während der Dauer der Vereinbarung veräußert oder geht es durch Erbfolge oder in anderer Weise auf einen Rechtsnachfolger über, so tritt der Erwerber in die Rechte und Verpflichtungen aus der Vereinbarung ein.

Anhang 3

Verordnung
über die Erhaltung, die Pflege und den Schutz der Bäume
– Baumschutzverordnung –

vom 28. Mai 1981 (GBl. DDR I S. 273),
geändert durch Verordnung vom 17. 6. 1994
(GVBl. Bbg. II S. 560)

Zur Erhaltung und Pflege und zum Schutz der Bäume sowie des Baumbestandes außerhalb des Waldes wird folgendes verordnet:

§ 1 Anwendungsbereich

(1) Diese Verordnung gilt für Bäume

a) mit einem Stammumfang von mindestens 30 cm (gemessen in 1,3 m Höhe vom Erdboden),

b) mit einem geringeren Stammumfang, wenn sie aus landeskulturellen Gründen einschließlich der Ersatzpflanzungen nach dieser Verordnung oder der Ausgleichs- oder Ersatzmaßnahmen nach §§ 12 oder 14 des Brandenburgischen Naturschutzgesetzes gepflanzt wurden.

(2) Diese Verordnung gilt nicht für

a) intensiv bewirtschaftete Obstbäume mit Ausnahme von Walnußbäumen, Eßkastanien und Edelebereschen,

b) Wald im Sinne des § 2 des Waldgesetzes des Landes Brandenburg mit Ausnahme von Wald auf Hausgrundstücken und anderen waldartig bestockten Flächen im Siedlungsbereich, die nicht zielgerichtet forstwirtschaftlich genutzt werden,

c) Bäume in Baumschulen und Gärtnereien, wenn sie gewerblichen Zwecken dienen.

(3) Die oberste Naturschutzbehörde kann Parkanlagen und ähnliche Einrichtungen, die unter geeigneter fachlicher Leitung stehen, auf Antrag von der Anwendung dieser Verordnung ausnehmen.

Baumschutzverordnung Anhang 3

(4) Der Schutz von Bäumen in Alleen regelt sich nach § 31 und § 36 des Brandenburgischen Naturschutzgesetzes, der Schutz von Streuobstbeständen regelt sich nach § 32 und § 36 des Brandenburgischen Naturschutzgesetzes.

§ 2 Erhaltungs- und Duldungspflichten

(1) Eigentümer und Nutzungsberechtigte haben die auf ihren Grundstücken stehenden Bäume zu erhalten, zu pflegen und schädigende Einwirkungen im Kronen-, Stamm- und durch die Kronentraufe begrenzten Wurzelbereich zu unterlassen. Entstehende Schäden an Bäumen sind fachgerecht zu sanieren. Die unteren Naturschutzbehörden haben die Eigentümer und Nutzungsberechtigten hierbei zu beraten und zu unterstützen. Sie können die notwendige Sanierung selbst durchführen, wenn diese für den Eigentümer oder Nutzungsberechtigten unzumutbar ist. Die Eigentümer oder Nutzungsberechtigten sind im Rahmen des § 68 Abs. 1 des Brandenburgischen Naturschutzgesetzes zur Duldung verpflichtet.

(2) Als schädigende Einwirkungen im Sinne von Absatz 1 Satz 1 sind insbesondere anzusehen:

1. die Befestigung des durch die Kronentraufe begrenzten Wurzelbereichs mit einer wasserundurchlässigen Decke (z. B. Asphalt, Beton),
2. das Abstellen von Kraftfahrzeugen auf einer unbefestigten Fläche im Kronenbereich von Bäumen, wenn diese nicht behördlich als Parkplatz ausgewiesen ist,
3. Abgrabungen, Ausschachtungen oder Aufschüttungen,
4. das Lagern, Ausschütten oder Ausgießen von Salzen, Säuren, Ölen, Laugen, Farben, Abwässern oder Baumaterialien,
5. das Ausbringen von Herbiziden.

(3) Nicht unter die Verbote nach Absatz 1 fallen fachgerechte Pflege- und Erhaltungsmaßnahmen, insbesondere:

1. die Beseitigung abgestorbener Äste,
2. die Behandlung von Wunden,
3. die Beseitigung von Krankheitsherden sowie
4. die Belüftung und Bewässerung des Wurzelwerks.

(4) Das Verbot schädigender Einwirkungen auf Bäume im Sinne von Absatz 1 Satz 1 gilt auch für Personen, die nicht Eigentümer oder Nutzungsberechtigte sind.

§ 3 (gestrichen)

§ 4 (gestrichen)

§ 5 Genehmigung

(1) Das Beseitigen von Bäumen, ihre wesentliche Veränderung oder andere Maßnahmen, die zu ihrer Beeinträchtigung führen können, bedürfen der Genehmigung durch die untere Naturschutzbehörde. Dies gilt auch für abgestorbene Bäume.

(2) Die Genehmigung kann erteilt werden, wenn dies unter Berücksichtigung der Ziele und Grundsätze des Naturschutzes und der Landschaftspflege vertretbar ist und

a) zur Abwendung von unzumutbaren Beeinträchtigungen der Nutzung von Grundstücken oder

b) aus überwiegenden Gründen des Allgemeinwohls notwendig ist.

(3) Mit der Genehmigung soll die Auflage zur Durchführung von Ersatzpflanzungen, die dem Wert des beseitigten Baumbestandes unter Berücksichtigung der Ziele des Naturschutzes und der Landschaftspflege nach § 1 Abs. 1 des Bundesnaturschutzgesetzes entsprechen, oder zum Tragen der Kosten für erforderliche Ersatzpflanzungen verbunden werden, sofern nicht ein Ausgleich nach § 8 Abs. 3 und 4 des Waldgesetzes des Landes Brandenburg festgesetzt wird.

(4) Die Einholung der Genehmigung ist nicht erforderlich, wenn eine unverzügliche Beseitigung von Bäumen oder ihre Veränderung zur Abwendung von akuten Gefahren für das Leben oder die Gesundheit der Bürger oder für Sachen von bedeutendem Wert notwendig ist. Die vorgenommene Beseitigung oder Veränderung ist der unteren Naturschutzbehörde unverzüglich schriftlich mit Begründung mitzuteilen. Der gefällte Baum oder die entfernten Teile sind mindestens zehn Tage nach der Mitteilung zur Kontrolle bereitzuhalten.

(5) Absatz 3 gilt entsprechend, wenn Maßnahmen im Sinne des Absatzes 1 ohne die erforderliche Genehmigung durchgeführt worden sind oder eine Genehmigung nach Absatz 4 nicht erforderlich war.

§ 6 Genehmigungsverfahren

(1) Der Antrag auf Genehmigung zur Beseitigung oder schädlichen Veränderung von Bäumen ist schriftlich mit Begründung an die untere Naturschutzbehörde zu richten. Dem Antrag ist ein Bestandsplan mit Foto beizufügen, aus dem die auf dem Grundstück befindlichen geschützten Bäume nach Standort, Art, Höhe und Stammumfang in 1,3 m Höhe hervorgehen. Die untere Naturschutzbehörde kann die Beibringung eines Wertgutachtens für den zu beseitigenden Baumbestand verlangen.

(2) Die Genehmigung ist schriftlich zu erteilen; sie kann mit Nebenbestimmungen versehen werden. Die Genehmigung ist auf zwei Jahre nach ihrer Bekanntmachung zu befristen. Auf Antrag kann die Frist um jeweils ein Jahr verlängert werden.

§ 7 (gestrichen)

§ 8 (gestrichen)

§ 9 Ordnungswidrigkeiten

(1) Ordnungswidrig im Sinne von § 73 Abs. 2 Nr. 2 des Brandenburgischen Naturschutzgesetzes handelt, wer vorsätzlich oder fahrlässig

1. Bäume entgegen den Verboten des § 2 ohne die erforderliche Genehmigung entfernt, zerstört, schädigt oder in ihrem Aufbau wesentlich verändert,

2. die in § 5 Abs. 4 vorgeschriebene Mitteilung an die untere Naturschutzbehörde unterläßt,

3. entgegen § 5 Abs. 4 den gefällten Baum oder die entfernten Teile nicht mindestens zehn Tage nach der schriftlichen Mitteilung zur Kontrolle bereithält.

(2) Die Ordnungswidrigkeiten nach Absatz 1 können mit einer Geldbuße bis zu zwanzigtausend Deutsche Mark, in den Fällen der Nummer 1 bis zu einhunderttausend Deutsche Mark geahndet werden.

Schlußbestimmungen

§ 10

Durchführungsbestimmungen zu dieser Verordnung erläßt der Minister für Land-, Forst- und Nahrungsgüterwirtschaft im Einvernehmen mit den Leitern der zuständigen zentralen Staatsorgane.

§ 11

(1) Diese Verordnung tritt am 1. Januar 1982 in Kraft.

(2) *Von dieser Verordnung werden die Bestimmungen des Gesetzes vom 19. Juni 1975 zur Erhaltung der Denkmale in der Deutschen Demokratischen Republik – Denkmalpflegegesetz – (GBl. I Nr. 26 S. 458) und der dazu erlassenen Durchführungsbestimmungen sowie der Ersten Durchführungsverordnung vom 14. Mai 1970 zum Landeskulturgesetz – Schutz und Pflege der Pflanzen und Tierwelt und der landschaftlichen Schönheiten – (Naturschutzverordnung) (GBl. II Nr. 46 S. 331) nicht berührt.*

Anhang 4

Brandenburgisches Wassergesetz (BbgWG)

vom 13. Juli 1994 (GVBl. I S.302),
geändert durch Gesetz vom 22. Dezember 1997 (GVBl. I S. 168)

– **Auszug** –

Abschnitt 3
Wild abfließendes Wasser

§ 102 Veränderung des Wasserablaufs, Pflicht zur Aufnahme

(1) Der Eigentümer eines Grundstücks darf den Ablauf des wild abfließenden Wassers nicht künstlich so ändern, daß tiefer liegende Grundstücke beeinträchtigt werden.

(2) Der Eigentümer eines Grundstücks kann von den Eigentümern der tiefer liegenden Grundstücke die Aufnahme des wild abfließenden Wassers verlangen, wenn er die natürlichen Verhältnisse durch Anlagen auf seinem Grundstück nicht verändert hat. Können aufgrund von Veränderungen die Eigentümer des tiefer liegenden Grundstücks das Wasser nicht oder nur mit erheblichem Aufwand weiter abführen, so sind sie zur Aufnahme nur gegen Schadenersatz verpflichtet.

(3) Aus Gründen des Wohls der Allgemeinheit kann die Wasserbehörde eine Änderung des Wasserablaufs anordnen. Stellt die Anordnung eine Enteignung dar, so hat der Begünstigte dafür Entschädigung zu leisten.

(4) Diese Vorschriften gelten auch für das nicht aus Quellen wild fließende Wasser.

Sachregister

Die erste halbfette Zahl verweist auf den Paragraphen, die folgenden nach dem Komma auf die jeweiligen Anmerkungen dazu.

Abflußeinrichtungen
- Kosten **53**, 1.3
- Unterhaltung **53**, 1.5

Abstand *siehe auch Sozialabstand*

Abstandsvorschriften, Ausnahmen **38**

Abwässer Vorbem. **52; 54**

Abwasserleitung, Duldungspflicht **44**, 1.2

Abwesenheitspfleger **2**, 2.2

Allgemeines Landrecht **61**, 2.1

Anbau
- Anzeige **8**
- Anzeigepflichterleichterungen **8**, 2
- Baurecht **7**, 2.3
- Einwendungen **8**, 1.2
- Einzelheiten **8**, 1.1
- Gegenwartswert **9**, 2
- Nachbarwand **7**, 7.1
- Prüffrist **8**, 1.1
- Prüffristbeginn **8**, 1.1
- Schadensersatz **15**
- Tragen der Unterhaltungskosten **10**, 3
- Unterhaltungspflicht **10**, 1
- Vergütung **9**
- Wertberechnung **9**, 2

Anbauvergütung
- Abzüge **9**, 3
- Fälligkeit **9**, 5
- Rohbau **9**, 5
- Sicherheit **9**, 6
- Zuschläge **9**, 4

Anpflanzung
- Ausnahme von Abstandvorschriften **38**
- Ausschuß des Beseitigungsanspruchs **40**
- Baumschutzverordnung **39**, 3.1
- Beseitigungsanspruch **39**
- geschlossene Einfriedungen **38**, 1.1
- nachträgliche Grenzänderung **42**
- öffentliche Grünflächen **38**, 1.3
- öffentliche Verkehrsflächen **38**, 1.2
- pflanzenschützende Vorschriften **39**, 3

Anschlußrecht des Duldungspflichtigen
- Herstellungskosten **48**, 1.2
- Mehrkosten **48**, 2.2

Anschlußwand **5**, 1

Antennenanlagen, Höherführungen **25**, 1.3

Anwenderecht **33**, 1.1

Anzeigen, Höherführungen **25**, 3

Anzeigepflicht, Einfriedung **29**, 2

Aufschichtungen
- Abstandsmessung **27**, 1.2

Sachregister

- Ausnahmen **27**, 2
- Brandschutz **27**, 1
- Gefahren **27**, 1
- Grenzabstände **27**, 1.1
- Schadensersatz **27**, 1.3

Außenwand **20**, 1.1

Außerkrafttreten
- Allgemeines Landrecht **62**, 2.2
- partikuläres Landesrecht **62**, 2.2
- ZGB **62**, 2.1

Aussteifung **5**, 1

Baugenehmigung **6**, 1.1
- Bodenerhöhung **26**, 3
- Duldungswirkung **3**, 2.2
- Einfriedung **28**, 2

Baugerüste, Abstand **27**, 2
Baulärm Vorbem. **23**
Baulicher Nachbarschutz **20**
Bäume
- Grenzabstände **37**
- wildwachsende **43**, 2 f.

Baumschutzverordnung (Auszug) Anhang 3
- Beseitigungsanspruch **39**, 3.1

Bauordnung **57**
Bauordnungsrecht **6**, 1.1
Bauplanungsrecht **6**, 1.1
Baurecht **6**, 1.1
Bauteile
- Abstand zur Nachbargrenze **20**, 1.2
- Beseitigung **22**, 1
- zum Betreten bestimmte **20**, 1.1

Bauvorhaben **6**, 2
Bauwerke **5**, 1
- Abriß **11**

Bebauungsplan **3**, 2.1

- Einfriedungsbeschaffenheit **32**, 2

Beerenobststräucher, Grenzabstände **37**, 1.2

Belästigung, vermeidbare **1**, 2.3

Beseitigen der Nachbarwand
- Anzeige **13**, 2
- finanzielle Auswirkungen **13**, 7
- Klage **13**, 5
- Realisierungspflicht **13**, 6
- Widerspruch **13**, 3 f.

Beseitigungsanspruch
- Altbestand **22**, 2
- Anpflanzung **39**
- Ausnahmegenehmigung **39**, 3.2
- Ausschlußfrist **40**, 1.1
- Ausschuß **40**
- Baumschutzverordnung **39**, 3.1
- Bestandsschutz **22**, 4
- Biotopschutz **39**, 3.1
- Duldungspflicht **22**, 4
- Grenzabstände **37**, 1.1
- Klage **40**, 2
- Klagefrist **22**, 3
- Schikaneverbot **39**, 1.2
- Voraussetzungen **39**, 1.1
- Zurückschneiden **39**, 2

BGB (Auszug) Anhang 1

Biotopschutz, Beseitigungsanspruch **39**, 3.1

Bodenbewegungen **26**, 1
Bodenerhöhungen
- Abstand **26**, 2.1
- Baugenehmigung **26**, 3
- Befestigung **26**, 2.2
- Böschungen **26**, 2.3
- Geländeoberfläche **26**, 4
- Schadensvermeidung **26**, 1

Sachregister

- Unterhaltungspflicht **26**, 3.2
- Brandenburgisches Nachbarschaftsgesetz **19**
- Brandwand **57**
- Bürgerliches Gesetzbuch (Auszug) Anhang 1

- Carport, Einfriedungspflicht **30**, 1.1

- Dachtraufe Vorbem. **52**
- Deutsche Bauordnung **20**, 4.2
- Duldung von Leitungen Vorbem. **44**
  - Anspruchsberechtigte **44**, 1.4
  - Anzeigepflicht **46**, 2
  - Bebaubarkeit **44**, 1.3.3
  - Erdaushub **44**, 1.3.3
  - Grunddienstbarkeiten **44**, 5
  - Kostentragung **44**, 1.5
  - Leitungsnotwegerecht **44**, 4
  - öffentlich-rechtliche Lasten **44**, 6
  - Schadensersatz **46**, 1, 3
  - Sicherheitsleistung **46**, 4
  - Streckenführung **44**, 3
  - Voraussetzungen **44**, 1.3
- Duldungswirkung, privatrechtsgestaltende **3**, 2.2
- Durchschnittsmensch, verständiger **1**, 2.4

- Eigentum, Nachbarwand **6**, 1.2
- Eigentümer, Rechte **17**
- Eigentümer **2**, 2.1
- Einfriedung **124**
  - Alt-Einfriedungen **35**, 2
  - Anzeigefrist **29**, 1
  - Anzeigepflicht **29**
  - Baugenehmigung **28**, 2
  - bauliche Anlage **33**, 2
  - Benutzungsrecht **35**, 1.1
  - Beschaffenheit **32**
  - Definition **28**, 1
  - gemeinsame **33**, 1.2
  - Grundstück **28**, 1.2
  - Kosten **34**
  - Kostentragung **34**, 1.1
  - Kostentragung durch Störer **34**, 2
  - öffentlich-rechtliche Vorschriften Vorbem. **28**, 2
  - Standort **33**
  - Unterhaltungskosten **35**, 1.2
  - Unterhaltungspflicht **35**, 1.1
- Einfriedungsbeschaffenheit
  - Bestandsschutz **32**, 1.3
  - Erhöhung **32**, 3.2
  - Immissionsschutz **32**, 3
  - Ortsüblichkeit **32**, 1.1
  - unzumutbare Beeinträchtigung **32**, 3.1
  - Verstärkung **32**, 3.2
  - Vorrang des öffentlichen Rechts **32**, 2
- Einfriedungspflicht Vorbem. **28**
  - Auffangregel **28**, 1.5
  - Ausnahmen **28**, 1
  - Ausnahmen **30**
  - bebautes Grundstück **31**, 3
  - Beeinträchtigungen **31**, 1
  - Carport **30**, 1.1
  - Eignung der Einfriedung **31**, 5
  - Gebäude **31**, 2.1
  - gewerblich genutztes Grundstück **31**, 3

Sachregister

- keine zusätzliche **31**, 2
- Landwirtschaft **30**, 2
- Ortsüblichkeit **30**, 1.2
- Ortsüblichkeit **31**, 3.2
- Störungen **31**, 3
- des Störers **31**
- unzumutbare Beeinträchtigungen **31**, 4
- Verschulden des Störers **31**, 4.2
- Wegfall der Befreiungen **31**, 2.3
- Zulässigkeit der Einfriedung **31**, 6
- Zumutbarkeitsmaß **31**, 4.1

Einigungsvertrag **18**
Einrede der Verjährung **4**, 5
Einseitige Grenzwand
- Duldungspflicht **19**, 1.2 f.
- Überbaurente **19**, 2
- untergeordnete Bauteile **19**, 1.4

Einwendungen, Anbau **8**, 1.2
Einzäunung, bisheriges Recht **61**, 1.2
Erbbaurecht **2**, 5
Ersatzanpflanzung
- Auswechslung **41**, 1
- Heckenpflanzen **41**, 2
- nachträgliche Grenzänderungen **42**, 3

Fenster **20**, 1.1
- Beseitigung **22**, 1
Fensterrecht Vorbem. **20**
- Ausnahmen **21**
- Definition **20**, 1
- Inhalt **20**
- Umfang **20**
Fensterrechtsausnahmen

- Gewässer **21**, 3
- Grünflächen **21**, 3
- keine merkbaren Belästigungen **21**, 5
- öffentlich-rechtliche Vorschriften **21**, 4
- öffentliche Verkehrsflächen **21**, 3
- Wandbauteil **21**, 2

Fernheizung, Anschluß **51**
Flurbereinigung **42**, 1
Formhecken, Grenzabstände **37**, 1.2
Formvorschriften, zwingende **3**, 1.2

Garagen **17**, 1.1
Gärtner, Grenzabstände **37**, 2
Gegenwartswert
- Abzüge **9**, 3
- Anbau **9**, 2
Geländeoberfläche, Definition **26**, 4
Gemeinschaftsverhältnis, nachbarschaftliches **17**
Geschlossene Bauweise, Grenzwand **19**, 1.1
Geschlossene Einfriedungen, Anpflanzungen **38**, 1.1
Gesetzwidrige Abstandsflächen, Beseitigung **20**, 3
Gewässer **21**, 3
- Abstände **27**, 2
- Anpflanzungen **38**, 1.3
- Fensterrechtsausnahmen **21**, 3
Grenzabstände
- Abstandsberechnung **37**, 1.3
- für Bäume **37**
- Beseitigungsanspruch **37**, 1.1
- für Hecken **37**

- Obstbäume **37**, 1.2
- für Pflanzen, öffentlich-rechtliche Vorschriften Vorbem. **36**, 2
- für Pflanzen Vorbem. **36**, 1
- regelmäßige Wuchshöhe **37**, 1.1
- Schutzbedürfnis von Gärtnern **37**, 2
- Schutzbedürfnis von Landwirten **37**, 2
- für Sträucher **37**
- für Wald **36**

Grenzänderung
- Ersatzanpflanzungen **42**, 3
- nachträgliche **42**
- Rechtmäßigkeit der Anpflanzung **42**, 2

Grenzwand **16**
- Abdeckung **18**, 2
- Anspruch auf Fundament **17**, 2.1
- Anzeige **17**, 1.2
- Anzeigenadressat **17**, 1.3
- Bauanfang **17**, 2.2
- einseitige **19**
- Errichten **17**
- Errichtung einer zweiten **18**
- Fuge **18**, 1
- Garagen **17**, 1.1
- geschlossene Bauweise **19**, 1.1
- Gründung **18**, 3
- Gründungsproblem **17**, 1.1
- Gründungsverlangen **17**, 2
- Kostenanteil **17**, 4
- Mehrkosten **17**, 3
- Schadensersatz wegen Nichtunterrichtung **17**, 2.3 f.
- schuldhafte Nichtunterrichtung **17**, 2.3

- Unterrichtung **17**, 1.1
- Vorschuß **17**, 3

Grunddienstbarkeit
- Duldung von Leitungen **44**, 5
- Nachbarwand **6**, 1.3

Grundstücke, entfernt liegende **2**, 4
Grundstücksnachbar **1**, 2.1
Gründung, Nachbarwand **7**, 2
Grundwasser, Definition **60**, 1.1
Grundwasserspiegel
- erhebliche Beeinträchtigungen **60**, 1.2
- Veränderung **60**

Grünflächen, Fensterrechtsausnahmen **21**, 3

Hammerschlagsrecht Vorbem. **23**
- Inhalt **23**
- öffentliche Verkehrsflächen **23**, 5
- Umfang **23**

Hecken
- Grenzabstände **37**, 1.2
- Pflanzabstände **38**, 1.4

Höherführen von Lüftungsleitungen **25**
Höherführen von Schornsteinen, Duldungspflicht **25**, 1
Höherführungen
- Antennenlagen **25**, 1.3
- Anzeige **25**, 3
- erweiterte Duldungspflicht **25**, 2.1 f.
- Geldentschädigung Vorbem. **25**
- Notwendigkeit **25**, 1.2
- Reparaturarbeiten **25**, 2
- Schäden **25**, 4
- Selbsthilfe **25**, 5

Sachregister

- Voraussetzungen **25**, 1.2
- Wartungsarbeiten **25**, 2

Immissionsschutz Einleitung 2.2
Inkrafttreten **62**

Kläranlage **54**
Komposthaufen **27**, 1

Landeswaldgesetz **36**, 1
- (Auszug) Anhang 2
- bisheriges Recht **61**, 2.1
Landwirte, Grenzabstände **37**, 2
Landwirtschaft, Einfriedungspflicht **30**, 2
Leiterrecht Vorbem. **23**; **23**, 2
- Inhalt **23**
- öffentliche Verkehrsflächen **23**, 5
- Umfang **23**
Leitungen
- Anschluß **44**, 2
- Anschlußrecht des Duldungspflichtigen **48**
- Beeinträchtigung und Grundbuchberichtigung **47**, 1.5
- Beeinträchtigung und Schadensersatz **47**, 2
- Beeinträchtigungen und Beweislast **47**, 1.4
- Bemessung der Geldrente **50**, 2.2
- Beseitigungskosten **47**, 1.5
- Beseitigungverlangen bei Beeinträchtigungen **47**, 1.2
- Billigkeit der Geldrente **50**, 2
- Duldung Vorbem. **44**
- Duldungspflicht **44**, 1.1
- Entschädigung **50**
- Geldrente **50**, 1.1
- höhere Geldrente **50**, 2.1
- in Privatgrundstücken **44**
- nachträgliche erhebliche Beeinträchtigungen **47**
- öffentliche Straßen **49**
- Unterhaltung **45**
- Unterhaltung und Betretungsrecht **45**, 2
- Unterhaltungsaufwand **45**, 1.1
- Unterhaltungskosten **45**, 1.2
- Widerrufsvorbehalt bei Beeinträchtigungen **47**, 1.2
- *siehe auch Duldungspflicht von Leitungen*
Leitungsanschluß **44**, 2.2
Leitungsnotwegerecht **44**, 4
Lichtrecht Vorbem. **20**; **20**, 4
- Inhalt **20**
- Rechtsnachfolger **20**, 5
- Umfang **20**
- unwesentliche Beeinträchtigung **20**, 6
Lüftungsleitungen, Höherführung Vorbem. **25**

Maschendraht, Einfriedungsbeschaffenheit **31**, 2.2
Mieter **2**, 2.1

Nachbar **2**, 1
- Rechte Einleitung 1.
Nachbargrenze, Abstand von Bauteilen **20**, 1.2
Nachbargrundstück
- Bauarbeiten vom **23**, 1.1

Sachregister

- Benutzung und Bauvorschriften **23**, 1.2.3
- Benutzung wegen hoher Arbeitskosten **23**, 1.2.1
- Benutzungsrecht **23**, 1.1
- Betreten **18**, 3
- Hammerschlagsrechtsinhaber **23**, 1.3
- Instandsetzungsarbeiten vom **23**, 1.1
- Notwendigkeit der Benutzung **23**, 1.2.1
- Unterhaltungsarbeiten vom **23**, 1.1
- Verhältnismäßigkeit der Benutzung **23**, 1.2.2
- von dort zulässige Arbeiten **23**, 1.1

Nachbargrundstücksbenutzung
- Anzeige **23**, 4.1
- mißbräuchliche Rechtsausübung **23**, 3
- Schäden **23**, 4.2
- Sicherheitsleistung **23**, 4.3

Nachbarliches Verhältnis, Maßstab **1**, 2.4

Nachbarrecht in Brandenburg, Einleitung 2.

Nachbarrechtsgesetz, Geltungsbereich **1**, 2.2

Nachbarrechtsverhältnis **1**, 1

Nachbarschaftliches Gemeinschaftsverhältnis **17**

Nachbarschaftshilfe
- Hammerschlagsrecht **23**, 1
- Leiterrecht **23**, 1

Nachbarschutz, baulicher **20**

Nachbarwand Vorbem. **5**
- Anbau **7**
- Anzeige der Erhöhung **14**, 6
- Anzeige der Verstärkung **14**, 6
- Baurecht **6**, 1.1
- Baurecht **7**, 2.3
- Beeinträchtigungen **7**, 2.2
- Begriff **5**
- Beschaffenheit **6**, 2
- Beseitigen **13**
- Beseitigen *siehe auch Beseitigung der Nachbarwand*
- Eigentum **6**, 1.2
- Erhalt **10**, 2
- erhöhen **14**, 2
- Grunddienstbarkeit **6**, 1.3
- Grundstücksbetretung **7**, 3
- Gründung **7**, 2
- Mehrkosten **7**, 2.1
- Nichtbenutzen **12**
- Schadensersatz **15**
- Standort **6**, 3
- Standsicherungsarbeiten **7**, 2.1
- Überbau **6**, 3
- Umfang des Schadensersatzanspruchs **15**, 2
- Unterhaltung **10**
- Verstärken **14**, 4
- Vertrag **6**, 1.2
- Vorbescheid **6**, 1.1

Nachbarwand-Abriß
- Alleineigentum **11**, 2
- Schutzmaßnahmen **11**, 1
- Vergütung **11**, 2

Nachbarwanderhöhung, Schadensersatz **15**

Nachbarwandgründung **14**, 5

Sachregister

Nachbarwandverstärkung, Schadensersatz **15**
Nichtbenutzen der Nachbarwand
- Baumaßnahme **12**, 2
- Ersatzanspruchhöhe **12**, 3
- Ersatzsanspruch Fälligkeit **12**, 4
- Mehrkostenersatz **12**, 1.1
- Parteiabsprachen **12**, 1.1
- Zwischenraum **12**, 5

Niederschlagswasser
- Abflußeinrichtungen **53**
- bauliche Anlagen **52**, 1.1
- Definition **51**, 1.1
- Sammeleinrichtungen **53**

Normenkontrollverfahren **3**, 2.1
Nutzungsberechtigter **2**, 3; **39**, 2
Nutzungsentschädigung **24**
- Höhe **24**, 2
- Schadensersatzleistung **24**, 3

Oberirdische Gewässer, Anpflanzungen **38**, 1.3
Obstbäume, Grenzabstände **37**, 1.2
Öffentliche Straßen, Leitungen **49**
Öffentlich-rechtliche Vorschriften, Fensterrechtsausnahmen **21**, 4
Öffentliche Grünflächen
- Abstände **27**, 2
- Anpflanzungen **38**, 1.3

Öffentliche Verkehrsflächen
- Abstände **27**, 2
- Anpflanzungen **38**, 1.2
- Hammerschlagsrecht **23**, 5
- Leiterrecht **23**, 5

Öffentliches Recht **17**, 20
- Verhältnis zu **3**, 2
- Vorrang **3**, 2.1 ff.

Ortsüblichkeit
- Einfriedungsbeschaffenheit **32**, 1.1
- Einfriedungspflicht **30**, 1.2

Pächter **2**, 2.1
Pflanzabstände ZGB **61**, 2.1
Pflanzen
- Grenzabstände Vorbem. **36**
- wildwachsende **43**, 2

Preußisches Allgemeines Landrecht **20**, 4.2
Privatgrundstücke, Leitungen in **44**
Privatrecht Einleitung 2.2

Recht, bisheriges und Verstoß **61**, 2.2
Rechte, bisherige **61**, 1.1
Rechtseinfriedung **28**, 1.1
Rohbau, Anbauvergütung **9**, 5
Rückwirkung **61**, 3

Sammeleinrichtung, Unterhaltung **53**, 1.5
Schäden **1**, 2.3
- Höherführungen **25**, 4

Schadensersatz
- Aufschichtungen **27**, 1.3
- Grenzwand **17**, 2.3 f.
- Kenntnis und Verjährung **4**, 2
- Kenntnis vom Schaden **4**, 2
- Wildwasser **57**
- Zweite Grenzwand **18**, 4

Schadensersatzanspruch, Sicherheitsleistung **15**, 3
Schadensersatzleistung, Nutzungsentschädigung **24**, 3

Sachregister

Schadensersatzpflicht, Duldung von Leitungen **46,** 1
Schiedsleute Einleitung 2.2
Schnitthecken, Grenzabstände **37,** 1.2
Schornsteine, Höherführung Vorbem. **25**
Schriftform **3,** 3
Schwengelrecht **33,** 1.1
Selbsthilfe, Höherführungen **25,** 5
Sozialabstand **20,** 2
– Unterschreiten **20,** 2
– Zustimmung zur Unterschreitung **20,** 2.1
Sträucher
– Grenzabstände **37**
– wildwachsende **43,** 2 f.
Streitvermeidung **3,** 1.1

Traufwasser, drittes Grundstück **52,** 1.2
Türen, **20,** 1.1
– Beseitigung **22,** 1

Überbau, Nachbarwand **6,** 3
Überbaurente, einseitige Grenzwand **19,** 2
Übergangsvorschriften **61**
Unkräuter **43,** 1
Unterhaltungspflicht, Bodenerhöhungen **26,** 2.2
Unterstützung **5,** 1

Verjährung **4**
– BGB **4,** 5
– Grundstücksveräußerung **4,** 4
– Zahlungsansprüche **4,** 3

Verkehrsflächen, Fensterrechtsausnahmen **21,** 3
Versorgungsleitungen, Duldungspflicht **44,** 1.2
Vertrag, Nachbarwand **6,** 1.2
Verwaltungsakt
– Duldungswirkung **3,** 2.3
– vertragliche Vereinbarungen **3,** 2.3
Vorbescheid, Nachbarwand **6,** 1.1

Wald, Definition **36,** 2
Waldgesetz (Auszug) Anhang 2
Wasser, wild abfließendes Vorbem. **55**
Wassergesetz (Auszug) Anhang 4
Wassersammeleinrichtungen, Kosten **53,** 1.3
Wildwachsende Pflanzen **43**
Wildwasser
– besseres Recht des Oberliegers **55,** 3
– erhebliche Beeinträchtigungen **55,** 2.3
– Oberlieger **55,** 2.1
– Unterlieger **55,** 2.2
– Wiederherstellung des früheren Zustandes **56**
– Wiederherstellung und Anzeigepflicht **58**
– Wiederherstellung und Schadensersatz **57**
– Wiederherstellung und Wegfall der Sicherheitsleistung **59**
Wildwasserabfluß Vorbem. **55;** **55**

Wildwasserzufluß **55**
Wuchshöhe, regelmäßige **37,** 1.1

Zahlungsansprüche, Verjährung **4,** 3
Ziersträucher, Grenzabstände **37,** 1.2
Zurückschneiden, Anpflanzungen **39,** 2

Zweite Grenzwand
- Abdeckung **18,** 2
- Anzeige **18,** 4
- Fuge **18,** 1
- Gefährdungshaftung **18,** 4.2
- Gründung **18,** 3
- Schadensersatz **18,** 4
- Sicherheitsleistung **18,** 4.3